L'Etat ivoirien à l'épreuve de la détention préventive

Collection « Diversités »

Dirigée par Hedi SAIDI, historien.

Cette collection est destinée à présenter les travaux théoriques, empiriques et pratiques des chercheurs scientifiques, et des acteurs sociaux. Elle a vocation à publier des ouvrages essentiellement universitaires, traitant des rapports sociaux, de la mémoire, de l'histoire et de l'altérité. Elle se propose de constituer un portail d'accès à l'étude des sociétés contemporaines et offrir une plateforme d'échanges à des chercheurs de plusieurs disciplines.
La collection entend faire connaître la production française dans les domaines historiques et sociologiques mais aussi relayer les travaux de chercheurs étrangers et devenir ainsi un point d'appui dans le développement des échanges scientifiques au niveau international en sciences humaines et sociales.

Déjà parus

Jamil SAYAH (dir.), *Penser en temps de pandémie*, 2021.
Mihaela DACIANA NATEA et Lucian SACALEAN. *Security and reconstruction in Europe. Sécurité et reconstruction en Europe*, 2020.
Abla ROUAG-DJENIDI, *Les jeunes, l'école et l'éducation, Représentations, pratiques et enjeux*, 2016

Sous la direction de
Marie-Julie BERNARD
et Bénédicte FISCHER

L'ETAT IVOIRIEN A L'EPREUVE DE LA DETENTION PREVENTIVE

Regards croisés sur l'internationalisation des réformes pénales

L'Harmattan

5-7, rue de l'École-Polytechnique ; 75005 Paris
http://www.editions-harmattan.fr
ISBN : 978-2-14-028807-4
EAN : 9782140288074

PREFACE

« Je ne comprends pas pourquoi je suis en prison »
Prévenu écroué à la Maison d'arrêt et de correction d'Abengourou
depuis le 23 mai 2013
Propos recueillis le 24 septembre 2018

Cet ouvrage est le fruit d'une réflexion née lors de la rédaction d'une étude menée en Côte d'Ivoire en collaboration pendant deux ans entre l'association ivoirienne Action des Chrétiens pour l'Abolition de la Torture (ACAT CI), la Fédération internationale des ACAT (FIACAT) et le Centre d'Études et de Recherche sur la Diplomatie, l'Administration publique et le Politique (CERDAP[2]). Cette étude est intervenue dans la phase finale de mise en œuvre d'un projet triennal visant à lutter contre la détention préventive injustifiée porté par la FIACAT et l'ACAT CI. La présentation de l'étude conclusive a donné lieu à un atelier de capitalisation tenu au début de l'année 2020 en Côte d'Ivoire. Mais nous ne souhaitions pas en rester là.

La réflexion commune s'est poursuivie dans l'objectif de parvenir à replacer les problématiques carcérales ivoiriennes dans une perspective théorique globale interrogeant la réforme des administrations pénitentiaire et judiciaire en Afrique subsaharienne. Si l'enfermement comme objet de recherche a en effet pu s'affirmer au travers de différentes recherches menées dans cette région, la question pénale et, derrière, celle de l'État, relèvent quant à elles d'impensés. Alors qu'il n'est pas toujours accessible et qu'il apparaît peu commenté, le droit pénal ivoirien est en effet le plus souvent abordé par le prisme d'une analyse positiviste. Le rôle de l'administration publique en charge de le supporter est occulté, de même que la dynamique coercitive portée par l'État.

Or le sujet de la détention avant jugement définitif renvoie directement à ces questionnements et ne saurait être abordé en dehors d'une perspective systémique. A défaut de doctrine à ce propos sur la Côte d'Ivoire, comme pour d'autres pays de la sous-région, l'activisme des organisations de la société civile a permis de rapporter des situations impensables pour bousculer les impensés. A partir de la détention préventive injustifiée, déstabilisant l'équilibre déjà fragile entre présomption d'innocence de la personne soupçonnée et atteintes nécessaires à la liberté afin de garantir le bon déroulé de l'instruction, il s'est agi de questionner la réforme pénale et, par conséquent, les représentations sociales, les pratiques, les dynamiques inhérentes à la circulation internationale des modèles pénaux, à la transposition des standards et méthodes empreints de new public management dans ces réformes. La détention préventive amène finalement à interroger la prison en tant que projet politique et, ainsi, à (re)penser le cadre juridique lui-même. Au-delà, cela nous amène à questionner les modèles transposés, (dé)passés.

Cet ouvrage a évidemment été conçu dans la continuité de ce que le CERDAP² - Centre d'Études et de Recherche sur la Diplomatie, l'Administration Publique et le Politique - a toujours privilégié : une analyse fondée sur l'interdisciplinarité, à partir d'approches comparatistes, dans une perspective multi-niveaux et en lien avec les praticiens. Doctorantes et doctorants, enseignant.es et chercheur.es en poste dans des universités française et africaine, chercheur.es associé.es, militants et salariés d'organisations de la société civile défendant les droits humains, travaillant sur la Côte d'Ivoire et d'autres pays de la sous-région, ont ainsi pris part à sa rédaction.

Bien plus qu'une association ponctuelle guidée par une logique de projet et confortant simplement une dynamique de renforcement des capacités de la société civile, notre volonté était de proposer un espace ouvert sur une temporalité longue, permettant de croiser les regards de différents acteurs sur le processus de la réforme pénale en Côte d'Ivoire. A partir de la lutte contre la détention préventive injustifiée, ce partenariat sur plusieurs années entre la FIACAT, l'ACAT Côte d'Ivoire et le CERDAP² a ainsi permis à chacun de ses membres à la fois de renouveler ses méthodes, de questionner ses pratiques, mais aussi de porter un plaidoyer renouvelé auprès des autorités nationales comme internationales.

Marie-Julie Bernard et Bénédicte Fischer
Juillet 2022

INTRODUCTION

La prison, un objet monde

Martine KALUSZYNSKI, Directrice de recherches au CNRS
Univ. Grenoble Alpes, CNRS, Science Po Grenoble*,
PACTE, 38000 Grenoble, France
*School of Political Studies Univ Grenoble Alpes

L'enfermement est un phénomène historiquement connu, répandu à travers le monde et les périodes, dans son développement, ses pratiques et ses politiques. Comme l'avait très bien illustré le colloque *Prisons du monde. Politiques et pratiques de l'enfermement contemporain*[1], « ce phénomène demeure presque exclusivement envisagé depuis les pays du Nord, où se concentrent à la fois la recherche et l'expertise sur la prison. Les travaux sur les prisons du Sud demeurent encore épars comme les recherches analysant, dans une perspective historique, la production, les circulations internationales et les appropriations locales de dispositifs et de modèles pénitentiaires. Il est toujours intéressant de décentrer l'analyse des dynamiques carcérales et le regard porté »[2]. Falk Bretschneider et Natalia Muchnik écrivent bien que « aujourd'hui, considérer la prison comme une invention "occidentale" devient ainsi de plus en plus problématique »[3].

La prison semble, au moins depuis deux siècles, inscrite dans un mouvement de balancier où se succèdent mesures humanistes, philanthropiques[4], attentisme et épisodes répressifs[5]. La prison acquiert, dans

---

[1] « Prisons du monde. Politiques et pratiques de l'enfermement contemporain », 20-21 juin 2016, Lyon. Partenaires : ANR ECOPPAF, programme ANR coordonné par LE MARCIS Frédéric (ENS-Lyon) et MORELLE Marie (Université Paris Panthéon Sorbonne, Prodig).

[2] Argumentaire du colloque « Prisons du monde. Politiques et pratiques de l'enfermement contemporain », *ibid.*

[3] BRETSCHNEIDER Falk, MUCHNIK Natalia, « Pour une vision globale de la prison », in *Socio* [En ligne], 14 | 2020, mis en ligne le 19 novembre 2020, consulté le 26 novembre 2020. URL http://journals.openedition.org/socio/10351

[4] AREPPOS, *Philanthropies et politiques sociales en Europe (XVIIIe-XXe siècles)*, Anthropos historiques, 1994.

[5] VIMONT Jean-Claude, *La prison. À l'ombre des hauts murs*, Découvertes Gallimard, 2004, utilise cette image du balancier.

la société libérale, une « centralité politique »[1]. Elle s'inscrit dans un autre espace mental que celui que forgeait « l'amour de l'humanité »[2].

La prison n'implique pas forcément d'organisation étatique. Elle fut paternelle, seigneuriale, policière, militaire ou encore privée. Avec l'organisation de l'État, allait être bâti un système des prisons[3] puis avec la réforme pénale, une instance spécifique, l'instance judiciaire qui allait devenir source unique de son approvisionnement. La défense de la société constitue la fin première de l'enfermement. C'est par une approche socio historique, que je voudrais ici rappeler en quelques mots comment la prison a été saisie par les savoirs et les disciplines, comment elle est devenue un objet politique et objet de politiques et enfin en quoi la prison est un objet monde au vu de la circulation, au cœur de la construction du champ pénal.

Dès 1791, tout a été dit ou presque sur la prison ou plutôt contre la prison[4] et les historiens de la prison restent confrontés à cette interrogation persistante de l'écart entre les intentions attribuées, les projets autour de la bonne prison et les pratiques souvent répressives et sans espoir. Dans les travaux de sociologie, « la force du schéma conceptuel de Goffman est telle que la quasi-totalité des chercheurs du champ carcéral tentent de se positionner par rapport à celui-ci »[5]. La recherche pénale et carcérale existait, mais « l'influence décisive de Michel Foucault »[6], écrit Michelle Perrot, va remodeler le cours des recherches[7]. La prison (et sa naissance) apparaît dans cette perspective comme caractéristique d'un nouveau mode de gouvernementalité. La prison « ne fait en enfermant, en redressant, en rendant docile, que reproduire, quitte à les accentuer un peu, tous les mécanismes que l'on trouve dans le corps social »[8]. Michel Foucault interroge la question de la discipline dans la société et des rapports entre les marges et les centres. Quand il étudie la prison, ce n'est pas l'objet prison en soi qui l'intéresse mais les problèmes que cela pose en termes de pouvoir et de violence.

---

[1] PERROT Michelle, « Tocqueville méconnu, introduction à Tocqueville », in PERROT Michelle, *Les ombres de l'histoire. Crime et châtiment au XIXe siècle*, Flammarion, 2001, pp. 109-158.

[2] DUPRAT Catherine, *Pour l'amour de l'humanité. Le temps des philanthropes*, tome 1, Paris, CTHS, 1993, 485 p.

[3] TOCQUEVILLE Alexis de, « Système pénitentiaire aux États-Unis et son application en France », in PERROT Michelle (dir.), *op.cit.*, p. 97

[4] PETIT Jacques-Guy, *Ces peines obscures, La prison pénale en France, 1780-1875*, Fayard, 1990, p. 54.

[5] CHANTRAINE Gilles, « La sociologie carcérale : approches et débats théoriques en France », *Déviance et Société*, 2000, vol. 24, n° 3, p. 302. Goffman n'est quasiment pas cité chez les historiens.

[6] A partir de l'ouvrage de FOUCAULT Michel, *Surveiller et punir, Naissance de la prison*, NRF, Paris, Gallimard, 1975.

[7] PERROT Michelle, *Les ombres de l'histoire, op.cit.*, p. 25.

[8] FOUCAULT Michel, *Surveiller et punir, op. cit.*, p. 235.

Qualifié de fonction d'exclusion, de châtiment ou d'expiation, de sacrifice, selon différents auteurs, le carcéral échappe à une vision substantialiste, s'appuie sur des configurations à travers l'espace et le temps et permet d'appréhender des formes diachroniques à l'intérieur d'une même structure. Le carcéral est l'objet d'une construction sociale, il se recompose au gré des évolutions de la société. La prison, écrit Didier Fassin, « n'est pas séparée du monde social : elle en est l'inquiétante ombre portée »[1]. Les formes du carcéral, historiquement constituées, sont l'effet de constructions complexes, que configurent les représentations, les mentalités, les émotions et leurs traductions en faits sociaux (politiques, mobilisations, ressources, etc.). Le concept permet de désigner et de travailler une définition anthropologique et historique de la prison.

La prison est le laboratoire idéal pour saisir et appréhender les logiques de pouvoir et renvoie spécifiquement au fonctionnement des États comme des régimes politiques. Marqueur du pouvoir, de son seuil de tolérance aux illégalismes divers, selon les contextes et les pays, la prison dit, souvent, de la latitude d'un pays ou d'un régime politique face à ses droits, ses libertés, sa tolérance et son rapport à l'altérité : la prison est désignée comme une des parts d'ombre de nos démocraties[2].

Du nord au sud, la prison a été et est un lieu d'investissement de pratiques humanitaires. La prison sera très tôt le lieu où la sensibilité philanthropique va s'exprimer[3]. On le voit à travers la question de l'hygiénisme ou de la pratique des visiteurs de prisons qui sera en France instaurée par le pasteur Jules Arboux[4], figure de la réforme pénitentiaire et sociale et qui estime qu'un visiteur laïque peut remplacer l'aumônier. Cette action va se répandre en Amérique, Angleterre, Hollande, partout où le système cellulaire est sérieusement organisé, et assez peu en France. Il est vrai que le bénévolat est

---

[1] FASSIN Didier, *L'ombre du monde, Une anthropologie de la condition carcérale*, Paris, Seuil, coll. « La couleur des idées », 2015, p. 37.

[2] *Ibid.*

[3] Voir les thèses de MITSUSHIMA Nagisa Christelle, *Elites « reconnues d'utilité publique ». Philanthropie réformatrice et revendications capacitaires autour de la réforme pénale (1815-1851),* doctorat de science politique de l'Université Paris I (Panthéon-Sorbonne) dirigée par DELOYE Yves, décembre 2014 ; REYNAUD BERTRAND Christine, *Le carcéral : désir d'humanité et changement révolutionnaire. La prison des Archives parlementaires et des archives du département du Nord (1789-1799),* doctorat d'histoire contemporaine, EHESS, dirigée par WAHNICH Sophie, janvier 2016.

[4] Par commodité, quand nous citons un article de cette revue, ou la revue elle-même, nous adopterons les initiales *RP* (pour la *Revue pénitentiaire*) ou *BSGP* (*Bulletin Société Générale des Prisons*). QUERENET René, « Visites dans les prisons », *Rapport de la Commission chargée de préparer les réponses de la Société générale des prisons au questionnaire du Congrès de Rome, BSGP*, 1883, pp. 647-651 ; ARBOUX Jules, « Les conférences et les visites dans les prisons », *RP*, 1884, pp. 854-868 ; ARBOUX Jules, « Les conférences et les visites dans les prisons », *RP*, 1885, pp. 5-12 ; ARBOUX Jules, *Manuel des visiteurs de prisons,* Paris, Marchal Billard, 1894, *RP* 1894, pp. 421-458 ; LACOINTA Jules, « La visite des prisonniers », *RP* 1894, pp .618-631.

à l'origine du projet et donc celui-ci dépend de la disponibilité, de l'assiduité des « visiteurs ». C'est souvent dans un contexte de refondation politique qu'une frange des élites sociales perçoit l'intérêt d'investir politiquement une pratique sociale préexistante comme la philanthropie pénale. Celle-ci sera à la fois un moyen d'associer à la peine une privation de liberté tout en conciliant justice et ordre social, notions en totale recomposition dans les séquences révolutionnaires et la politisation d'une pratique sociale (la bienfaisance), espace d'action politique. Le pénal est sans doute à voir comme la clef initiatrice d'une réflexion sociale et politique qui ne chasse pas le social mais l'encadre, l'englobe, le transforme et le rationalise avec ses instruments (lois, dispositifs, etc.). Le thème criminel adossé à la question sociale sera la clef de voûte d'un gouvernement du social dans sa globalité et la question de l'enfance illustre particulièrement bien cette articulation.

Au XIXe siècle, en France la réforme pénitentiaire et par là même la prison[1] ont été de vrais projets politiques mobilisateurs pour le pouvoir politique : de la restauration à la monarchie de juillet en passant par le Second Empire et la Troisième République. Le crime, la criminalité sont les terrains privilégiés pour refléter les inquiétudes, les peurs d'une société en mouvement. Le sentiment d'insécurité économique et sociale ne fera que se déplacer vers ce pôle visible.

La prison est l'objet de nombreuses discussions entre les philanthropes et les hommes politiques. Question pénale et question sociale sont indéfectiblement liées. La réforme va être un instrument de développement de ce pouvoir politique en construction. Dans cette période, on parle bien de réforme pénitentiaire et non pas de réforme pénale. Ce dispositif fonctionne comme un triptyque où on retrouvera trois thèmes chers aux politiques pénales : la récidive, cette « obsession créatrice »[2] du temps, la délinquance

---

[1] La question des prisons n'est pas un objet méconnu de l'histoire politique française : Voir PERROT Michelle (dir.), *L'impossible prison,* Seuil, 1980. Superbe échange entre LEONARD Jacques « L'historien et le philosophe » (pp. 9-28) et FOUCAULT Michel, « La pensée et le nuage » (pp. 29-39), et la table ronde avec les historiens, pp. 40-56 ; Colloque de 1986, « Société d'Histoire de la Révolution de 1848 et des révolutions du XIXe siècle », *Répression et prisons politiques* (publié en 1990 chez Créaphis) ; PETIT Jacques-Guy (dir.), *La prison, le bagne, l'histoire,* Genève, MSH, 1984 ; O'BRIEN Patricia, *Correction ou châtiment*, Paris, PUF, 1988 ; LASCOUMES Pierre, PONCELA Pierrette, LENOËL Pierre, *Au nom de l'ordre, une histoire politique du Code pénal,* Hachette, 1989 ; PETIT Jacques-Guy, *Ces peines obscures (1780-1875*), Paris, Fayard, 1990 ; BADINTER Robert, *La prison républicaine*, Paris, Fayard, 1992 ; ROBERT Philippe (dir.), *Entre l'ordre et la liberté. La détention provisoire*, Paris, L'Harmattan, 1992 ; GARNOT Bernard (dir.), *Histoire et criminalité de l'Antiquité au XXe siècle*, Dijon, EUD, 1992 ; FARCY Jean-Claude, *Guide des Archives judiciaires et pénitentiaires*, Paris, CNRS, 1992 ; FARCY Jean-Claude, *Deux siècles d'histoire de la Justice*, Presses CNRS ; LEVY René, ROUSSEAUX Xavier, « Etats, justice pénale et histoire. Bilan et perspectives », *Droit et Société*, n° 20/21, 1992, p. 256.

[2] Pour paraphraser l'intitulé de l'article de SCHNAPPER Bernard, « La récidive, une obsession créatrice au XIXe siècle », in *Voies nouvelles en histoire du droit. La justice, la famille, la répression pénale (XVIe-XXe siècles),* Publications de la faculté de droit de Poitiers, 1991, 680 p.

juvénile et la prison. Au cœur de ce trio, la prison est ce mal nécessaire mais investi dans sa possible mission de réinsertion[1]. Dès son origine, la prison est indissociablement liée à la question de la réforme, la réforme comme projet politique[2]. Les projets de réforme touchent de nombreux domaines d'action publique, ils ne vont pas tous aboutir mais tous sont féconds et riches.

Le projet de réforme est constitutif, majeur, prédominant, pour un État en quête de légitimité, qui va ici témoigner d'une capacité inventive dans la création du politique. Et la prison en sera un modèle particulièrement emblématique.

La prison et sa réforme, un enjeu politique pour l'État

La Réforme pénitentiaire, ébauchée par l'Assemblée constituante (qui créa la prison pour peines inconnues sous l'ancienne monarchie et institua véritablement le système pénitentiaire en France) fut continuée par Napoléon Ier, dont un décret du 16 juin 1808 créait les maisons centrales et dont un décret du 22 septembre 1810 affectait à la transformation des prisons départementales un fonds de 11 millions bientôt absorbé par la guerre. Le gouvernement de la Restauration parvint à cette même transformation au moyen d'une subvention annuelle aux départements. Après la mission en Amérique de MM. Tocqueville et de Beaumont, le gouvernement de Juillet entreprit avec énergie l'application du régime cellulaire, mais cette réforme subit un long temps d'arrêt. La Révolution de 1848 l'avait entravée. En 1853, une circulaire de M. de Persigny, ministre de l'Intérieur, l'interrompit d'un trait de plume, condamna le régime cellulaire comme trop dispendieux et lui substitua celui de la séparation par catégories suivant la situation légale. Le 11 décembre 1871, alors que le souvenir de la Commune est encore vif, c'est sous le régime du tout nouveau président de la République Thiers que va être initiée une proposition en ce sens. Le 25 mars 1872, une grande enquête parlementaire est ordonnée par l'Assemblée nationale appelée commission d'Haussonville. Cette commission est nommée pour étudier les établissements pénitentiaires et fournir des rapports sur l'état de ces établissements. Autre événement clé, la loi du 5 juin 1875 appelée loi Bérenger généralise l'emprisonnement cellulaire dans les prisons départementales ; isolement total

---

[1] FAUGERON Claude et LE BOULAIRE Jean-Michel, « Prisons, peines de prison et ordre public », in *Revue française de sociologie*, vol. 33, n°1, 1992.

[2] C'est tout l'enjeu du travail amorcé par TOPALOV Christian dans son séminaire puis dans son ouvrage : « *Laboratoires du nouveau siècle, la nébuleuse réformatrice et ses réseaux en France (1880-1920)* » et des travaux qui les prolongent. Voir les travaux de PAYRE Renaud, entre autres sa thèse, *À la recherche de la « science communale ». Les « mondes » de la réforme municipale dans la France de la première moitié du vingtième siècle*, thèse de science politique sous la direction d'IHL Olivier, IEP de Grenoble, décembre 2002. Voir l'ensemble des travaux autour des sciences de gouvernement. IHL Olivier, KALUSZYNSKI Martine, POLLET Gilles (dir.), *Les sciences de gouvernement*, Paris, Economica, 2003 ; IHL Olivier, KALUSZYNSKI Martine, « Pour une sociologie historique des sciences de gouvernement », *Revue française d'administration publique*, n°102, avril-juin 2002, pp. 229-243.

en cellule pour les prévenus et les condamnés à moins d'un an d'emprisonnement en contrepartie d'une remise d'un quart de la peine détenu astreint au silence et au port d'une cagoule.

Ces deux éléments sont le tuteur idéologique d'une politique criminelle où on retrouve une philosophie spécifique au temps qui veut éviter un double écueil : d'une part un sentimentalisme déplacé qui considérerait les criminels comme des malades, insuffisamment conscients (critique des théories lombrosiennes), d'autre part la tendance contraire engendrée par une dureté implacable. Cette « philosophie » est animée par des notions de devoir à remplir envers les condamnés[1]. Ainsi, rapidement, l'âme du système pénitentiaire deviendra le patronage, complément indispensable de toute répression pénale. Cet esprit de réforme tentera de traverser l'ensemble des projets et législations concernant le champ pénal tout au long de la période. L'objet pénal est particulièrement riche pour une analyse des processus politiques complexes à l'œuvre en république et précisément pour la Troisième République, dite « République des juristes »[2]. Par ailleurs, le travail sur le champ pénal est intéressant car on y voit que la justice, présentée comme une mission régalienne de l'État, est soumise dans son mode de fonctionnement, et dans l'élaboration de ses actions et de ses règles, à un processus plus complexe qu'il n'y paraît[3]. En s'intéressant au « paysage » ou à la configuration du champ pénal, en France, on observe une architecture administrative très « étendue ». La matière pénitentiaire se répartit entre les départements, le ministère de l'Intérieur, le ministère de la Marine. Dans notre domaine, en dehors de l'Administration pénitentiaire, on remarque entre autres la Société générale des prisons créée en 1877 et le Conseil supérieur

---

[1] LACOINTA Jules, « Rapport sur la réforme pénitentiaire devant la Société d'économie sociale », *RP* 1882, p.608-632.

[2] GAUDEMET Jean, *Les juristes et la vie politique de la Troisième République*, Travaux et recherches de la Faculté de Droit et des Sciences économiques de Paris, Série « Science Politique », n° 21, PUF, 1970, p. 11.

[3] Nous nous sommes inspirés très directement de nos travaux et de différents articles dont, entre autres : KALUSZYNSKI Martine, « La Revue pénitentiaire 1877-1900. Un réseau de réformateurs sociaux », sous la direction de CHAUVAUD Frédéric, PETIT Jacques-Guy, *L'histoire contemporaine et les usages des Archives judiciaires (1800-1939)*, Paris, Honoré Champion, Editions Slatkine, Genève, 1998, pp. 269-280 ; KALUSZYNSKI Martine, « Construire la loi. La Société générale des prisons (1877-1900) », in KALUSZYNSKI Martine, WAHNICH Sophie (dir.), *L'Etat contre la politique ? Les expressions historiques de l'étatisation*, Paris, L'Harmattan, collection Logiques Politiques, septembre 1998, pp. 205-221 ; KALUSZYNSKI Martine, « Les artisans de la loi. Espaces juridico-politiques en France sous la IIIème République », *Droit et Société* 40-1998, pp. 535-562 ; KALUSZYNSKI Martine, « Un paternalisme juridique. Les hommes de la Société Générale des Prisons (1877-1900) », in TOPALOV Christian (dir.), *Laboratoires du nouveau siècle, La nébuleuse réformatrice et ses réseaux en France, 1880-1920,* Paris, EHESS, 2000, pp. 161-185 ; KALUSZYNSKI Martine, « Qui produit la loi ? Espace(s) juridique(s), espace(s) politique(s) avant la Première Guerre mondiale », in BARUCH Marc Olivier et DUCLERT Vincent (dir.), *Serviteurs de l'Etat. Une histoire politique de l'administration française 1875-1940,* La Découverte, 2000, pp 85-96.

des prisons créé en 1875, lieux participant par leurs activités à l'administration des affaires pénitentiaires et pénales et s'intéressant très directement à la réforme des prisons. De par leur composition, leur(s) mission(s) et leur activité, ces lieux appartiennent à une architecture qui contribue à un fonctionnement original mettant en œuvre un système de relations complexes, forgeant des pratiques de pouvoir qui permettent de revisiter des conceptions représentant l'État et la démocratie pour le régime républicain.

La prison au cœur de l'innovation administrative

La prison sera au cœur de l'innovation administrative. Elle est également innovante dans les expériences mises en œuvre. On doit à Louis Paulian la création de bibliothèques pénitentiaires internationales. Partout, dans toutes les nations civilisées, il s'agit d'améliorer le sort moral des prisonniers. On comprend de plus en plus que la peine ne doit pas seulement avoir pour effet de punir le condamné, mais qu'elle doit tendre surtout à l'amender : il ne suffit pas de punir les méchants, il faut encore et surtout les amender en les soumettant à un régime moralisateur. Toutes les administrations pénitentiaires poursuivent cet amendement. Elles font appel à la discipline, au travail, à l'influence de l'instituteur, de l'aumônier, des sociétés de patronage, pour essayer de redresser les natures perverses que le vice, l'ignorance, la passion ou le mauvais exemple ont poussées dans la voie du crime. On s'efforce d'éduquer les condamnés, de les instruire, d'en faire, en un mot, des hommes capables de gagner honnêtement leur pain. Dans tous les budgets des administrations pénitentiaires, il existe un crédit destiné à l'achat de livres pour les bibliothèques des prisons. Malheureusement, dans ces bibliothèques qui, il faut bien le dire, ne se composent souvent que de quelques misérables volumes, on a oublié de faire la part du condamné étranger.

Les sociétés de patronage, alternative à la répression

Les sociétés de patronage seront également une expérience alternative à la seule répression.

La société de patronage est avant tout située dans la sphère du pénal[1], en amont de la prison, elle sera plus tard un instrument de prévention lorsqu'elle concernera non seulement les libérés de prison qu'il s'agira d'aider mais aussi les enfants en danger, devenant un lieu de transition entre le monde de la prison et le monde libre. Elle reste définie et limitée par des circulaires et des textes juridiques ; elle a mission de protéger, préserver, rééduquer. En cela elle n'est pas comparable au « patronage scolaire », qui se fonde autour de l'école et dont le principal but est de saisir l'enfant, l'adolescent, à un moment qui peut être critique, celui où il va prendre contact avec la société. Les sociétés de patronage ont été créées avant tout, dans leur objectif premier, dans un

[1] KALUSZYNSKI Martine et *alii.*, *Une expérience, la société de patronage. Un objet, l'enfant en danger moral*, Rapport Mire-Cnrs, 1991, dactylographié.

contexte pénitentiaire en direction des libérés de prison. Dès le début du XIXe siècle, on pense que l'heure de la libération peut être fatale pour ceux qui viennent de subir leur peine. Le libéré doit résister aux sollicitations de ses anciens amis, lutter contre lui-même et contre la société qui l'évite et le repousse. Il faut donc une structure qui permettra à cet individu d'échapper à la récidive. Ainsi, primitivement, la société de patronage se donne pour but de reclasser dans la société les individus qui ont subi une ou plusieurs peines, et de donner les secours nécessaires pour placer et maintenir parmi les honnêtes gens, les condamnés libérés. Les années 1880-1890 sont des années d'essor[1]. Les sociétés de patronage, présentes dès le début du siècle, se développent véritablement dans cette période. On peut parler alors d'un réel « mouvement » du patronage. Le contexte est plus favorable, plus ouvert à ce type de préoccupations philanthropiques, la « question sociale » s'est amplifiée : axée au début sur le thème de la prison, ou sur les difficultés du monde ouvrier, elle étend à d'autres catégories de populations ses interrogations et ses remèdes (par exemple les pauvres, les enfants, etc.). Ces quelques années constituent un moment-charnière, nourri de plusieurs événements concomitants : des avancées législatives décisives, l'émergence des notions d'intérêt de l'enfant et de prévention, le rôle de sociétés savantes actives, comme la Société générale des prisons, berceau théorique du patronage, ainsi que la volonté d'une fédération des sociétés de patronage qui sera consacrée par l'Union des sociétés de patronage. On voit ici un ensemble d'expériences, d'innovations dont les racines s'ancrent bien avant le moment républicain mais qui seront très fortement investies, mobilisées dans cette période où la réforme est un enjeu majeur. Et un enjeu qui intéresse au-delà des chronologies comme des géographies

L'ensemble de ces innovations s'appuie sur un savoir expert élaboré dans ces espaces et qui contribuera à produire des réflexions et des propositions pour l'amélioration des prisons et également de la société et ses désordres : la science pénitentiaire.

La science pénitentiaire

L'émergence de savoirs scientifiques à la fin du XIXe siècle, va épauler la décision politique dans la mesure où ils donnent à l'État le moyen, (l'illusion) de comprendre et de pouvoir agir au mieux. Dans le domaine du maintien de l'ordre, du crime, de la prison, la République va se saisir de ces questions[2] et adopter des mesures, des principes ou des politiques découlant de cette combinaison où la science sociale devient un savoir qui fonde le politique «

---

[1] En 1880, on compte 65 sociétés de patronage en fonction, 9 sociétés de patronage sur le point d'être fondées. C'est dans ces années que l'essor des sociétés de patronage, tant au niveau des moyens législatifs, financiers ou humains, va se développer.

[2] KALUSZYNSKI Martine, *La République à l'épreuve du crime ; la construction du crime comme objet politique*, Paris, LGDJ, 2002, 251 p.

requalifiant le champ des compétences de l'État ».[1] Un savoir, des techniques, des discours scientifiques se forment, se nouent en adéquation avec une société pour qui la politique sera fondée sur la connaissance. Les enjeux, dès lors, sont ceux d'une refonte de la légitimité politique à partir de la compétence. La « science pénitentiaire » participe de ce mouvement. C'est l'idée d'une science juridique qui participe d'une véritable ingénierie politique[2] et devient un savoir de gouvernement[3]. Dans son rôle d'auxiliaire, de savoir expert, la science pénitentiaire a été particulièrement féconde dans la production d'une politique pénale forte et au cœur des espaces réformateurs : par exemple, en 1879, un questionnaire concernant les prisons cellulaires et les dépenses nécessaires à leur construction est établi[4]. Des réponses proviennent de Belgique, du Danemark, de Hollande, de Suède, d'Allemagne, d'Autriche, de Suisse, d'Allemagne, d'Autriche, de Suisse (canton du Tessin, canton de Bâle-Campagnol)[5], de Grande-Bretagne[6].

En 1883, 1885, 1890 de grandes enquêtes seront lancées sur la libération conditionnelle, sur la peine de mort, sur l'alcoolisme devant la loi pénale. Tous ces éléments, organisés dans un espace national mais qui déjà se diffusent, aboutissent à une véritable internationalisation et font dès lors de la prison, un objet monde.

La prison, un objet monde ?

L'histoire des pénalités a été traditionnellement une histoire de la circulation internationale[7] et de la réception des idées et des innovations dans le domaine de la prise en charge des criminels[8].

Les modes d'adhésion se pratiquent selon un fonctionnement connu dans la tradition du champ pénitentiaire ou pénal – c'est-à-dire à travers des contacts, des voyages, des modes d'accès au savoir et à la connaissance qui permettent de proposer à son pays le projet, paré de toute une légitimité et s'appuyant sur des exemples de pays ou de modèles pratiquant déjà la mesure.

---

[1] PROCACCI Giovanna, « La naissance d'une rationalité moderne de la pauvreté », in *L'Exclusion, l'Etat des savoirs*, Paris, La Découverte, 1995, p. 413.

[2] IHL Olivier, KALUSZYNSKI Martine, POLLET Gilles (dir.), *op. cit.*

[3] IHL Olivier, KALUSZYNSKI Martine, « Pour une sociologie historique des sciences de gouvernement », *op. cit.*

[4] *RP*, 1879, pp. 771-774.

[5] *RP*, 1882, pp. 45-59.

[6] *RP*, 1879, pp. 773-799, pp. 896-908.

[7] DUPONT-BOUCHAT Marie-Sylvie, « Du tourisme pénitentiaire à "l'Internationale des philanthropes". La création d'un réseau pour la protection de l'enfance à travers les congrès internationaux (1840-1914) », *Paedagogica Historica*, 38 (2-3), 2002, pp. 533-563.

[8] SAUNIER Pierre-Yves, « Circulation, connexions et espaces transnationaux », in *Genèses*, n° 57, 2004, pp. 110-126. Voir KALUSZYNSKI Martine, PAYRE Renaud (dir.), *Savoirs de gouvernement. Circulations, traductions, réceptions*, Paris, Economica, collection « Politique Comparée », 2013, 190 p.

Genèse de la fabrication nationale et internationale du champ pénal

Comment, par quels moyens, quelles passerelles s'est mise en place la construction internationale du champ pénal ? Comment la circulation se développe ? Comment cette internationale juridique et particulièrement pénale se met en place ? Dès la fin du XIXe siècle sur le plan national, des espaces se construisent[1] ; à l'étranger de nombreuses sociétés se sont intéressées à la réforme pénitentiaire : la Société suisse pour la réforme pénitentiaire, l'Association générale pour la réforme pénitentiaire en Espagne, l'Association pénitentiaire scandinave, l'Association nationale des prisons d'Amérique conçue sous la protection du Dr. Wries et reconnue par l'État en 1871, la Société des prisons de Francfort-sur-le-Main, l'Association Howard, la Fondation Holtzendorff[2] et en France, entre autres, la Société Générale des Prisons. Il existe des sociétés internationales, comme l'Institut de droit international ou l'Union internationale de droit pénal fondée par Von Liszt, Prins, Van Hamel en 1890[3]. Les congrès pénitentiaires internationaux ont été des lieux de diffusion extrêmement importants et fondamentaux dans l'importation de modèles et d'expériences. Le congrès international revêt à la fin du XIXe siècle une importance particulière. Par son abondance, sa diversité, sa variété, ce lieu de communication, lieu d'assise et de pouvoir, devient pour une pensée, un thème, pour un mouvement et pour des hommes, un objectif incontournable pour échanger et surtout pour exister. S'il n'y a pas de congrès national sur le thème, de nombreux congrès sur les patronages réuniront les hommes de la réforme pénitentiaire. Par contre, des congrès pénitentiaires internationaux, au nombre de douze entre 1872 et 1950[4], permettront de structurer le mouvement à la fois sur le terrain national et international.

Lieu d'instauration d'une discipline, lieu d'assise des idées scientifiques en évolution, lieu d'échanges, de diffusion, le congrès international met également en place des enjeux implicites, en renforçant des réseaux, en permettant les effets de scène, en valorisant symboliquement une nation ou une autre. Ces congrès sont aussi un vrai théâtre où des mises en scène très variées se déroulent : scientifiques, intellectuelles, dramatiques ou comiques.

---

[1] TOPALOV Christian (dir.), *op. cit.*

[2] Et aussi la Société de législation comparée à Paris, la Société des études sociales à Bruxelles, la Société des juristes à Berlin, la Société des juristes à Munich, la Howard Association à Londres, l'Association nationale des Prisons (Etats-Unis), l'Assemblée des juristes néerlandais, l'Assemblée des juristes scandinaves, le National conference of Charities and Correction (Etats-Unis), l'American social science Association, l'Academy of political and social sciences, la Société juridique de Saint-Pétersbourg, etc.

[3] KALUSZYNSKI Martine, « Socio-histoire de l'État, socio-histoire du pénal. La "circulation" au cœur de la construction du champ pénal », in FROMENT Jean-Charles, MATHIEU Martial, *Droit et politique, la circulation internationale des modèles en question,* Grenoble, PUG, collection « Droit et Action publique », 2014, pp. 215-228.

[4] 1872 Londres, 1878 Stockholm, 1885 Rome, 1890 Saint-Pétersbourg, 1895 Paris, 1900 Bruxelles, 1905 Budapest, 1910 Washington, 1925 Londres, 1930 Prague, 1935 Berlin, 1950 La Haye.

Moment choc, moment bilan plus que moment dynamique, le congrès international est un lieu qui synthétise les échanges occasionnés, qui galvanise les auteurs, propulse les travaux et idées amorcés. C'est un lieu d'idées, d'idéologie et pas de réalisations[1], où se réunissent de nombreux pays quelle que soit la nature de leur régime politique et qui constituent ainsi déjà une forme d' « internationale judiciaire », une « Europe de l'ordre ».[2]

La prison a été au cœur de ces entreprises et également des législations qui construisent une politique pénale particulièrement intense

Le tourisme pénitentiaire[3]

Les voyages sont des moments importants de l'accès à la connaissance qui permettent de se forger une opinion, puis ensuite d'alimenter une réflexion et de nourrir des propositions. Un travail d'évaluation peut se mettre en place suite à l'accumulation de différents matériaux.

On observe des procédures d'accès au savoir différentes selon les pays et les hommes mais respectant une « certaine tradition » qui est celle du monde pénal.

Les réformateurs sociaux, les philanthropes intéressés à la question pénitentiaire voyagent beaucoup et même très loin, ce sont de véritables pèlerins. De leurs voyages, ils ramènent de véritables récits qui mêlent les réalités pénitentiaires observées, statistiques à l'appui, à leur propre imaginaire. Chacun laissera sa marque personnelle et imprégnera de sa sensibilité et de son idéologie ce genre littéraire très goûté depuis Howard à la fin du XVIIIe siècle[4]. Les écrits de Tocqueville et Beaumont[5], de Moreau-Christophe[6], de Lucas[7] seront des précurseurs du genre.

---

[1] Sur les congrès, cf. les réflexions de TOPALOV Christian, *Naissance du chômeur 1880-1910*, Paris, Albin Michel, 1994, pp. 59-83, et de BRIAN Eric, « Y a-t-il un objet Congrès ? Le cas du Congrès international de statistique (1853-1876) », *Mil neuf cent, Revue d'Histoire intellectuelle : Les congrès, lieux de l'échange intellectuel, 1850-1914*, n° 7, 1989, pp. 9-22, et notre article, KALUSZYNSKI Martine, « Les congrès internationaux d'anthropologie criminelle 1885-1914 », *Mil neuf cent, Revue d'Histoire intellectuelle, op. cit.* pp. 59-70.

[2] PERROT Michelle, « L'Europe pénitentiaire », in PERROT Michelle, *Les ombres de l'histoire. Crime et châtiment au XIXe siècle, op. cit.*

[3] DUPONT-BOUCHAT Marie-Sylvie, *op. cit.*

[4] HOWARD John, *L'état des prisons, des hôpitaux et des maisons de force en Europe au XVIIIe siècle*, Paris, Editions de l'Atelier, 1994, 599 p.

[5] TOCQUEVILLE Alexis de, « Note sur le système pénitentiaire et sur la mission confiée par M. le ministre de l'Intérieur à MM. Guillaume de Beaumont et Alexis de Tocqueville », 1831, in PERROT Michelle (dir.), *Écrits sur le système pénitentiaire en France et à l'étranger*, Tocqueville, *Œuvres complètes*, tome IV, 2 vols, Gallimard, 1984, vol. 1.

[6] MOREAU-CHRISTOPHE Louis-Mathurin, *Rapport à Monsieur le Comte de Montalivet sur les prisons de l'Angleterre, de l'Ecosse, de la Hollande, de la Belgique, de la Suède*, 1839.

[7] LUCAS Charles-Jean-Marie, *Du système pénitentiaire en Europe et aux Etats-Unis*, 1828-1830, 2 vol.

Ducpétiaux vulgarise leurs travaux en Belgique[1]. Lorsque s'épuise la vague américaine, c'est l'Europe qui prendra la relève. Ducpétiaux d'abord qui visite l'Angleterre, la Hollande, la Suisse, l'Allemagne, la France. Après 1840, Appert, le « John Howard français », visite les prisons d'Europe et principalement des établissements belges[2].

Le récit du voyage pénitentiaire contribue par son existence à la diffusion des modèles étrangers et fait à sa manière la propagande pour ceux-ci. Tous témoignent de l'influence des modèles américains, en diffusant le modèle pénitentiaire américain en France.

Comme au XIXe siècle, avec les prisons, les États-Unis restent en ce domaine toujours relativement pionniers et le modèle américain, même ajusté, ajustable, est souvent à l'origine des choix adoptés. Cette façon de faire, cette pratique ont favorisé des politiques, également les lois, les peines, des dispositifs[3]. Récemment encore, c'est la légitimation par les USA, du fameux modèle new-yorkais de baisse du crime, qui a été utilisé par Nicolas Sarkozy qui fait le voyage dès l'été 2002 et qui en revient officiellement avec la politique du chiffre et la doctrine de tolérance zéro. Des acteurs et groupes d'acteurs ont joué un rôle dans ce processus, qu'il s'agisse d'un rôle de résistance ou au contraire de catalyseur. Les relations entre science et pouvoir gagnent à être saisies à travers l'analyse de la circulation des savoirs mais aussi des formes de scientificité prétendant expliquer la société, entre le pôle théorique et le pôle administratif ou politique.

Les expériences des acteurs administratifs et politiques nourrissent également des savoirs. Issus de pratiques administratives et politiques, ceux-ci s'échangent entre différents échelons ou services administratifs, entre différents partis, etc. Ils s'échangent aussi entre pays, soit à travers des interactions ponctuelles (visites, délégations, voyages d'études, correspondances ou mêmes lectures de traités et d'ouvrages), soit de manière plus structurée à travers des réseaux formalisés ou des organisations[4].

---

[1] DUCPETIAUX Edouard, *Du progrès et de l'état actuel de la réforme pénitentiaire et des institutions préventives aux États-Unis, en France, en Suisse, en Angleterre, en Belgique, Bruxelles*, 1838, 3 vol. ; *La réforme pénitentiaire en Grande-Bretagne*, 1836.

[2] APPERT Benjamin, *Voyage en Belgique, dédié au roi, et conférences sur les divers systèmes d'emprisonnement dédiés à la reine*, Bruxelles, 1849, 2 vol.

[3] Ainsi pour le bracelet électronique on sait que le sénateur Cabanel initiateur de la loi de 1997 est parti aux Etats Unis et que ce dispositif s'inspire de plusieurs modèles dont le modèle canadien. Les entretiens réalisés avec le sénateur Cabanel témoignent particulièrement de cette « méthodologie ». Dans le cadre de sa mission, début 1995, il visite des établissements pénitentiaires et se rend à l'étranger (Suède, Pays-Bas et Grande-Bretagne). Le Sénateur Cabanel a revu les expériences étrangères, surtout les USA, et particulièrement la Californie (la proximité de Silicon Valley permet d'avoir des dispositifs électroniques intéressants). La simplicité du dispositif l'a séduit (une société privée fermière s'occupe de tout), mise à part l'absence d'examen médical préalable à la pose du bracelet (examen seulement par des psychologues et pas des psychiatres.

[4] DROUX Joëlle, « L'internationalisation de la protection de l'enfance : acteurs, concurrences et projets transnationaux, d'un régime circulatoire à l'autre (1900-1925) », *Critique*

Le modèle canadien comme le modèle américain (qui reste le modèle souvent prédominant) ont été souvent des modèles de référence et sont cités comme étant à l'origine des choix opérés dans le domaine pénal comme cela a été le cas dernièrement avec de nombreuses mesures dans le domaine de la justice. Ainsi, avec la prison, les problèmes de la préservation, de l'intimidation ou de l'amendement sont discutés, ainsi que la question de la prévention ou de la réinsertion. L'espace international, permet aux idées, aux expériences de se confronter. Il est le vecteur de modèles qui s'importent ou s'exportent selon les cas. Il est révélateur de l'ouverture qui est faite (aux autres pays, aux autres disciplines) afin de comprendre, d'évaluer, de pouvoir lutter contre le crime et tenter de trouver, d'élaborer les meilleurs instruments possibles. Le caractère de « l'expérience internationale » donne une dimension « consensuelle » et légitimante à des propositions qui gagnent ainsi leurs galons « scientifiques », transcendant les clivages spirituels, politiques, nationaux. Cet aspect international, est un élément important dans la construction et la légitimité d'une politique et/ou de propositions. Instrument de développement des idées, de diffusion de la pensée, l'apport de l'international est un vrai instrument politique de développement et de reconnaissance. La circulation est en soi intrinsèque à la fabrication des politiques publiques[1].

Persistance de l'internationalisation : de la réforme pénitentiaire aux bonnes pratiques

Après la Seconde Guerre Mondiale, un mouvement d'idées apparaît dominant : la Défense sociale nouvelle, portée par la Société internationale de Défense sociale et incarnée par des hommes comme Marc Ancel, Paul Cornil, absolument omniprésents sur la scène internationale et européenne. Marc Ancel participera par ailleurs, comme Paul Cornil, à la création du Comité européen pour les problèmes criminels au sein du Conseil de l'Europe. La tradition perdure[2] quand aujourd'hui, on voit que ce projet de réforme pénitentiaire est toujours aussi important à l'échelle européenne et française mais qu'il est abordé par le prisme des « bonnes pratiques ». Par « bonnes

---

Internationale, n°52, juill.-sept. 2011, pp. 17-33 ; MARSHALL Dominique, « Dimensions transnationales et locales de l'histoire des droits des enfants. La Société des Nations et les cultures politiques canadiennes, 1910-1960 », *Genèses*, n° 71, 2, 2008, pp. 47-63.

[1] KALUSZYNSKI Martine, « D'une action philanthropique à la construction d'une pensée (politique) réformatrice. Le rôle de l'internationalisation (instruments, discours, réseaux d'acteurs) dans le domaine pénitentiaire et pénal », in MBANZOULOU Paul, SOULA Laurence, *Dynamiques pénales et pénitentiaires. Pensées et politiques réformatrices en Occident (XIXe-XXIe siècle),* Agen, Les presses de l'ENAP, 2019, collection « Savoirs et pratiques criminologiques », pp 27-41.

[2] En lisant la littérature grise du Conseil de l'Europe, les acteurs qui présentent les RPE en ayant le souci de leur histoire, font explicitement référence à cette tradition, et considère leur action dans la continuité directe de l'activité de cette commission internationale pénitentiaire et des congrès pénitentiaires internationaux.

pratiques » pénitentiaires, il est fait référence de manière un peu restreinte au « texte phare » du Conseil de l'Europe[1] : les Règles pénitentiaires européennes (RPE). Celles-ci ont été écrites dans une première version en 1973 sous le titre d'« Ensemble de règles minima pour le traitement des détenus » et ont été révisées à deux reprises, en 1987 et en 2006. Quelques mots sur ces Règles. Il faut savoir qu'elles sont le fruit du travail d'expertise de deux organes rattachés au Conseil de l'Europe : le Comité européen pour les problèmes criminels (CDPC) institué en 1958 et le Conseil de coopération pénitentiaire (aujourd'hui pénologique) (PC-CP), structure subordonnée au CDPC et créée en 1980. Les RPE sont aujourd'hui au nombre de 108 et portent sur des thèmes divers comme « les droits fondamentaux des personnes détenues, le régime de détention, la santé, l'ordre et la sécurité des établissements pénitentiaires, le personnel de l'administration pénitentiaire, l'inspection et le contrôle des prisons »[2]. Si ces Règles visent l'harmonisation tant des politiques que des pratiques pénitentiaires, il faut préciser qu'il s'agit de recommandations et qu'elles n'ont, dans ce sens-là, pas de valeur juridique contraignante.

A l'heure actuelle, peu de recherches existent sur les RPE. Une brève revue de la littérature scientifique nous informe que ce sont principalement les juristes qui ont investi le champ d'analyse. La plupart s'emploient à décrire le contenu du texte, sa structure, à comparer la version récente avec les versions initiales, à en souligner sa portée et ses limites[3]. Certains vont pointer en effet les inconvénients liés à la révision d'un texte plutôt qu'à sa réélaboration complète. Selon Pierrette Poncela, à propos du texte de 2006 : « Sans doute aurait-il mieux valu, après plus de trente ans et en ce début du XXIe siècle, écrire un nouveau texte plutôt que de réviser un texte ancien. Le résultat est un compromis entre les deux formules qui nuit autant au fond qu'à la forme »[4]. D'autres juristes vont plutôt s'interroger sur l'influence d'un texte à la valeur juridique d'une recommandation, c'est-à-dire sans contrainte d'application. Ils vont également le mettre en relation avec d'autres entités européennes de protection des droits des détenus – parfois selon eux plus efficaces comme la Convention européenne pour les droits de l'Homme et la Cour qui vise son respect mais aussi le Comité européen de prévention contre la torture (CPT). Ces articles ont une dimension certes descriptive mais aussi prescriptive et

---

1 Cette partie s'appuie sur les travaux et les abondantes données récoltées par FONDRIEST Julie pour une thèse à ce jour malheureusement abandonnée.

2 Ministère de la Justice Française, *Les règles pénitentiaires européennes*, Direction de l'administration pénitentiaire, 2006, p. 7.
http://www.justice.gouv.fr/art_pix/RPE1.pdf (consulté le 13 septembre 2012).

3 Voir DARBEDA Pierre, « Le renouveau des règles pénitentiaires européennes », *Revue pénitentiaire et de droit pénal*, n°3, 2006, pp. 655-666 ; LARRALDE Jean-Manuel, « Les règles pénitentiaires européennes, instrument d'humanisation et de modernisation des politiques carcérales », *Revue trimestrielle des droits de l'homme*, n°72, 2007, pp. 993-1015 ; PONCELA Pierrette, « L'harmonisation des normes pénitentiaires européennes », *Revue de science criminelle et de droit comparé*, n°1, 2007, pp. 126-133.

4 PONCELA Pierrette, *op. cit*, p.127.

normative puisqu'ils donnent des orientations et émettent des jugements de valeur sur ce que devraient ou auraient dû être ces règles européennes.

Pourquoi, comment des *règles minima pour le traitement des détenus* ont-elles émergé en 1973 au sein du Conseil de l'Europe ? Pourquoi, comment, à un moment donné, le Conseil de l'Europe s'est-il intéressé au sort des prisonniers ? Nous pouvons réinscrire ce projet dans cette tradition lointaine mais stabilisée des congrès et de la CPI puisqu'il va notamment aboutir à la rédaction des toutes premières règles minima pour le traitement des détenus adoptées par la Société des Nations entre 1929 et 1933 – en pleine période de montée des totalitarismes. En 1950, le dernier congrès signera la dissolution de la Commission internationale pénale et pénitentiaire pour devenir en 1951 la Fondation Internationale Pénale Pénitentiaire rattachée à l'Organisation des Nations Unies. Pour précisions, également, dès 1949, l'ONU convoque un corps de pénologues pour réviser les Règles minima et adopte une nouvelle version de ces Règles en 1955.

Pour comprendre la genèse des RPE, il faut s'intéresser aux structures productrices de ces normes. Il s'agit du Comité européen pour les problèmes criminels créé en 1958 et du Conseil de coopération pénitentiaire (PC-CP) institué en 1980. Ainsi à la première réunion de ce CDPC[1]– quatre grandes associations internationales étaient représentées par un ou plusieurs membres. Ces grandes associations sont d'ailleurs appelées par les acteurs eux-mêmes les « Quatre Grandes » ou les « Quatre associations sœurs » : il s'agit de l'Association Internationale de Droit Pénal (1924), la Société Internationale de Criminologie (1938), la Société Internationale de Défense Sociale (1949), la Fondation Internationale Pénale et Pénitentiaire (1951). Dans leur statut, chacune d'elle ambitionne d'étudier de manière scientifique les problèmes liés à la criminalité et les réponses en termes de prévention, de répression et de traitement qui doivent être apportées par les États. « L'Association Internationale de Droit Pénal estime que la criminalité, sa prévention et sa répression doivent être envisagées tant au point de vue de l'étude scientifique du crime et du criminel, qu'au point de vue des garanties juridiques de la société et du délinquant. Elle vise à promouvoir le progrès de la législation et des institutions assurant une justice toujours plus humaine et efficace. […] » (Article 2.1). « L'Association a une activité purement scientifique. Elle ne prend pas parti entre les différentes écoles ou théories de droit pénal. Ses membres peuvent défendre librement leurs opinions dans le cadre des principes d'humanité exprimés à l'article précédent. » (Article 3). « A l'effet de remplir sa tâche, l'Association établit l'échange d'idées et une collaboration plus étroite entre ceux qui, dans les différents pays, se consacrent à l'étude et à l'application du droit pénal, et ceux qui poursuivent

[1] ESPOSITO Vitaliano (ancien membre du Bureau du CDPC), « Pour une histoire du Comité européen pour les problèmes criminels », *Cahiers de défense sociale : bulletin de la Société internationale de Défense Sociale pour une Politique Criminelle Humaniste*, 1999.

des recherches sur la criminalité, ses causes et ses remèdes, en s'efforçant de mettre le droit pénal matériel et formel en harmonie avec les données et progrès de la science. » (Article 4.1)[1]. « L'objectif de la Société internationale de criminologie est de promouvoir les activités et les recherches visant à favoriser une meilleure compréhension du phénomène de la criminalité à l'échelle internationale. La Société contribue également à soutenir la prévention du crime ainsi qu'à améliorer les procédures utilisées par les différents systèmes de justice pénale. Ces activités portent, par conséquent, tant sur des questions scientifiques que pratiques »[2]. « La Société internationale de défense sociale est une association sans but lucratif qui se propose d'étudier les problèmes de la criminalité dans la perspective d'un système de réaction anticriminelle qui, tenant compte des facteurs de resocialisation de son auteur, tend à la fois à protéger la société contre les délinquants et à prémunir les individus contre le risque de tomber ou de retomber dans la délinquance. La Société internationale de défense sociale s'efforce, par la propagation de ses idées, d'exercer une influence sur la politique criminelle des États modernes »[3]. « La Fondation [Internationale Pénale et Pénitentiaire] a pour but d'encourager les études dans le domaine de la prévention du crime et du traitement des délinquants, notamment par la recherche scientifique, les publications et l'enseignement [...] »[4].

Dès lors avant que le Conseil de l'Europe ne s'empare de la question du traitement des délinquants et des détenus, des réseaux internationaux sont actifs et semblent piloter l'espace international de la réforme pénale et pénitentiaire. Sans oublier aussi, le rôle majeur que semble jouer au lendemain de la Seconde Guerre Mondiale, l'Organisation des Nations Unies qui produit ses propres règles minima pour le traitement des détenus en 1955.

Les réformateurs pénitentiaires européens

Au-delà des réseaux – permettant de réinscrire le Conseil de l'Europe et le Comité européen pour les problèmes criminels dans une configuration internationale – on trouve comme dans le siècle précédent, des hommes qui animent, gravitent et circulent au sein de ces réseaux. Qui sont-ils ? Quel est leur statut, leur profession ? Comment sont-ils entrés sur cette scène internationale et européenne ? Comment ont-ils acquis cette légitimité ?

Dans la réunion fondatrice du Comité européen pour les problèmes criminels, on retrouve trois groupes professionnels assez traditionnellement représentés dans le champ pénal : des juristes (juge, conseillers de Cour d'appel, conseiller à la Cour de cassation française), des hauts fonctionnaires

---

[1] Statuts de l'AIDP.

[2] Site de la SIC : http://www.criminology-programs.org/fr/societe-internationale-de-criminologie

[3] Article Premier des Statuts de la SIDS.

[4] Article 3 des Statuts de la FIPP.

travaillant auprès du ministère de la Justice (secrétaire général, sous-secrétaire etc.), des professeurs de droit pénal.

Ce qui caractérise surtout ces acteurs, c'est leur multipositionnalité[1]. Prenons l'exemple du représentant Belge, secrétaire général pro-tempore du ministère de la Justice Paul Cornil (1903-1985). De 1951 à 1961, il est président de la Fondation Internationale Pénale et Pénitentiaire, président de l'Association Internationale de Droit Pénal (dates non précisées), vice-président de la Société Internationale de Défense Sociale et de la Commission scientifique de la Société Internationale de Criminologie (dates non précisées), consultant auprès de la Section de la Défense Sociale des Nations Unies. De 1962 à 1965, il est Président du Comité européen pour les problèmes criminels. On voit bien – avec ce seul exemple – que ce sont les hommes qui établissent des liens très étroits, construisent, tissent avec leur multi appartenance une sorte de toile de relations entre les associations, les institutions créées à l'échelle internationale et européenne[2].

Au sein de cet espace transnational circulent donc des hommes, structurés par des réseaux, et ces hommes sont porteurs d'idées, de savoirs qui vont structurer les réflexions sur les savoirs, savoir-faire, « bonnes pratiques » et dont la synthèse pourra se retrouver dans les règles pénitentiaires européennes. Il y a sans doute ici, une forme de filiation entre la science pénitentiaire forgée au XIXe siècle qui a nécessairement évolué, s'est transformée, et la fabrication de règles européennes en matière pénitentiaire, dont l'objectif est d'aboutir à une science de la bonne gestion des établissements pénitentiaires.

---

[1] Voir LASCOUMES Pierre, « Pluralité d'acteurs, pluralité d'actions dans la création contemporaine des lois » in DEBUYST Christian, *Acteur social et délinquance*, Lièges, Bruxelles, 1990 et BOLTANSKI Luc, « L'espace positionnel : multiplicité des positions institutionnelles et habitus de classe », in *RFS*, 1973, pp. 3-26.

[2] Les membres du Comité européen pour les problèmes criminels (1958) : Paul Cornil (Belgique), Secrétaire général pro-tempore du Ministère de la Justice ; Louis de la Fontaine (Luxembourg), avocat général du Parquet Général ; Rolv Rissdal (Norvège), sous-secrétaire d'Etat au Ministère de la Justice et de la police (par la suite deviendra président de la Cour européenne des droits de l'homme) ; Wolfgang Doleisch (Autriche), représentant de l'administration pénitentiaire ; A. Hyeknudsen (Danemark),représentant de l'administration pénitentiaire ; Sir Lionel Fox (Royaume-Uni), représentant de l'AP du Royaume Uni et président du Groupe consultatif européen des Nations Unies en matière de prévention du crime et du traitement des délinquants ; Torsten Eriksson (Suède), représentant de l'AP ; Marc Ancel (France), conseiller de la Cour de Cassation, secrétaire général du Centre français de droit comparé, « père » de la Société internationale de défense sociale ; Girolamo Tartaglione (Italie), conseiller de la Cour d'appel de Rome; A. D. Belifante (Pays-Bas), Représentant de l'AP ; Nurullah Kunter (Turquie), professeur de droit pénal à l'Université d'Istanbul ; François Clerc (Suisse), professeur de droit pénal aux Universités de Fribourg et Neuchâtel. Données reprises à FONDRIEST Julie, *op. cit.*

La prison, un modèle qui circule

La thématique de la circulation est, depuis une quinzaine d'années, au cœur de chantiers de recherche s'avérant épistémologiquement assez contrastés[1]. Elle nourrit une démarche d'histoire croisée ou histoire dénationalisée[2]. Une histoire états-unienne revisitée au sein de laquelle une partie des historiens parmi lesquels Thomas Bender[3] vont en appeler à une sortie de l'exceptionnalisme américain. Il existe aussi une sociologie des champs s'attardant sur les champs transnationaux dans le domaine culturel[4] intellectuel, juridique[5]. Enfin en analyse des politiques publiques dans la lignée d'un néo-institutionnalisme se développe une approche sur les transferts de politiques publiques et sur le mimétisme institutionnel[6]. Il ne s'agit plus de se contenter de parler de « diffusion », d'« influence » ou même d'« emprunt », mais bien de mettre au jour les processus sociaux qui participent à l'échange d'idée et de savoirs mais aussi à leur incorporation. La lecture socio-historique des formes de circulation des savoirs et des pratiques permet de comprendre comment des modèles plus ou moins solidifiés et institutionnalisés ont pu ou non influencer les modes concrets de gouvernement et les types empiriques d'action publique. La circulation, la question des modèles et le rôle de l'international sont au fondement de l'histoire pénale et de l'historiographie de ce champ.

Portées par d'autres pays, les solutions et les mesures adoptées trouvent une légitimité que la seule scène nationale ne pouvait apporter, mue par des positions ou des postures idéologiques tranchées qui ne peuvent se jouer que sur l'air de la rivalité. Au-delà des propositions justes et pertinentes qu'un tel

---

[1] Ces écrits sont très largement repris de notre introduction écrite avec PAYRE Renaud in KALUSZYNSKI Martine, PAYRE Renaud (dir.), *Savoirs de gouvernement*, *op. cit.* ; PAYRE Renaud, « L'espace des circulations. Réseaux d'acteurs et fabrique transnationale des sciences administratives (années 1910-années 1950) », in AUDREN Frédéric, LABORIER Pascale, VOGEL Jakob, NAPOLI Paolo (dir.), *Les sciences camérales,* Paris, PUF, 2007.

[2] WERNER Michael, ZIMMERMANN Bénédicte (dir.), *De la comparaison à l'histoire croisée*, Paris, Seuil, 2004, 239 p.

[3] BENDER Thomas (dir.), *Rethinking American History in a Global Age*, Berkeley, Berkeley University Press, 2002, 436 p.

[4] BOURDIEU Pierre, « Les conditions sociales de la circulation internationale des idées », *Actes de la recherche en sciences sociales*, 2002, p. 145.

[5] SACRISTE Guillaume, VAUCHEZ Antoine, « La "guerre hors la loi", 1919-1930 », *Actes de la recherche en sciences sociales*, 2004, n°151-152, pp. 91-95. Voir aussi le numéro *Actes de la recherche en sciences sociales* consacré à la sociologie de la mondialisation (n°151-152, mars 2004).

[6] DOLOWITZ David P., MARSH David, « Learning from Abroad: The Role of Policy Transfer in Contemporary Policy Making », *Governance*, 2000, vol. 13, n°1, pp. 5-24 ; HASSENTEUFEL Patrick, « De la comparaison internationale à la comparaison transnationale », *Revue française de science politique*, vol. 55, n°1, 2005, pp. 113-132 ; DELPEUCH Thierry, « Comprendre la circulation internationale des solutions d'action publique : panorama des policy transfer studies », *Critique internationale*, 2009/2, n°43, pp. 153-165.

rapport amène, il traduit une permanence dans la production de la politique pénale.

Aujourd'hui, lestée de son histoire, plus encore de sa mémoire, on observe le rôle effectif de la circulation, inhérente à la construction du champ pénal.

Ce sont bien les espaces de circulation qui nous intéressent au plus haut point. Ceux-ci dépendent des configurations et du contexte politique, économique mais aussi technique. C'est pour mieux pointer les principes et régularités qui contribuent à encadrer de tels échanges selon les périodes que Pierre-Yves Saunier parle, quant à lui, de régimes circulatoires[1]. En mêlant les dimensions politique, sociale, technique, il est possible de proposer une typologie chronologique des régimes circulatoires du domaine social dépassant la période (1800-1940) à partir de laquelle a travaillé P.-Y. Saunier. C'est une lecture possible qui a le mérite de montrer que non seulement les formes de circulation ont une historicité mais que les formes de légitimation des sciences de gouvernement dépendent des rapports de forces économiques, culturels et politique au niveau international en tentant de s'intéresser moins aux différences qu'aux interconnexions, aux réseaux, à ce qui se développe au-delà, entre ou en deçà des nations, et à leur impact sur certaines réalisations socio-politiques. Ainsi du tourisme pénitentiaire aux transferts institutionnels de politiques publiques (*policy transfers*), il n'y a qu'un pas. Il ne s'agit plus de se contenter de parler de simple diffusion, d'influence ou même d'emprunt, mais bien de mettre au jour les processus sociaux qui participent à l'échange d'idées et de savoirs et à leur incorporation. Il s'agit, en somme, de comprendre comment ces modèles plus ou moins solidifiés et institutionnalisés ont pu ou non influencer les modes concrets de gouvernement et les types empiriques d'action publique.

Dans notre domaine, on ne peut nier la perspective coloniale qui a imprimé fortement les pratiques punitives comme les pratiques de relégation qui ont alimenté les bagnes ou la transportation (dans les colonies britanniques, en Australie notamment). « Force est de constater qu'en Chine, en Inde, au Japon et dans nombre de pays africains, la question de l'enfermement est peu présente dans la gestion des populations ou dans la punition des criminels, jusqu'à la colonisation. En revanche, il existe davantage de discours, de mises en scène sur les châtiments corporels, sur les amendes impayées, d'autres formes de contraintes, plus temporaires, telles que les bannissements et les exclusions sociales, que sur l'enfermement. Il y a donc une spécificité occidentale de la "prison". »[2] Mais cette spécificité interroge puisque « certains s'interrogent sur les racines non européennes de la peine privative

[1] SAUNIER Pierre-Yves, « Trajectoires, projets et ingénierie de la convergence et de la différence : les régimes circulatoires du domaine social 1800-1940 », *Genèses,* n°71, 2008, pp. 4-25.

[2] Réponse de ROUSSEAUX Xavier, in HOULLEMARE Marie et ROUSSEAUX Xavier, « Une histoire globale de la prison est-elle possible ? », in *Socio*, 14, 2020, mis en ligne le 19 novembre 2020, http://journals.openedition.org/socio/10481

de liberté, en étudiant notamment le rôle du confinement dans les pratiques pénales ou militaires des sociétés précoloniales ou coloniales. Il en résulte une image bien plus diversifiée, chronologiquement et géographiquement, de ce qui est devenu la prison d'aujourd'hui »[1].

La prison est bien un objet monde

L'ensemble de ces réflexions, puisées dans l'histoire et revenant à la genèse d'un dispositif ou d'un modèle montrent que la circulation a permis l'intégration de la prison dans des continents aussi divers les uns que les autres. Sans faire un inventaire, désormais réalisé par de nombreuses institutions ou observatoires, la nécessité de recueil de données sur les prisons devient incontournable pour en comprendre l'évolution, en transformer les perspectives.

C'est la perspective qu'a pu adopter l'ouvrage « *Gouverner et Enfermer, la prison un modèle indépassable* » dirigé par Philippe Artières et Pierre Lascoumes[2], ou la revue *Critique internationale* qui a proposé un ensemble d'articles sur « Prison et changement démocratique »[3] et très récemment, le dossier « Prisons », de la revue *Socio*, porté par Falk Bretschneider et Natalia Muchnik[4].

Ainsi, la prison, quel que soit le temps, les périodes, les chronologies, les territoires, s'impose comme un modèle à la fois singulier et universel dans la matrice qu'il propose. Destinée à sanctionner, punir, isoler des individus prétendus dangereux, la prison se présente comme une sorte d'invariant des sociétés modernes, archaïque, continentale, modelée par le pouvoir politique et qui souvent est lestée de sa propre organisation, sa propre temporalité dans un modèle répressif disciplinaire. Falk Bretschneider et Natalia Muchnik indiquent clairement que l'historiographie de la prison « a, dès ses débuts, intégré la dimension transnationale de son objet en se focalisant notamment sur la circulation des projets et des expériences. Mais elle en a délaissé des pans entiers, considérant le XIXe siècle comme le berceau de la peine privative de liberté telle que nous la connaissons encore aujourd'hui et se focalisant sur les puissances occidentales »[5].

Ne voulant pas s'attacher au XIXe siècle comme point d'ancrage, le dossier milite pour un élargissement géographique « et de penser deux mouvements

[1] BRETSCHNEIDER Falk et MUCHNIK Natalia, *op. cit.*

[2] ARTIERES Philippe, LASCOUMES Pierre, SALLE Grégory (dir.), *Gouverner, Enfermer. La prison, un modèle indépassable ?*, Paris, Presses de Sciences Po, 2004, 361 p.

[3] *Critique internationale* 2002/3, n°16, entre autres MASSICARD Élise, « La réforme carcérale en Turquie. Du bon usage de la norme européenne », pp. 169-181 ; FAVAREL-GARRIGUES Gilles, « Priorités et limites de la politique pénitentiaire en Russie », pp. 121-135 ; DISSEL Amanda, ELLIS Stephen, « Ambitions réformatrices et inertie du social dans les prisons sud-africaines », pp. 137-152.

[4] BRETSCHNEIDER Falk et MUCHNIK Natalia, *op. cit.*

[5] *Ibidem.*

ensemble : d'une part, un mouvement global vers la « réforme pénitentiaire » au XIXe siècle, dont l'impulsion se situerait dans le monde occidental, d'autre part, des reconfigurations de traditions locales qui ne résultent pas simplement d'une modernisation par alignement sur un type occidental »[1].

La prison (et sa réforme) ont été très fortement investis par l'État dans des combinaisons souvent originales entre la Société civile/État, afin, dans un premier temps, d'assurer le triomphe de la réforme pénitentiaire et, dans un second temps, de faire entrer dans les mœurs une décision politique. Il y a une vraie « porosité » entre les espaces et une véritable « cogestion » entre acteurs publics et acteurs privés. Il s'agit, quelles que soient les configurations historiques, géographiques, de venir consolider ou pallier un état en crise, défaillant et la gouvernance de la prison peut venir révéler ou illustrer en miroir la gouvernance du politique[2].

L'aspect universel se retrouve sans doute dans cette réforme « impossible » dont parle Michel Foucault. Elle conduit celui-ci à repenser la chronologie de la prison et de sa réforme, à souligner l'immobilisme du système et à s'interroger en ces termes : « Le prétendu échec ne fait-il pas partie alors du fonctionnement de la prison ? [...] Peut-être faut-il retourner le problème et se demander à quoi sert l'échec de la prison ». A croire que la réforme pénitentiaire, suivant la conception foucaldienne serait à jamais vouée à l'échec, une réforme impossible. Mais cela serait sans tenir compte des contextes, des acteurs, de l'historicité qu'il faut sans cesse interroger. La « réforme » de la prison est à peu près contemporaine de la prison elle-même[3]. Elle en est comme le programme. La prison s'est trouvée dès le début engagée dans une série de mécanismes d'accompagnement, qui doivent en apparence la corriger mais qui semblent faire partie de son fonctionnement-même, tant ils ont été liés à son existence tout au long de son histoire [...][4]. Didier Fassin propose de travailler la « condition carcérale contemporaine », dans la conjonction de ses dimensions morale et sociale, afin d'en saisir « la configuration spécifique dans le temps présent », d'en comprendre le sens et l'expérience dans la « pérennité » de la prison, « l'évidence de sa présence » et sa « part indélébile »[5].

Ainsi, des spécificités culturelles marquent la prison qui s'adapte, se transforme, selon les territoires, les nations, les périodes, mais la genèse de la prison, son histoire, son expatriation, son appropriation alimentent ce (plus

---

[1] *Ibidem.*

[2] Voir le très bel article de AYIMPAM Sylvie et BISA KIBUL Michel, « Une gouvernance informelle dans la prison de Makala à Kinshasa », *Socio*, 14 | 2020, pp. 87-107.

[3] SEYLER Martine, « La banalisation pénitentiaire ou le vœu d'une réforme impossible », *Déviance et société,* vol. 4, n°2, 1980, pp. 131-147 ; ARTIERES Philippe, LASCOUMES Pierre, SALLE Grégory (dir.), *op. cit.*

[4] FARGES Eric, « Penser la réforme pénitentiaire avec Michel Foucault. Apports et limites », *Raisons politiques,* 2007, n°25, p. 115.

[5] FASSIN Didier, *L'ombre du monde, op.cit.*, pp. 497-502.

petit) dénominateur commun qui ralliera le Nord et le Sud comme l'ont initié les travaux dès 1999, de Florence Bernault[1], ou ceux plus récents de Frédéric le Marcis[2] ou Marie Morelle. Ainsi dans tous ces pays, la question de la réforme pénitentiaire ou pénale car surtout sociale est présente, d'une manière ou d'une autre.

Cette question universalise les pays de culture distincte, réunis et unis vers un même objectif. Les vertus de cette internationalisation ont pour but d'unir et fédérer au-delà de tous les clivages et peut réussir, car elle touche une question sociopolitique qui traverse les chronologies et les géographies, et s'ancre au cœur des démocraties. Ainsi sans vouloir contester ou adhérer au principe du modèle universel de la prison, il faut rappeler et insister sur le fait que ce dispositif, cette peine, ce processus, cet instrument d'action publique même s'il s'expatrie, circule, se dissémine, voyage à travers le temps, les chronologies, les pays, les géographies, gardant en lui de cette essence originelle qui procéda à sa genèse, à sa constitution. Une histoire est le fruit d'un enchaînement de processus, de rapports de force, d'alliances, de concessions. Ainsi même un travail sur le contemporain, sur le sud ou l'Afrique, sur l'Europe ou le Nord doit se rappeler ou plutôt ne pas occulter ces éléments d'enracinement propres à la prison qui ont forgé son esprit, marqué sa naissance, qui déterminent sa mémoire et tracent ainsi en quelque sorte si ce n'est son avenir, du moins son chemin.

---

[1] BERNAULT Florence (dir.), *Enfermement, prison et châtiments en Afrique. Du XIXème siècle à nos jours*, Paris, Karthala, 1999, 510 p.

[2] LE MARCIS Frédéric, « Everyday prison governance in Abidjan, Ivory Coast », *Prison Service Journal,* 2014, n°21, pp. 11-15 ; LE MARCIS Frédéric, « Le destin de Yacou "le Chinois". Carrière criminelle et devenir de la Côte d'Ivoire au prisme de la prison », *Afrique contemporaine*, 2017, n°s 263-264 (3), pp. 85-101 et MORELLE Marie, *Yaoundé carcérale. Géographie d'une ville et de sa prison*, Lyon, ENS Éditions, 2019, 228 p. ; MORELLE Marie, AWONDO Patrick, BIRWE Habmo et EYENGA Georges Macaire, « Politique de réforme et matérialité de la prison au Cameroun », *Politique africaine*, 2018, n°150, 2, pp. 75-96 ; MORELLE Marie et LE MARCIS Frédéric, « Pour une pensée pluridisciplinaire de la prison en Afrique », *Afrique contemporaine,* 2015, n° 253, 1, pp. 117-129.

PARTIE 1 : (RE)PENSER LE DROIT PENAL

Si les réformes du cadre pénal s'avèrent indispensables afin de donner les garanties juridiques nécessaires aux personnes placées en détention préventive, ainsi qu'aux avocats et/ou associations les accompagnant, pour que cette mesure ne puisse être ni arbitraire, ni injustifiée, une simple réécriture des codes ne pourra jamais être suffisante. (Re)penser le droit pénal apparaît comme un préalable indispensable à la poursuite de toute réforme en la matière.

En ce sens, Paul Koffi KOUADIO, après avoir commenté dans le détail, de manière inédite, la réécriture du code de procédure pénale ivoirien quant aux dispositions relatives à la détention préventive, revient sur la différenciation des temporalités prévalant entre l'édiction d'une norme et sa mise en application. Plus de trois ans après l'entrée en vigueur du nouveau code de procédure pénale, son action menée sur le terrain avec l'ACAT Côte d'Ivoire l'amène en effet à formuler le constat de la perpétuation des atteintes aux droits des inculpés détenus.

Pour en expliquer les raisons, Wenceslas ASSOHOU démontre, dans la continuité, à la fois les difficultés administratives et fonctionnelles restreignant l'effectivité de ces nouvelles normes. Le travail réflexif qu'il propose ainsi à partir des séminaires organisés par l'ACAT avec les acteurs de la chaîne pénale, couplé aux visites effectuées au sein des établissements pénitentiaires, lui permet alors de mettre en perspective l'intérêt d'une démarche empirique afin de nourrir la réflexion juridique.

Ce positionnement est aussi celui de Bénédicte FISCHER, qui revient dans son article sur les principaux résultats de l'étude publiée en 2020 à la suite de l'administration de questionnaires auprès des personnes prévenues au sein de dix maisons d'arrêt et de correction. L'approfondissement des analyses menées depuis lors a permis, en plus de proposer de nouveaux résultats, d'interroger de manière interdépendante l'intérêt de la production de telles données et les conditions de cette dernière. De ce fait, la réflexion en droit pénal ne saurait au final se passer de celle sur le cadre même de production du droit étatique, qu'une dynamique de recherche collaborative serait susceptible de guider.

Déployant une telle démarche dans le cadre de sa recherche relative à la prison civile de Niamey, au Niger, Carole BERRIH propose enfin par cette perspective comparée de décentrer le regard au-delà du droit formel, cette prison pouvant être envisagée comme un système à part entière. Si les personnes détenues organisent la vie quotidienne entre les murs de la prison avec l'assentiment des agents pénitentiaires étatiques en effet, l'existence et la mise en œuvre de ce mode de gouvernance informelle ne sont cependant pas le reflet de défaillances d'un État qui ne parviendrait pas à gouverner les personnes qu'il incarcère. Au contraire, ce mode de gouvernance peut être interprété comme la manifestation d'une forme fragmentée et hybride d'autorité au sein de laquelle l'État conserve une place absolument fondamentale.

Du caractère exceptionnel de la détention préventive en Côte d'Ivoire

Paul Koffi KOUADIO
Doctorant à la Chaire UNESCO
Université Felix Houphouët Boigny d'Abidjan

Dans sa résolution adoptée par l'assemblée générale le 25 septembre 2015, les Nations Unies ont consacré l'adoption d'un vaste programme de développement durable, les Objectifs du Développement Durable (ODD). L'objectif 16.3 appelle les États du monde entier, qu'ils soient grands ou petits, à « promouvoir l'état de droit dans l'ordre interne et international et garantir à tous, un égal accès à la justice ». Bien avant, la charte des Nations Unies de 1945 invitait déjà les États à promouvoir le respect universel et effectif des droits de l'Homme et des libertés fondamentales pour tous[1]. Conscient de ses engagements, l'État ivoirien, dans sa nouvelle loi n° 2016-886 portant Constitution de la République de Côte d'Ivoire du 8 novembre 2016 a réaffirmé sa ferme « détermination à bâtir un État de droit dans lequel les droits de l'Homme, les libertés publiques, la dignité de la personne humaine, la justice [...] tels que définis dans les instruments juridiques internationaux auxquels la Côte d'Ivoire est partie [...] sont promus, protégés et garantis ». Ainsi la loi n° 2018-975 du 27 décembre 2018 portant code de procédure pénale (CPP) est-elle intervenue pour pallier les faiblesses de l'ancienne loi et conformer sa législation nationale à ses engagements internationaux.

Aborder la question de la détention préventive revient d'abord à définir l'expression « *détention préventive* ». Il faut rappeler que la définition de la détention préventive nous est offerte par la doctrine, car ni le code pénal (CP), ni le code de procédure pénale (CPP) ne nous la donne. La détention préventive se définit en effet comme « l'incarcération d'une personne mise en examen pendant tout ou partie de l'instruction préparatoire jusqu'au jugement définitif sur le fond de l'affaire »[2]. En d'autres termes, la détention préventive est « une mesure par laquelle un magistrat prive de sa liberté une personne soupçonnée d'avoir commis une infraction pénale avant toute décision juridictionnelle la déclarant coupable des faits qui lui sont reprochés »[3]. Ces

---

[1] Article 55 de la Charte des Nations Unies instituant l'Organisation des Nations Unies.
[2] PRADEL Jean, *L'instruction préparatoire*, Cujas, 1990, p. 587.
[3] ANDRIANTSIMBAZONIVA Joël, GAUDIN Hélène, MARGUENAUD Jean-Pierre, RIALS Stéphane, SUDRE Frédéric, *Dictionnaire des Droits de l'Homme*, 1ère édition, Presses Universitaires de France 2008, p 271. D'autres termes couramment utilisés relatifs aux personnes en détention préventive comprennent les termes « détenu préventif », « détenu renvoyé à une autre audience », « détenu en attente de jugement », « détenu sans procès » détenu sans sentence ».

définitions de la détention préventive nous permettent d'avoir une compréhension univoque de la mesure. L'équivoque apparaît au niveau de l'opportunité de la décision tendant à priver un individu de sa liberté avant que ne soit établie sa culpabilité ou non.

Il convient tout d'abord, et avant de poursuivre, de donner des précisions sur la notion même de détention préventive. D'abord, entre l'expression « *détention préventive* » et « *détention provisoire* », comme on le verra, il n'y a pas de différence fondamentale. Seulement, la détention préventive, expression plus ancienne[1], suppose que, pour la personne qui a décidé de la mesure, l'intéressé a commis une infraction[2]. Car elle se fait entendre dans le sens d'une peine à infliger éventuellement, au mépris de la présomption d'innocence, en prévision d'une condamnation à intervenir, probablement, au terme du procès pénal. La détention préventive paraît peu conforme à l'idée selon laquelle une telle supposition est contraire au principe de la présomption d'innocence. C'est, probablement, la raison pour laquelle au niveau des normes internationales, l'expression généralement utilisée est « détention provisoire »[3]. Retenons que la législation nationale garde toujours l'expression « *détention préventive* »[4]. La dénomination « *préventive* » ou « *provisoire* » ne change en rien la nature de la détention avant procès.

Un rapport produit par une Organisation Non Gouvernementale (ONG) locale mentionne un taux de surpopulation carcérale de 266%[5]. Par ailleurs, l'annuaire statistique judiciaire 2018-2019 indique que, pour une capacité d'accueil général de 7438 personnes détenues, la population carcérale moyenne est estimée à 19392 détenus, dont 6376 en attente de jugement, soit un taux de 32.88% de prévenus. Ces statistiques montrent que la détention préventive est une cause substantielle de l'inflation carcérale en Côte d'Ivoire, d'où la raison du choix de cette thématique : du caractère exceptionnel de la

---

[1] En France, la loi n° 70-643 du 17 juillet 1970 tendant à renforcer la garantie des droits individuels des citoyens en France. Cette loi a introduit de nouvelle disposition sur la liberté et la détention. Ainsi, la liberté provisoire, depuis 1808 devient liberté tout court et la détention préventive devient détention provisoire (article 137).

[2] LINH PHI Thi Thuy, *La détention provisoire : étude de droit comparé, droit français et droit vietnamien*, Thèse de doctorat, sous la direction de Yves Bianco Brun, 2012, p 8.

[3] Règles minima des Nations Unies pour l'élaboration de mesures non privatives de liberté du 14 décembre 1990 (Règles de Tokyo), Règles 6.1 ; Lignes directrices sur les conditions d'arrestation, de garde à vue et de détention provisoire en Afrique de 2014, appelé aussi Lignes directrices de Luanda, principes 10 ; Déclaration de Kampala sur les conditions de détention dans les prisons en Afrique (Résolution 1997/36 du Conseil économique et social, annexe, adoptée le 21 juillet 1997), paragraphe 3 du titre « Prisonniers en détention provisoire ». Cependant, l'ensemble des Règles minima des Nation Unies concernant l'administration et la justice pour mineurs (Règles de Beijing) emploie l'expression « détention préventive », Règle 12.

[4] Article 153 du code de procédure pénale ivoirien.

[5] Rapport de l'Observatoire Ivoirien des Lieux de Détention (ObsLiD), réalisé du 20 au 30 août 2019. Selon ce rapport, la surpopulation carcérale dans les 34 prisons que compte la Côte d'Ivoire est estimée à 266%.

détention préventive en Côte d'Ivoire. La détention préventive étant une mesure d'exception, son usage devrait intervenir en dernier recours. L'objectif final est de parvenir, dans les conclusions de cette étude, à dégager des moyens permettant de lutter contre les mauvaises conditions de détention et de garantir les droits des justiciables.

L'intérêt que suscite la mesure de la détention avant procès au regard des droits de l'Homme, est au fondement de notre désir à mener une réflexion approfondie sur la pratique de celle-ci en Côte d'Ivoire. L'effectivité du respect de l'état de droit est un objectif dont les instruments internationaux relatifs aux droits de l'Homme constituent le support fondamental pour y parvenir.

Toutefois, les principes de liberté et de respect de la dignité humaine s'accordent-ils avec les exigences inhérentes à la pratique de la détention préventive ? En d'autres termes, la détention préventive est-elle compatible avec le principe de la présomption d'innocence et la sûreté de la personne ? Les normes actuelles relatives au placement en détention préventive et les conditions exigées sont-elles respectées pour préserver les libertés individuelles et garantir les droits de l'inculpé ?

Notre thème vise l'étude des mécanismes et de la réglementation qui garantissent le droit à la liberté et à la sûreté inhérent à la personne humaine, et qui prévoient leur protection contre les détentions illégales.

Ainsi, nous envisagerions que la violation du caractère exceptionnel de la mesure de détention préventive est le résultat du mépris des instruments de promotion et de protection des droits de l'Homme. Aussi l'abus des mesures de détention préventive a pour conséquence les multiples violations des droits de la personne détenue.

Notre réflexion s'articulera autour de deux parties. Il s'agit dans une première partie d'exposer par une conception théorique la normativité de la détention préventive, ce qui nous conduira à l'étudier dans sa forme actuelle de la législation nationale (**1.**). Dans une seconde partie, nous allons aborder les droits fondamentaux de la personne inculpée (**2.**). En ce sens, nous allons rechercher et analyser les textes légaux nationaux et les normes internationales auxquelles la Côte d'Ivoire est partie, afin de réaliser un état des lieux en matière de détention préventive en Côte d'Ivoire.

1. Cadre normatif de la detention preventive en Cote d'Ivoire

La détention préventive est spécifiquement formalisée par des règles législatives, notamment codifiées au sein du code de procédure pénale.

Cependant, la détention préventive garde une valeur constitutionnelle[1] et aussi règlementaire[2].

1.1. La procédure dans l'ordonnancement de la détention préventive

L'article 153[3] du code de procédure pénale énonce que la détention préventive est une mesure exceptionnelle, la règle étant la liberté. C'est pourquoi, le juge, gardien des libertés individuelles, ne peut la décider sans motif légitime. Les conditions du placement en détention préventive obéissent à des conditions strictes de forme et de fond. Il est également défini dans des délais stricts.

1.1.1. Les conditions de fond et de forme du placement en détention préventive

Les objectifs visés par la détention préventive sont multiples. Il s'agit, entre autres, de la conservation des preuves ou les indices matériels, l'évitement d'une concertation frauduleuse entre la personne inculpée et les autres auteurs ou complices, de la prévention du renouvellement de l'infraction[4].

La détention préventive suppose impérativement l'ouverture d'une information judiciaire. Elle ne peut être ordonnée que si l'inculpé encourt une peine privative de liberté d'au moins deux ans selon l'article 162 du CPP. Sont donc exclues du champ d'application de la détention préventive les infractions qualifiées de contraventionnelles. En matière correctionnelle, l'information judiciaire est facultative. Toutefois, lorsqu'il s'agit d'un crime ou lorsque le mis en cause est un mineur, la procédure de flagrant délit est exclue, l'information judiciaire devient obligatoire (article 96 du CPP).

Dans le cadre d'une information judiciaire, la détention préventive intervient lorsque la liberté ou le contrôle judiciaire paraissent inefficaces pour la bonne conduite de l'information judiciaire. Ainsi, l'ouverture de cette dernière n'a pas pour conséquence immédiate le placement de l'inculpé en maison d'arrêt. Par ailleurs, il faut avoir été inculpé[5] pour faire l'objet d'un placement en détention préventive. En effet, l'égalité de tous devant la loi[6] implique que tout inculpé peut être placé en détention préventive, peu importe

---

[1] Article 7 de Constitution ivoirienne de 2016.

[2] Décret n°69-189 du 14-05-1969, portant réglementation des établissements pénitentiaires et fixant les modalités d'exécution des peines privatives de liberté.

[3] « La liberté est de droit, le contrôle judiciaire et la détention préventive, des mesures exceptionnelles… », article 153 du CPP.

[4] Voir l'article 163 du CPP

[5] « Une personne inculpée » est l'expression utilisée en droit ivoirien pour désigner « le mis en examen », terme utilisé en droit français.

[6] Loi n° 2016-886 du 8 novembre 2016 portant Constitution de la République de Côte d'Ivoire. Article 4 « Tous les Ivoiriens naissent et demeurent libres et égaux en droit ».

le sexe, excepté les mineurs d'un certain âge[1]. L'ordonnance par laquelle le juge d'instruction décide d'un placement en détention préventive (ou sa prolongation), doit énoncer en outre le motif de la détention, limitativement connu en sept points (article 163 du CPP). La détention préventive peut être aussi ordonnée lorsque l'inculpé se soustrait volontairement aux obligations du contrôle judiciaire (article 163 du CPP). Innovation majeure dans la réforme du CPP intervenue en 2018, le contrôle judiciaire est une alternative à la détention préventive, il est une mesure restrictive de liberté qui vise à réduire les recours systématiques à la détention préventive. Le contrôle judiciaire vise également la conciliation des libertés individuelles avec la protection de la société. Il est constitué d'une série[2] d'obligations imposées à l'inculpé par le juge d'instruction par ordonnance spécialement motivée (article 156 du CPP). Il peut être ordonné par le juge d'instruction à toute étape de la procédure dans le cas où l'inculpé encourt une peine d'emprisonnement (article 154 du CPP). Le contrôle judiciaire peut durer pendant tout ou partie de l'instruction judiciaire. Toutefois, la mise en œuvre de la mesure du contrôle judiciaire exige des moyens matériels en plus des difficultés cadastrales dans nos villes. L'annuaire des statistiques judiciaire et pénitentiaire de 2018-2019 ne nous fournit, malheureusement, pas de statistique sur les décisions du contrôle judiciaire. Ce fait se justifie dans la mesure où l'institution du contrôle judiciaire date de fin décembre 2018. Cependant, après deux ans d'existence, le taux constamment élevé[3] de détenus préventifs nous conforte dans notre hypothèse que le contrôle judiciaire est très peu usité par les juges d'instruction.

Le prononcé ou la prolongation d'une mesure de détention préventive ne peut intervenir que par ordonnance motivée du juge d'instruction démontrant, au regard des éléments précis et circonstanciés résultant de la procédure, qu'elle constitue l'unique moyen de parvenir à l'un ou plusieurs des objectifs de la détention, et que ceux-ci ne peuvent être atteints en cas de placement sous contrôle judiciaire (article 163 CPP).

Le renouvellement exceptionnel en matière correctionnelle comme criminelle de la mesure de détention préventive suite aux prorogations possibles du juge d'instruction relève de la compétence de la chambre d'instruction sur saisine du juge d'instruction (articles 166 et 167 du CPP). Avant la réforme intervenue par la loi n°2018-975 du 27 décembre 2018 portant Code de procédure pénale, le renouvellement des mesures de détention préventive était du fait du juge d'instruction. Toutefois l'article 182 prévoyait une prolongation exceptionnelle sur les réquisitions spécialement motivées du

[1] Article 113 du code pénal « Les mineurs de dix à treize ans ne peuvent faire l'objet que des mesures de protection, d'assistance, de surveillance et d'éducation prévues par la loi. »
[2] Articles 154 et 156 du CPP.
[3] Selon les chiffres officiels de la Direction des Affaires Pénale, au 31 janvier 2019, le taux de détention préventive en Côte d'Ivoire s'élève à environ 32%.

procureur général s'opposant à la mise en liberté provisoire de l'inculpé, « pour des nécessités impérieuses d'enquête ». La chambre d'accusation[1] statue dans ce cas, dans un délai de huit (8) jours, faute de quoi l'inculpé devrait être d'office mis en liberté provisoire. Si la chambre d'accusation accède à la requête du Procureur général tendant au maintien de l'inculpé en détention préventive pour nécessités impérieuses d'enquête, le prévenu demeure en détention. A défaut, celui-ci est mis en liberté d'office par les soins du président de la chambre d'accusation.

La mesure de détention préventive est subie dans une maison d'arrêt et de correction. Les prévenus ou accusés sont en principe séparés des condamnés[2]. Le Pacte international relatif aux droits civils et politiques auquel la Côte d'Ivoire est partie affirme, « que les prévenus sont, sauf dans des circonstances exceptionnelles, séparés des condamnés et sont soumis à un régime distinct, approprié à leur condition de personnes non condamnées »[3]. Mais dans la pratique, cette séparation n'est nullement respectée dans les prisons ivoiriennes.

En plus des conditions de mise en détention préventive, celle-ci s'exécute dans des délais légalement prescrits. Le nouveau CPP innove considérablement sur les délais en matière de détention préventive.

1.1.2. La durée et les délais légaux de la détention préventive en Côte d'Ivoire

La Constitution préconise que « toute personne a droit à un procès équitable et à un jugement rendu dans un délai raisonnable déterminé par la loi »[4]. Par ailleurs, l'article 164 du CPP dispose que la détention préventive ne peut excéder une durée raisonnable au regard de la gravité des faits et la complexité des investigations nécessaires à la manifestation de la vérité. Relativement à la notion de délai raisonnable, elle doit être appréciée au cas par cas, suivant les circonstances de la cause, même si cette casuistique engendre une forte insécurité juridique. Sur la base de ce qui précède, le juge d'instruction peut faire cesser la détention préventive. Dans cette hypothèse, le juge d'instruction doit ordonner la mise en liberté immédiate de la personne placée en détention préventive. En tout état de cause, conforment aux dispositions du CPP, en matière correctionnelle, la durée de la détention préventive est de 6 mois prorogeable une seule fois pour 6 mois par une ordonnance spécialement motivée à l'issue d'un débat contradictoire. Si les nécessités de l'enquête l'exigent, la chambre d'instruction, saisie par le juge d'instruction peut la proroger exceptionnellement pour 6 mois. Donc le délai

[1] Désignation de la Juridiction d'instruction de second degré dans le défunt CPP. Elle est désignée sous l'appellation de chambre d'instruction dans le nouveau CPP.

[2] Article 7 du Décret no 69-189 du 14-05-1969, portant réglementation des établissements pénitentiaires et fixant les modalités d'exécution des peines privatives de liberté.

[3] Article 10 du Pacte international relatif aux droits civils et politiques.

[4] Article 6 de la constitution.

maximum de détention est de 18 mois pour les délits. Passé ce délai, la liberté d'office est requise (article 166 du CPP). Par ailleurs, lorsque l'infraction faisant l'objet de la détention est qualifiée de crime, la durée de la détention est de 8 mois prorogeable une seule fois pour 8 mois par une ordonnance spécialement motivée à l'issue d'un débat contradictoire. Si les nécessités de l'enquête l'exigent, la chambre d'instruction, saisie par le juge d'instruction peut la proroger exceptionnellement pour 8 mois non renouvelables. Donc le délai maximum de détention est de 24 mois pour les crimes. Passé ce délai, la liberté d'office est requise (article 167 du CPP). Fort malheureusement, dans les prisons ivoiriennes, nous avons plusieurs personnes qui ont plus de cinq, voire dix ans de détention sans jugement.

Lorsque la mesure de détention ne répond plus aux nécessités de l'instruction judiciaire ou lorsque la détention est au-delà des délais prescrits, l'inculpé détenu doit être libéré. La mise en liberté peut être également conditionnée au paiement d'un cautionnement ou la constitution d'une sûreté (article 184 du CPP).

1.2. La mise en liberté de l'inculpé

Trois organes interviennent dans la mise en liberté de l'inculpé détenu. Il s'agit du juge d'instruction, de la chambre d'instruction et de la formation de jugement. Cette mise en liberté peut intervenir d'office ou sur requête.

1.2.1. La mise en liberté d'office

Conformément à l'article 171 du CPP, la mise en liberté, assortie ou non du contrôle judiciaire, peut être ordonnée à tout moment par le juge d'instruction en toute matière. Il peut le faire après avis du procureur de la République ou sur ses réquisitions, à charge pour l'inculpé de prendre l'engagement de se présenter à tous les actes de la procédure dès qu'il est requis et d'informer le juge d'instruction de tous ses déplacements. La mise en liberté d'office peut intervenir au terme des délais légaux prescrits de la détention préventive ou avant si le juge d'instruction, au regard des circonstances de l'enquête et suivant les motifs qui fondent cette détention, ne trouve plus nécessaire de garder l'inculpé sous mandat de dépôt. Relativement à l'exécution de la décision de mise en liberté d'office, conformément aux dispositions de l'article 181 du CPP, le prévenu ou l'accusé qui bénéficie de la mise en liberté d'office doit être mis en liberté. Il appartient au procureur de la République ou au procureur général, selon les cas, de veiller au respect de ces dispositions et d'ordonner au chef de l'établissement pénitentiaire de procéder à la mise en liberté de l'intéressé. Dans le cas contraire, l'inculpé saisit par voie de requête le président de la chambre d'instruction qui ordonne sa liberté d'office. Suivant les dispositions de l'article 182 du CPP, le procureur général peut s'opposer à la mise en liberté d'office de l'inculpé sur requête spécialement motivée pour des nécessités impérieuses d'enquête.

Dans cette hypothèse, la chambre d'instruction statue sur les réquisitions du parquet général à cette fin, dans un délai de 8 jours à compter de sa saisine.

La détention de l'inculpé devient injustifiée en l'absence des objectifs visés par celle-ci, limitativement énumérés par l'article 163 du CPP. En effet, le caractère exceptionnel de la détention préventive soutient que la détention devient injustifiée, non pas seulement par la violation des délais, mais aussi lorsqu'au regard de l'évolution de l'information judiciaire, aucun élément ne justifie le maintien de l'inculpé en détention avant un éventuel procès. Ainsi, la détention préventive injustifiée est aussi due au non-respect des conditions qui justifient la nécessité de la détention préventive comme le précise l'article 163 du CPP. Aussi le non-respect des délais de détention préventive et l'inobservation des règles spécifiques applicables aux détenus préventifs sont-ils assimilables à des détentions préventives illégales.

1.2.2. La mise en liberté sur requête

En toute matière, conformément à l'article 170 du CPP, l'inculpé placé en détention préventive ou son avocat peut, devant le juge d'instruction chargé de l'affaire, à tout moment et autant qu'il le veut, demander sa mise en liberté d'office. Les formalités de cette demande sont prévues à l'article 172. La demande de mise en liberté est adressée par simple lettre au juge d'instruction qui communique dans les 24 heures le dossier au procureur de la République aux fins de réquisition. Ce dernier dispose de trois jours ouvrables pour prendre ses réquisitions. La demande de mise en liberté peut être faite contre récépissé au moyen d'une déclaration auprès du chef de l'établissement pénitentiaire. Le document est transmis sans délai par le chef de l'établissement au greffe d'instruction sous peine d'une amende civile qui ne peut excéder 100 000 F CFA, prononcée par le président de la chambre d'instruction. S'il existe une partie civile, avis lui est donné par le juge d'instruction de l'introduction de la demande de mise en liberté. La partie civile dispose d'un délai de 48 heures à compter de la date de réception de l'avis pour faire ses observations. Le juge d'instruction statue par ordonnance motivée sur la demande de mise en liberté dans un délai de 2 jours à compter de la fin du délai imparti au procureur de la République. Toutefois, ce délai est raccourci et court à compter de la réception des réquisitions si celles-ci interviennent plus tôt. Aucune nouvelle demande de mise en liberté de l'inculpé n'est recevable lorsqu'une demande est pendante devant le juge d'instruction ou la chambre d'instruction. La mise en liberté, lorsqu'elle est accordée, peut être assortie de mesure de contrôle judiciaire. Aussi l'inculpé peut-il saisir directement la chambre d'instruction d'une demande de mise en liberté. En effet, lorsque le juge d'instruction ne statue pas sur une demande de mise en liberté dans le délai de 2 jours à compter de la fin du délai imparti au procureur de la République, ou à compter de la réception des réquisitions du procureur, l'inculpé peut saisir directement de sa demande la chambre d'instruction. Celle-ci, sur les réquisitions écrites et motivées du procureur général est tenue de se prononcer dans les 15 jours de sa saisine. Le droit de saisir directement la chambre d'instruction dans les mêmes conditions appartient aussi au procureur de la République. Par ailleurs, conformément à l'article 174 du CPP, la chambre d'instruction est compétente pour se prononcer sur les demandes de mise en liberté, après l'ordonnance de transmission des pièces au procureur de la République et jusqu'à l'ordonnance de la session de jugement. Le tribunal criminel ne peut connaitre de ces demandes que lorsque celles-ci sont formées durant la session au cours de laquelle le tribunal doit juger l'accusé. La juridiction de jugement est compétente après l'ordonnance de renvoi en correctionnelle. En cas de pourvoi, et jusqu'à l'arrêt de la Cour de cassation, il est statué sur la demande de mise en liberté par la juridiction qui a connu en dernier lieu l'affaire au fond. En cas de décisions d'incompétence, ou dans toutes les autres hypothèses ou aucune juridiction n'est saisie, la chambre d'instruction connait des demandes de mise en liberté. Dans tous les cas où la liberté n'est pas de droit, celle-ci peut être assortie d'un cautionnement ou de sureté. Les dispositions de cette mise en liberté conditionnée sont prévues par les articles 184, 185, 186 et 187 du CPP.

2. Les droits fondamentaux de la personne inculpee

L'inculpé bénéficie du droit à la sûreté de sa personne et du principe de la présomption d'innocence (2.1.). Le non-respect de ces règles constitue une violation des droits de l'Homme, notamment les droits du détenu préventif (2.2.).

2.1. Le droit à la sûreté de la personne et le principe de la présomption d'innocence

Le droit de tout individu à la liberté et à la sûreté de sa personne s'entend de l'interdiction de toute arrestation arbitraire ou illégale. Le droit qu'à toute personne de pouvoir se déplacer librement sans contraintes et sans autorisation de la puissance étatique est un privilège des sociétés démocratiques[1]. En proclamant que « Tout individu a droit à la liberté et à la sûreté de sa personne[2], la DUDH vise la liberté physique de la personne. Il a pour but d'assurer que nul n'en soit dépouillé de manière arbitraire. La détention préventive porte tout particulièrement atteinte au droit à la liberté individuelle, notamment la liberté d'aller et de venir.

La sûreté est le droit qu'a toute personne physique de ne pas être détenue arbitrairement. D'une manière générale, le principe de sûreté se traduit par des

---

[1] HAURIOU André, *Droit constitutionnel et institutions politiques*, édition Montchrestien 1975, p. 136.

[2] Article 3 de la Déclaration Universelle des Droits de l'Homme : « Tout individu a droit à la vie, à la liberté et à la sûreté de sa personne. »

principes corollaires qui ressortent de la procédure pénale tels que celui de la présomption d'innocence, de la légalité des délits et des peines, du principe de la non-rétroactivité des lois pénales plus sévères ou du respect des droits de la défense[1]. Au sens strict, le principe de sûreté vise la protection des libertés individuelles et physiques. Ce droit permet d'exercer l'ensemble des autres libertés physiques[2]. Souhayr BELHASSEN, affirmait que, « liberté et sûreté font assurément partie du credo de la pensée libérale qui sous-tend l'État de droit »[3].

La Constitution garantit l'exercice des libertés sous la réserve du respect des lois. En outre, les Règles minima des Nations Unies pour l'élaboration de mesures non privatives de liberté (Règles de Tokyo), énoncent en leur point 1.4 que les États doivent s'efforcer à appliquer les règles « de façon à réaliser un juste équilibre entre les droits des délinquants, les droits des victimes et les préoccupations de la société concernant la sécurité publique et la prévention du crime ». La compatibilité ou l'équilibre entre privation de liberté et droits de l'Homme est nécessaire à « l'avènement d'un monde où les êtres humains seront libres de parler et de croire, libérés de la terreur et de la misère… »[4].

En tout état de cause, la privation de liberté, au regard des instruments de protection des droits de l'Homme, ne doit être prononcée qu'en dernier recours et « en l'absence de toute autre alternative »[5]. Cela constitue une garantie pour l'inculpé dans les procédures pénales.

Le droit pour tout individu d'être informé de son état d'arrestation et de l'acte qu'il est présumé avoir commis est un gage de sûreté. En effet, le PIDCP n'est pas muet sur ce volet fondamental lié à la détention. Il affirme en son article 9 que « Tout individu arrêté sera informé, au moment de son arrestation, des raisons de cette arrestation et recevra notification, dans le plus court délai, de toute accusation portée contre lui. » La légalité et la légitimité d'une arrestation doit impérativement tenir compte de ces droits.

Après donc avoir été informé de l'infraction qui lui est reprochée, le mis en cause doit être présenté à un juge pour être jugé sans retard excessif. La CADHP affirme quant à elle que : « Toute personne a le droit à ce que sa cause

---

[1] ANDRIANTSIMBAZONIVA Joël, GAUDIN Hélène, MARGUENAUD Jean-Pierre, RIALS Stéphane, SUDRE Frédéric, *Dictionnaire des Droits de l'Homme*, 1ère édition, Presses Universitaires de France 2008, p 917.

[2] GELBLAT Antonin, « Commentaires de l'article 3 de la Déclaration Universelle des Droits de l'Homme », *La Revue des Droits de l'Homme* (revue du centre de recherches et d'études sur les droits fondamentaux), 2001, p. 49. Constituent cette liberté physique, le droit à l'intégrité physique visé aux articles 4 et 5 de la Déclaration, le droit à la vie privée, article 12. En conséquence, toute personne arrêtée a le droit d'être jugée équitablement et publiquement.

[3] BELHASSEN Souhayr, interview parue dans la *Revue Internationale des Droits de l'Homme*, supplément au n° 139, juillet-août-septembre 2007, p 27. S. Belhassen a dirigé la Fédération internationale pour les droits humains (FIDH), entre avril 2007 et mai 2013.

[4] Préambule de la DUDH.

[5] Principes généraux n° 10 des Lignes directrices sur les conditions d'arrestation, de garde à vue et de détention provisoire en Afrique (les Lignes directrices Luanda).

soit entendue. Ce droit comprend [...] le droit d'être jugé dans un délai raisonnable par une juridiction impartiale »[1]. Avant tout jugement définitif au fond de l'affaire, toute personne doit être regardée comme innocente, conformément au principe de présomption d'innocence. Détenir un inculpé au-delà des délais légaux s'assimile à de la condamnation.

En Côte d'Ivoire, ce principe a une valeur constitutionnelle. Cela démontre que l'État de Côte d'Ivoire, à l'instar de tous les États démocratiques, accorde une place de choix à la protection des droits de l'Homme. En effet, l'article 7 de la Constitution du 8 novembre 2016 précise que « Tout prévenu est présumé innocent jusqu'à ce que sa culpabilité ait été établie à la suite d'un procès équitable, lui offrant toutes les garanties indispensables à sa défense ». Ainsi au cours de l'instruction judiciaire, l'inculpé doit être traité comme présumé innocent jusqu'à ce que sa culpabilité ait été établie. Le caractère exceptionnel[2] de la détention préventive prévue à l'article 153 du CPP est une conséquence immédiate du droit à la présomption d'innocence.

Le droit à la présomption d'innocence est inscrit dans de multiples instruments de protection et de promotion des droits de l'homme. D'abord, l'article 11 de la DUDH de 1948 affirme que « Toute personne accusée d'un acte délictueux est présumée innocente jusqu'à ce que sa culpabilité ait été légalement établie... ». Ainsi, toute personne accusée d'un crime ou d'un délit doit être considérée comme innocente tant qu'elle n'a pas été déclarée coupable par une juridiction compétente. Ensuite, en plus de la DUDH, le PIDCP déclare également que « Toute personne accusée d'une infraction pénale est présumée innocente jusqu'à ce que sa culpabilité ait été légalement établie »[3]. Au niveau régional, la Charte africaine des droits de l'Homme et des peuples proclame le « droit à la présomption d'innocence »[4].

2.2. Les atteintes aux droits des inculpés détenus

La réforme du CPP, censée amenuiser les abus de de la détention préventive tarde à produire les effets escomptés. En effet, dans plusieurs prisons, en dépit de la précision des délais relatifs à la décision préventive, plusieurs accusés sont abusivement détenus. A la prison de Man, quatre individus sont détenus depuis 2012, trois pour meurtre et un pour assassinat. A Sassandra, trois individus sont en attente de leurs procès depuis 2012. Un autre accusé comptabilise plus de 108 mois sans jugement. Ces longues durées de détention préventive au-delà des délais légaux se comptent par dizaine dans plusieurs prisons du pays. Les raisons de telles violations sont de plusieurs

[1] Article 7, alinéa 1er de la CADHP.
[2] « La liberté est de droit, le contrôle judiciaire et la détention préventive des mesures exceptionnelles. » Article 153 du CPP.
[3] Article 14.2 du PIDCP.
[4] Charte africaine des droits de l'homme et des peuples, adoptée par la dix-huitième Conférence des Chefs d'état et de Gouvernement en Juin 1981 Nairobi, Kenya.

ordres. Il est, de façon récurrente, fait mention de l'insuffisance de magistrats. En effet, alors que le *ratio* international est d'un (1) magistrat pour 10.000 habitants, la Côte d'Ivoire compte, en 2019, 700 magistrats[1] pour 24 millions d'habitants, soit un ratio d'un (1) magistrat pour environ 34000 habitants. Nous sommes très loin des standards internationaux recommandés. Les juridictions n'ont pas de véhicules de liaison, de sorte que les magistrats qui devraient se déplacer dans le cadre d'une affaire pour pouvoir juger en toute connaissance de cause n'effectuent presque jamais de descentes sur les lieux. Lorsqu'ils le font, c'est en utilisant leurs moyens de déplacement personnels ou en sollicitant le concours des parties au litige[2]. Par ailleurs, la suppression des Cours d'Assises au profit des tribunaux criminels[3] dans l'optique d'accélérer les procès criminels peine à produire les effets escomptés, la tenue trimestrielle[4] des sessions criminelles n'étant pas régulière.

S'agissant du régime de détention, le décret n° 69-189 du 14 mai 1969, portant réglementation des établissements pénitentiaires et fixant les modalités d'exécution des peines privatives de liberté, prévoit en son article 7 un régime de détention des prévenus distinct de celui des condamnés. Cependant, dans les prisons ivoiriennes, les dispositions de ce texte sont en permanence violées. En effet, dans nos prisons, il est extrêmement rare de voir des quartiers des prévenus et des condamnés distincts. Les prévenus et les condamnés sont logés dans les mêmes cellules. Au niveau des femmes, aucune distinction n'est faite entre la condamnée et la détenue préventive ou entre la mineure et l'adulte, alors que le décret sus-cité préconise une séparation complète entre adultes et mineurs et entre condamnés et prévenus.

Aussi, l'ensemble des principes pour la protection de toutes les personnes soumises à une forme quelconque de détention ou d'emprisonnement[5] énonce au premier principe que « toute personne soumise à une forme quelconque de détention ou d'emprisonnement est traitée avec humanité et avec le respect de la dignité inhérente à la personne humaine ». Cependant, d'une manière générale, les lieux de détention en Côte d'Ivoire ne présentent pas un visage qui réponde aux normes internationales (recommandation du CICR en 2005, 3 à 4m^2 par détenu). Les prévenus sont confrontés à l'inflation carcérale ainsi qu'à un régime alimentaire et d'hygiène en deçà des recommandations réglementaires en vigueur. En effet, le problème de surpeuplement des prisons

---

[1] Annuaire des statistiques judiciaires et pénitentiaires 2018-2019.

[2] « Étude d'évaluation du système judiciaire ivoirien », Rapport produit par l'Unité de l'État de Droit (rule of law), ONUCI, p 28.

[3] « Il est tenu au siège de chaque tribunal de première instance, des sessions, pour le jugement des affaires criminelles instruites dans le ressort de ce tribunal », article 263 la loi n° 2018-975 du 27 décembre 2018 portant code de procédure pénale.

[4] « La tenue des sessions de jugement des crimes a lieu tous les trois mois », article 266 du CPP.

[5] Ensemble de principes pour la protection de toutes les personnes soumises à une forme quelconque de détention ou d'emprisonnement. Principes adoptés par l'Assemblée générale des Nations Unies dans sa résolution 43/173 du 9 décembre 1988.

et l'accès difficile de la population carcérale aux soins médicaux sont la conséquence des détentions préventives prolongées.

Par ailleurs, le droit pour toute victime d'un fait dommageable, notamment de détention préventive injustifiée, de demander réparation est un principe fondamental. En matière d'abus de détention, la victime, au niveau interne comme au niveau international, a des raisons légales de demander réparation pour détention préventive injustifiée.

En effet, au niveau interne, un arrêt de la Cour Suprême, Chambre administrative (CSCA), l'arrêt *« la société des centaures routiers »*,[1] admet la responsabilité de l'État pour dommage causé à autrui (...). Sur la base de cette responsabilité, un inculpé, ayant bénéficié d'un jugement de non-lieu, d'une relaxe ou d'un acquittement devenus définitifs, a le droit de demander réparation du préjudice tant matériel que moral du fait de la détention préventive illégalement subie. L'illégalité de cette détention doit être interprétée comme étant due au mauvais fonctionnement de l'administration judiciaire de l'État. Ainsi, il n'est pas à exclure qu'au niveau national, toute victime de détention préventive injustifiée est légalement fondée à poursuivre l'État pour détention illégale. Il en est de même au niveau international.

D'une manière générale, le droit à un recours pour faire reconnaître ses droits violés est prescrit par la DUDH en son article 10[2]. En matière de réparation pour détentions illégales spécialement, le PIDCP précise en effet que, « Tout individu victime d'arrestation ou de détention illégale a droit à réparation »[3].

Le 16 décembre 2005, l'Assemblée générale des Nations Unies a adopté la résolution 60/147 relative aux principes fondamentaux et directives concernant le droit à un recours et à réparation des victimes de violations flagrantes du droit international des droits de l'Homme et de violations graves du droit international humanitaire. Le Principe 5 définit le terme victime comme incluant « les personnes qui, individuellement ou collectivement, ont subi un préjudice, y compris un préjudice physique ou mental, des souffrances émotionnelles, une perte économique ou une atteinte substantielle à leurs droits fondamentaux, en raison d'actes ou d'omissions constituant des violations flagrantes du droit international des droits de l'homme ».

Suivant ces dispositions, toute personne victime de détention préventive injustifiée est légalement fondée à demander réparation. Mais les archives judiciaires mises à notre disposition sur la matière ne nous ont pas permis de voir des victimes de détention préventive injustifiée indemnisées pour

---

[1] BLEOU Martin, *Les Grands Arrêts de la Jurisprudence Administrative*, éd. CEDA, 2014 CSCA, 14 janvier. 1974 : société les centaures routiers c/ ministre des affaires économiques et financières.

[2] « Toute personne a droit à un recours effectif devant les juridictions nationales compétentes contre les actes violant les droits fondamentaux qui lui sont reconnus par la constitution ou par la loi ».

[3] Article 9 du PIDCP.

violation de la mesure. Nous ne pouvons conclure qu'il s'agit là d'un déni de justice, puisqu'il n'a pas été possible de voir une trace de recours d'une victime pour détention préventive injustifiée. Toutefois, il incombe à l'État le devoir de mettre en place un système qui permette à ses citoyens, victimes de détention préventive abusive, de recevoir indemnisation. Il doit par ailleurs veiller à l'exécution des décisions de justice en la matière ; le respect des décisions de justice étant une exigence essentielle dans un État de droit. L'action récursoire que l'administration exercera sur l'agent judiciaire dont la responsabilité est en partie ou totalement engagée pourrait être une arme de dissuasion à l'égard du personnel judiciaire et pénitentiaire. Ainsi, ils seront amenés à traiter les dossiers judiciaires dans le respect des droits de l'Homme.

L'existence de textes juridiques aseptisés ne pourra pas produire les effets souhaités s'il n'y a pas de volonté politique pour leur mise en œuvre ; le pouvoir exécutif étant du ressort des autorités politiques.

CONCLUSION

De notre étude, il est ressorti le constat selon lequel la pratique de la détention préventive n'est pas toujours conforme aux règles qui l'encadrent. Il s'en suit donc des abus certains. En effet, pour la mise en œuvre de la détention préventive, mesure qui ne doit intervenir qu'exceptionnellement, nos recherches nous ont permis de découvrir que ces mesures sont bien souvent prises de manière systématique et des délais de détention avant procès sont relativement longs, bien au-delà des délais prescrits par le législateur. La plupart des instruments universels[1] et régionaux[2] qui garantissent la liberté et la dignité de l'homme mentionnent pourtant la nécessité du respect du principe de la présomption d'innocence. Cela doit rappeler que dans toute procédure pénale, tout suspect qui n'a pas encore été jugé et condamné doit être regardé comme innocent et considéré comme tel. Cependant, l'efficacité de la justice nécessitant, dans d'exceptionnelles conditions, la restriction des libertés de certains inculpés, le droit admet, à défaut de la règle générale de liberté avant procès, qu'il leur soit accordé plus de liberté. C'est pourquoi les Lignes directrices de Luanda[3] préconisent que « La détention provisoire est une

---

[1] DUDH, article 11 « Toute personne accusée d'un acte délictueux est présumée innocente jusqu'à ce que sa culpabilité ait été légalement établie au cours d'un procès public où toutes les garanties nécessaires à sa défense lui auront été assurées. » ; PIDCP, article 14. 4 « Toute personne accusée d'une infraction pénale est présumée innocente jusqu'à ce que sa culpabilité ait été légalement établie ».

[2] CADHP, article 7.b « le droit à la présomption d'innocence, jusqu'à ce que sa culpabilité soit établie par une juridiction compétente » ; Charte des droits fondamentaux de l'Union Européenne du 18 décembre 2000, article 48 : « Tout accusé est présumé innocent jusqu'à ce que sa culpabilité ait été légalement établie. »

[3] Lignes directrices sur les conditions d'arrestation, de garde à vue et de détention provisoire en Afrique appelées aussi lignes directrices de Luanda ont été adoptées par la Commission

mesure de dernier recours et ne doit être utilisée que si cela s'avère nécessaire et en l'absence de toute autre alternative. ». Ainsi, « les autorités judiciaires doivent démontrer clairement, dans les motifs de leurs décisions, qu'elles ont envisagé des mesures de substitution avant d'ordonner la mise en détention provisoire. » En cela, elle précise que, lorsqu'il est opportun, principalement pour les infractions pénales mineures, tous les efforts doivent être entrepris pour orienter ces cas hors du système de justice pénale ou avoir recours aux mesures de substitution. C'est la raison qui a poussé le législateur à introduire le contrôle judiciaire dans la procédure pénale.

Par ailleurs, nous croyons qu'ayant à l'esprit une constante préoccupation pour le respect du droit à la liberté, à la sûreté et à la dignité de tous, l'État de Côte d'Ivoire se donnera les moyens de prévenir les détentions préventives abusives ou injustifiées ainsi que les mauvaises conditions de détention par l'augmentation des moyens nécessaires pour une justice qui répond aux exigences d'un État de droit.

---

africaine des Droits de l'Homme et des Peuples au cours de sa 55ème session ordinaire à Luanda, Angola, du 28 avril au 14 mai 2014.

Les difficultés d'application du nouveau code de procédure pénale ivoirien : obstacles administratifs et fonctionnels

Wenceslas ASSOHOU
Président du Conseil d'Administration de l'ACAT Côte d'Ivoire
Doctorant à la CHAIRE UNESCO pour la Culture de la Paix

L'argument majeur utilisé par les rédacteurs du nouveau code de procédure pénale (NCPP) ivoirien est qu'il est très protecteur des droits des justiciables et notamment des détenus. Il propose « un nouveau dispositif répressif à la hauteur des exigences actuelles de sécurité et de préservation de la paix sociale »[1]. Mais d'application immédiate en tant que loi de procédure, il peine à connaître une effectivité dans ses différents domaines d'application.

Les magistrats qui sont tenus de mettre en application cette nouvelle loi ont des difficultés à le faire soit à cause des pratiques sociologiques assez ancrées dans ce milieu, soit à cause de la mauvaise organisation de l'environnement judiciaire dont certains acteurs seraient réfractaires à toute avancée. Les justiciables, quant à eux, sont souvent des néophytes face à l'appareil judiciaire et sont obligés de suivre le rythme des érudits du droit. Les ONG qui essaient par des plaidoyers de changer la donne semblent de plus en plus confrontées à des difficultés institutionnelles et fonctionnelles. A tel point que ce texte, qui devait être salvateur dans son application sur le terrain, produit l'effet contraire de l'objectif initial recherché. En effet, alors qu'il respecte les standards internationaux, il semble très difficile à mettre en œuvre. Ses dispositions contiennent des avancées assez futuristes mais qui peinent à être appliquées vu que les conditions pour sa mise en œuvre ne semblent pas réunies. Ne fallait-il pas alors penser un code qui tienne compte des réalités propres aux États africains ? La difficulté est ainsi : « Sans pouvoir rendre compte de toutes les évolutions des vingt-cinq dernières années et de l'abondante littérature sur le sujet, on retiendra que la justice, telle qu'elle apparaît dans les pays francophones principalement (mais non exclusivement) retenus, n'est plus la même : de nouvelles justices se sont développées, avec de nouveaux défis, auxquels ont à faire face les gouvernants jusqu'à s'interroger sur la construction de nouveaux paradigmes pour y parvenir »[2]. Les obstacles pour la mise en application de ce NCPP se résument entre autres en des difficultés administratives avant d'en arriver aux difficultés fonctionnelles.

---

[1] Selon le ministre Sidi Tiémoko Touré, à l'issue du Conseil des ministres du 10 avril 2019.

[2] DU BOIS DE GAUDUSSON Jean, « La justice en Afrique : nouveaux défis, nouveaux acteurs », *Afrique contemporaine*, 2014/2, p. 250.

Plusieurs auteurs ont traité des paradigmes concernant la gouvernance des États africains à tous les niveaux, notamment celui du secteur de la justice. Et cette justice qui tarde à trouver son chemin est l'enjeu capital pour de véritables États de droit. En Afrique, c'est tout l'enjeu d'un État démocratique qui a pour objectif de parvenir à créer des États qui ont pour fondement la Justice, l'un des ferments de l'état de droit. Parce que finalement, parler d'« une bonne justice et de son effectivité ne se résume pas à des institutions et des mécanismes procéduraux, si importants et nécessaires soient-ils. Elle se situe aussi ailleurs ; elle dépend des autres éléments du dispositif institutionnel, politique et administratif complexe dont les cours et tribunaux révèlent les insuffisances ; elle dépend de la culture politique démocratique du système dans lesquels ceux-ci s'insèrent »[1]. C'est dire qu'adopter un nouveau code de procédure pénale pour pallier les carences de l'ancien est une avancée notable, mais la démocratie tant recherchée n'est que le résultat de tout un système dans lequel s'inscrit cette loi.

Mais l'un des aspects fondamentaux de cette démarche est que la justice est incarnée par des individus, même si elle se base avant tout sur un système et un arsenal juridiques. Aussi donc, faut-il voir la légitimité de la fonction de juge. Certes un droit peut être revu pour apporter plus de droits aux justiciables ; mais c'est le jugement qui est rendu qui donnerait de la légitimité au juge et partant, de la consistance à ce droit. D'où le fait que « ce sont les jugements légitimes qui rendent les juges légitimes. Les différentes compétences reconnues aux juges n'ont d'incidence que sur la détermination de la légitimité de leurs jugements. Celle-ci dépendant du droit que chaque juge est chargé d'appliquer, un jugement ne peut être évalué qu'en fonction de ce droit. Ainsi, un juge peut être légitime au regard d'un droit donné et ne pas l'être au regard d'un autre droit donné »[2].

De nouvelles prescriptions procédurales ne viennent pas forcément améliorer des pratiques judiciaires. C'est le cas notamment en France avec la loi du 15 juin 2000 introduisant la nouvelle fonction du Juge des Libertés et des Détentions (JLD) qui n'a pas eu l'effet escompté de faire baisser le taux de détention provisoire[3]. Comme pour dire que l'essence d'une loi ne peut pas aboutir automatiquement à un résultat, si l'on ne prend en compte des données empiriques. En France, il a certes été instauré le JLD mais le législateur hexagonal a oublié les rôles joués par le juge d'instruction et le procureur concernant la détention provisoire[4] ; d'autant plus que ces derniers sont aussi des acteurs clés du monde judiciaire. La problématique de la détention préventive ne saurait donc se résumer à un seul acteur qui n'est lui, qu'un

---

[1] *Ibidem.*

[2] MERCADAL Barthélémy, « La légitimité du juge », *Revue internationale de Droit comparé*, 2002, 54-2, pp. 277-291.

[3] DERBEY Arnaud et RAOULT Sacha, « Est-il possible de réformer la détention provisoire ? », *Actualité juridique – Pénal*, 2019, p. 568.

[4] *Ibidem.*

maillon de la chaîne et du système. Toutes les solutions envisagées partiellement ne pourraient solutionner le problème dans son ensemble puisque toute approche devrait être systémique et non sectorielle. Notre travail sera une étude prospective qui part de l'existant pour envisager des axes de réflexion pour une mise en application véritable du NCPP, l'objectif lointain étant une meilleure administration de la justice en Côte d'Ivoire.

Nous nous baserons sur des séminaires organisés en vue de l'application effective du NCPP, des entretiens réalisés avec des responsables du monde judiciaire et pénitentiaire en Côte d'Ivoire, pour interpréter des remarques effectuées à l'occasion de nos différentes visites dans certaines juridictions et prisons de la Côte d'Ivoire dans le cadre de notre travail de bénévole au sein de l'ACAT CI. En effet dans le cadre de son projet APRES[1] qui est une suite du projet DPA[2] mais avec trois nouvelles prisons, l'ACAT CI vise à réduire la surpopulation carcérale ivoirienne en s'attaquant à tous les problèmes qui l'entourent. Des tableaux fournis par la Direction de la planification et des statistiques du ministère de la Justice, des Droits de l'Homme et des Libertés publiques après des enquêtes et recueils de données internes, viendront étayer notre argumentation.

Aussi, les difficultés d'application NCPP sont liées à des difficultés structurelles qui tiennent à une volonté affichée du ministère de préserver la sécurité face à la légalité ainsi qu'aux difficultés de collaboration entre les administrations judiciaire et pénitentiaire. Mais des solutions pourraient être envisagées pour pallier ces difficultés et là, l'espoir est permis.

1. Les obstacles administratifs a la mise en œuvre du NCPP

Le NCPP est difficile à mettre en œuvre. Il faut un nombre suffisant de magistrats pour pouvoir mener à bien la mission régalienne de la Justice. Aussi, des moyens devraient être alloués à cette fonction, pour sa mise en œuvre selon les objectifs assignés à ces magistrats. Des constats lors de nos visites en tant que bénévole de l'ACAT CI, des entretiens avec des acteurs du monde judiciaire et des données officielles viendront étayer notre argumentaire.

[1] Améliorer les conditions de détention et favoriser la réinsertion des femmes et mineur.es des prisons de Côte d'Ivoire qui court de l'année 2020 à 2022. Projet financé par la Délégation de l'Union européenne en Côte d'Ivoire, Open Society Initiative West Africa (OSIWA) et la Fondation de France.

[2] Projet de lutte contre la Détention préventive abusive en Côte d'Ivoire cofinancé par la Délégation de l'Union européenne en Côte d'Ivoire, l'Agence française de développement (AFD), le CCFD - Terre Solidaire, OSIWA et la Tavola Valdese de 2017 à 2020.

1.1. L'insuffisance des magistrats

En Côte d'Ivoire, le nombre de magistrats est très insuffisant pour le nombre d'affaires à traiter. En effet, avec le NCPP, l'État ivoirien a besoin d'un nombre suffisant de magistrats pour pouvoir gérer toutes les juridictions. « Avec 700 magistrats, dont environ 450 sont en activité, soit un pour près de 57 000 Ivoiriens, le besoin est considérable. C'est très peu, trop peu par rapport aux standards internationaux qui fixent ce taux à un pour 10000 »[1] dénonce ainsi Delphine Makouéni Cissé, Directrice de l'Ecole de la Magistrature à l'Institut national de formation judiciaire (INFJ). En effet il y a peu de magistrats pouvant assurer le service public de la justice et accomplir toutes les tâches quotidiennement exigées au sein d'un tribunal de première instance. Pendant que le ratio du nombre de magistrats par habitant est de 10 pour 100000 habitants soit un magistrat pour 10000 habitants, en Côte d'Ivoire la donne est différente. Elle varie selon les années respectivement d'un magistrat pour 35232 habitants en 2017, un magistrat pour 36622 habitants en 2018 et un magistrat pour 36823 habitants en 2019, loin de la norme internationale prescrite. Et selon le ministère de la Justice, il y a « une surcharge de travail pour les magistrats : le nombre de dossiers à traiter par magistrat dans les juridictions s'élevait à 243 en 2016-2017 contre 275 en 2017-2018. De même, le nombre d'habitants pour un magistrat se situait à 35 232 habitants en 2017 contre 36 622 en 2018 »[2]. Il en résulte que le taux de traitement des affaires par magistrat est peu élevé au niveau de l'instruction et se situe autour de 39,2% pour les délits et de 34,4% pour les crimes[3]. Déjà que la Côte d'Ivoire n'a que 700 magistrats sur toute l'étendue du territoire national, pour une population de près de 25 millions d'habitants. Le NCPP est venu régler beaucoup de problèmes relatifs à la lenteur et la lourdeur administrative dans le traitement des dossiers en vue d'une bonne administration de la justice et un meilleur respect des droits des justiciables, et notamment solutionner l'épineux problème du placement systématique en détention. Alors que le NCPP voulant régler le problème de la détention préventive a remplacé les cours d'assises par des juridictions spécialement chargées des crimes – les tribunaux criminels et les chambres criminelles de la cour d'appel, instaurant ainsi un deuxième degré de juridiction en matière criminelle – la situation n'a pas véritablement évolué. Les cours d'assises peinaient à se tenir pour juger les criminels à cause du manque de moyens pour entretenir les jurés, les avocats, les témoins, et tous ceux qui devaient y participer. Les Tribunaux criminels n'ont pas échappé à cette donne. Selon l'article 266 du code de procédure pénale, « la tenue des sessions de jugement des crimes a lieu tous les trois mois. Toutefois, le président du tribunal peut,

[1] https://www.jeuneafrique.com/1268113/politique/en-cote-divoire-afle-nombre-de-magistrats-a-retreci-comme-peau-de-chagrinafaf/

[2] Annexe, Tableau 1 : Ressources humaines et financières du ministère de la Justice.

[3] Annexe, Tableau 3 : Taux de traitement des affaires.

après avis du procureur de la République, ordonner qu'il soit tenu, au cours d'un même trimestre, une ou plusieurs sessions supplémentaires ».

Et l'article 270 d'indiquer que le tribunal criminel comprend « le président du tribunal ; quatre assesseurs », tous magistrats. Alors qu'en Côte d'Ivoire, vu le nombre limité de magistrats, on ne peut affecter exclusivement cinq magistrats au jugement des crimes qui est une juridiction désormais permanente, alors que l'ex-cour d'assises était une juridiction exceptionnelle. Il va sans dire que les tribunaux criminels ne pourront fonctionner convenablement. Et face à cette nouvelle donne du nombre limité de magistrats, le recrutement de magistrats n'a pas suivi. Selon un haut responsable du ministère de la Justice en Côte d'Ivoire[1], « ce n'est qu'entre 1995 et 1998 qu'avec l'appui de l'Union européenne, la Côte d'Ivoire a pu recruter 50 magistrats ». La Côte d'Ivoire recrute, en moyenne et par année, une quinzaine de magistrats. Le nombre de magistrats présents en ce moment ne peut donc suivre toutes les affaires y compris les affaires criminelles. Sans oublier que tous les magistrats ne sont pas automatiquement affectés à la fonction judiciaire ou juridictionnelle, certains d'entre eux étant affectés à des postes administratifs.

En matière criminelle, il existe aussi des difficultés. Ainsi, seuls les assesseurs ont été nommés par arrêté du ministre de la Justice en 2021. Depuis lors, c'est-à-dire en 2022, tout est progressivement rentré dans l'ordre. Les magistrats qui y siègent, ne peuvent faire autre chose. Avant que la nomination expresse des magistrats n'intervienne pour les Tribunaux criminels, ils étaient toujours aux postes qu'ils occupaient auparavant au sein des juridictions. A côté de la difficulté de fonctionnement du tribunal criminel, certains juges sont obligés d'exercer plusieurs fonctions au sein d'un même tribunal à cause de l'insuffisance en ressources humaines. Et dans cet ordre d'idées quand certains d'entre eux seront nommés et exclusivement affectés au Tribunal criminel, qui d'autre les suppléera, en dehors de magistrats nouvellement recrutés ? C'est pratiquement impossible pour un juge d'instruction de laisser ses dossiers qu'il a à traiter pour se déplacer sur des lieux pour une enquête ou se rendre dans une MAC pour certaines informations relatives à l'avancée d'un dossier. Si le personnel est insuffisant, cela découle inéluctablement de ressources elles aussi insuffisantes.

1.2. Un budget insuffisant

Les difficultés administratives pour exercer la justice ont sans doute des origines certes organisationnelles mais avant tout financières : le budget du ministère de la Justice très peu suffisant qui ne lui permet pas d'avoir une marge de manœuvre assez importante. En 2017 pour un budget global de l'État de 6447,6 milliards de FCFA, le ministère de la Justice avait 49,6

[1] Entretien avec M. Koffi Joachim, conseiller technique du ministre de la Justice, le 11 juin 2019.

milliards de FCFA soit 0,8% ; en 2018 pour un budget de 6756,3 milliards de FCFA ce ministère avait 74,7 milliards de FCFA soit 1,1% et pour 2019 un budget global de 7334,3 milliards de FCFA pour une part du ministère de 79,6 milliards de FCFA soit 1,1%[1].

Le secteur de la Justice en Côte d'Ivoire est l'un des parents pauvres du budget de fonctionnement du pays. Il ne fait que 1% du budget global du pays avec une part de fonctionnement de plus de 27%. C'est dire que des actes comme le transport sur les lieux pour constater les infractions ne peuvent recevoir des moyens pour être menés à bien. Les frais d'expertise médico-légale sont toujours plafonnés à 6000 FCFA. Des taux à revoir pour un meilleur intéressement de ces experts. Selon le décret n° 76-315 du 4 juin 1976 portant fixation du tarif des frais de justice criminelle, correctionnelle et de simple police modifié par le décret numéro 95-407 du 2 mai 1995 en son article 19, les frais pour les experts médicaux varient de 1800 à 5500 FCFA. L'Administration de la justice a très souvent besoin de l'exécution de mandats d'amener, de dépôt, d'arrêt et jugements de condamnation et des mesures de contrainte exercées contre les témoins défaillants. Pour faciliter ces différentes procédures, il est alloué aux militaires de la Gendarmerie autres que les officiers et les fonctionnaires de police autres que les commissaires, en vertu de l'article 91 du même décret, certains montants. Ainsi il est prévu 200 FCFA pour l'exécution « d'un jugement de simple police, d'un jugement ou arrêt annonçant une peine d'emprisonnement correctionnel n'excédant pas deux ans ou d'une réquisition d'incarcération en vue de l'exercice de la contrainte par corps, d'un mandat d'arrêt ou d'un jugement ou arrêt annonçant une peine d'emprisonnement correctionnel de plus de deux mois... » et 2300 FCFA pour l'exécution « d'une ordonnance de prise de corps ou d'un arrêt de condamnation à une peine criminelle ». Et l'article 96, de fixer forfaitairement l'indemnité de transport pour un déplacement du magistrat sur les lieux, lorsque le moyen de transport ne lui a pas été fourni par l'administration, à « 27 FCFA par kilomètre parcouru tant à l'aller qu'au retour »[2]. Il est dès lors difficile de pouvoir accomplir diligemment tous les actes matériels qui concourent à la résolution d'une affaire.

Il faut dès lors appliquer de nouveaux frais d'administration de la justice dont les tarifs de nos jours ne sont plus acceptables et ne sont pas réalistes. Cette situation entraîne la lenteur dans le traitement des dossiers, surtout que des APJ et des OPJ utilisent des subterfuges pour se défiler face à certaines commissions rogatoires. Des ONG qui essaient de s'y inscrire afin de faire avancer certaines procédures ont des moyens limités pour ce faire[3]. A titre

---

[1] Annexe, Tableau 2.

[2] Alors que le litre de carburant en Côte d'Ivoire est de 635 FCFA soit 0,96 Euros pour le gasoil et 735 FCFA soit 1,12 Euros depuis le mois de juin 2022.

[3] L'ACAT CI dans le cadre de son projet « APRES CI » ne peut qu'aider à procéder à 10 examens psychiatriques dans les 6 prisons du projet, en cas de besoin à hauteur de 100 Euros par expertise.

d'exemple, l'ACAT Côte d'Ivoire a aidé un cabinet d'instruction du tribunal de première instance d'Abidjan Plateau pour l'accomplissement de deux actes d'expertise psychiatrique[1] sans lesquels le juge d'instruction n'aurait pu clore les dossiers concernés. Elles travaillent en fonction des exigences des bailleurs qui eux essaient de faire avancer les dossiers avec des cas d'exemple, mais ne peuvent se substituer à l'État ivoirien. Les médecins experts auprès des tribunaux sont rares – sauf en cas de réquisition – pour pouvoir procéder à des actes qui nécessitent leur expertise. Encore que pour l'organisation des tribunaux criminels il y a nécessité de mettre en place des moyens pour tout le dispositif à déployer, notamment les nombreuses expertises à établir. Jusqu'à ce jour, en Côte d'Ivoire, ces tribunaux n'ont pas encore été de plein droit constitués et des magistrats de substitution en assurent l'intérim.

L'administration pénitentiaire ivoirienne a elle aussi, ses difficultés. En effet, 10% des budgets alloués aux MAC partent en frais de fonctionnement inclus dans la comptabilité publique[2]. Pour faire baisser le taux de détention préventive et désengorger les prisons comme le suggère le NCPP, il faudrait construire de nouvelles prisons, comme l'a fait savoir le Directeur de l'administration pénitentiaire M. Boubacar, lors d'un entretien accordé à l'ACAT CI[3]. Mais là encore les travaux avancent selon les moyens mis à disposition. Aussi le Centre d'Observation des mineurs de Bingerville qui devrait jouxter le tribunal de première instance de Bingerville, est toujours en cours de travaux. Une autre difficulté au niveau pénitentiaire est la réinsertion des détenus qui devrait connaître une avancée avec le NCPP. Mais la difficulté est que la Direction de l'administration pénitentiaire (DAP) n'a aucunement de budget alloué à ce travail d'Hercule. Lors de la 23ème journée du détenu dite journée Mandela célébrée le 18 juillet 2020 à la MACA[4] le 18 juillet 2020 avec pour thème « le détenu agent de développement », le sous-directeur de la réinsertion à la DAP M. Bamba, avait affirmé que « la DAP n'a pas de budget de réinsertion. » Avant d'appeler les ONG et toutes les bonnes volontés à aider le gouvernement à pouvoir avancer dans ce domaine. Le décret de 1969 qui régit les établissements pénitentiaires est dépassé et gagnerait à être conforme aux règles Mandela ; mais cela aussi induit des moyens financiers puisqu'il faut au moins conformer les MAC aux standards internationaux. Ce qui ne sera pas une tâche aisée car certaines MAC sont très

---

[1] 250000 FCFA (environ 400 Euros) pour deux expertises psychiatriques.

[2] Selon une règle de comptabilité publique non écrite, d'après nos recherches.

[3] San Pédro, Guiglo, Korhogo, Sinfra à réhabiliter. Entretien avec le DAP le 11 juin 2019. ACHOU Arnold, BERNARD Marie-Julie, FISCHER Bénédicte, GRASSY Lionel (dir.), CERDAP² - Centre d'Études et de Recherche sur la Diplomatie, l'Administration Publique et le Politique - ACAT, « Présumé-e innocent-e ? Étude sur la détention préventive en Côte d'Ivoire », 2020, http://fiacat.org/publications/guides/2809-etude-presume-e-innocent-e-etude-sur-la-detention-preventive-en-cote-d-ivoire

[4] Maison d'arrêt et de correction d'Abidjan.

exigües[1], désuètes[2], ont besoin d'infrastructures supplémentaires[3], d'infrastructures sportives[4], d'ateliers[5]... Les montants alloués à l'alimentation des détenus sont eux aussi, difficiles à respecter vu les moyens qui sont octroyés[6]. Et vu le nombre sans cesse grandissant de détenus (prévenus comme condamnés) il est très difficile de pouvoir respecter les prescriptions des autorités[7]. Outre ces insuffisances de personnel et de moyens, il y a des difficultés d'ordre fonctionnel.

2. LES DIFFICULTES D'ORDRE FONCTIONNEL

Le monde judiciaire et le milieu pénitentiaire ivoiriens peinent à accomplir les tâches qui leur ont été assignées par l'État à cause de difficultés tant endogènes qu'exogènes. Outre la résurgence des vieilles pratiques et la collaboration difficile entre l'administration judiciaire et l'administration pénitentiaire.

2.1. Les pratiques ancrées dans le monde judiciaire

Les autorités judiciaires ivoiriennes dès l'adoption du NCPP en mars 2019 avaient des objectifs visant le respect des droits des détenus. Mais il n'est pas toujours possible en pratique de mettre en application les textes. En effet, bien avant l'entrée en vigueur de cette nouvelle loi et pour obliger les magistrats à cette nouvelle norme législative à caractère général et impersonnel notamment en matière de détention préventive abusive, le ministre de la Justice a pris une circulaire à l'endroit de ces derniers[8]. Une circulaire qui aurait été reconduite dans le même esprit à l'adoption du nouveau code, mais dont nous n'avons pu avoir copie. Mais malgré cette mesure, le même problème semble se poser. Selon la Direction des affaires civiles et pénales dudit ministère, le taux de détention préventive oscille autour de 32,34%[9]. En effet lors des assises visant à réduire la problématique de la détention préventive et ses taux alarmants[10],

---

[1] La MAC de Soubré, par exemple, construite pour 150 détenus et qui en compte plus de 700, à notre dernier passage en juillet 2020 lors du projet COVID 19 visant à doter les MAC en matériel sanitaire et d'hygiène.

[2] La MAC d'Aboisso est un ancien entrepôt qui ne répond plus aux normes et la prison de Bassam qui date de l'époque coloniale.

[3] La MAC de Daloa qui devrait bénéficier d'une grande clôture.

[4] Très peu sont les MAC ivoiriennes qui en disposent.

[5] Importants pour la réinsertion des détenus.

[6] Lors d'entretiens certains régisseurs ont pu affirmer qu'ils avaient moins de 1000 FCFA par jour et par détenu.

[7] Ministère de la Justice et des droits de l'Homme, 18 février 2017, Annexe fixant la ration, le coût de la ration alimentaire et la dotation en produit d'hygiène et d'entretien pour l'année 2017.

[8] Annexe : circulaire de 2017 du ministre de la Justice relatif à la détention préventive.

[9] Selon des chiffres arrêtés au 12 mars 2019.

[10] Organisée à Bassam et où l'ACAT CI avait été invitée pour partager son expérience en tant que partenaire de la société civile travaillant sur la thématique de la détention préventive.

il a été envisagé de mettre en place un logiciel qui devait pouvoir rappeler aux magistrats les différents délais atteints lors des procédures en cours au sein de leurs juridictions respectives. La Justice ivoirienne gagnera en célérité si ce projet est mené à terme. Un projet qui gagnerait à avancer avec des moyens à mettre à la disposition du prestataire chargé de l'élaborer.

Une difficulté du même ordre réside dans le fait qu'il existe au sein de certaines maisons d'arrêt et de correction du pays un logiciel appelé le CS Greffe[1]. Ce logiciel conçu pour gérer les détenus est disponible auprès de toutes les MAC mais gagnerait à être constamment actualisé pour un meilleur suivi des détenus. A côté de cela, il faut remarquer qu'il y a un véritable souci d'informatisation et d'archivage des différents dossiers des détenus dans les MAC. En effet lors des visites de certains de ses bénévoles, l'ACAT CI a remarqué que dans certaines MAC, ces fichiers ne sont pas toujours régulièrement mis à jour. Ainsi lors d'une visite en 2019 dans l'une des MAC du centre du pays, les bénévoles de l'ACAT CI discutant avec un greffier pénitentiaire ont remarqué de la part de ce dernier qu'il n'avait pas encore mis à jour le CS Greffe. Et dans cette même MAC un détenu mineur qui avait été arrêté avec des majeurs a été malencontreusement mis en détention avec les majeurs. La vigilance du supérieur hiérarchique lors du contrôle des détenus mis en détention préventive dans le registre d'écrou a permis de rectifier cette erreur. Encore que la détention préventive est devenue comme un recours systématique des magistrats qui l'utilisent dès l'apparition d'un mis en cause devant eux. L'étude « Présumé(e) innocent (e) ? Étude sur la détention préventive en Côte d'Ivoire » recommande la mise en place d'un mécanisme national des lieux de prévention pour pouvoir veiller sur le respect des dispositions du code de procédure pénale[2].

Pour ne pas recourir systématiquement à l'emprisonnement, il est prévu des mesures alternatives dans le nouveau code de procédure pénale ivoirien, entre autres le contrôle judiciaire. Cette mesure est peu utilisée par les juridictions parce qu'elle est non seulement difficile, mais le juge ne peut y recourir et être serein[3]. Mais certains cabinets d'instruction comme ceux des Tribunaux de première instance d'Abidjan Plateau et d'Abidjan Yopougon commencent à recourir de plus en plus à cette mesure[4]. En effet, alors qu'en Europe il existe des modalités comme le bracelet électronique pour contrôler le prévenu sous contrôle judiciaire, en Côte d'Ivoire, c'est bien différent. C'est au magistrat qui l'appliquera de trouver la parade pour avoir le contrôle sur le

---

[1] https://news.abidjan.net/h/627012.html

[2] ACHOU Arnold, BERNARD Marie-Julie, FISCHER Bénédicte, GRASSY Lionel (dir.), *op. cit.*

[3] Intervention du Directeur des Affaires civiles et pénales (DACP) M. Dagnogo du 12 au 13 mars 2020 à Grand Bassam sur le thème « les juges d'instruction à l'épreuve du contrôle judiciaire » au cours de l'atelier de réflexion et d'échange sur la détention préventive en Côte d'Ivoire.

[4] Séminaire de Bassam sur la détention préventive, en mars 2020.

mis en cause durant toute la procédure. C'est l'exemple de ce magistrat qui a trouvé une solution assez originale qui consiste à ouvrir un registre à son bureau et oblige le concerné à y émarger régulièrement contre la menace de se voir ramener en détention dès qu'il ne répondrait pas à une convocation. Et autre difficulté pour pouvoir mener à bien le service public de la justice et garantir la représentation des concernés, l'adressage des rues qui fait cruellement défaut en Côte d'Ivoire. Outre ces difficultés, il y a comme un manque de fluidité entre l'administration judiciaire et l'administration pénitentiaire.

2.2. La difficulté de collaboration entre l'administration judiciaire et l'administration pénitentiaire

Dans le domaine de la prison, l'administration judiciaire et l'administration pénitentiaire sont appelées à collaborer. L'une procède à la procédure judiciaire concernant les mis en cause et l'autre a pour charge la mise en détention, la garde et l'entretien des détenus. Mais la difficulté est l'effectivité ou la sincérité de cette collaboration. Des magistrats regardent très souvent de loin le monde de la prison, comme si elle n'était pas un pan de la société. Cette réalité est pratiquement identique dans toutes les juridictions du pays, puisque les interactions dans ce cadre sont inexistantes. « Le principe de séparation des pouvoirs conduit en effet à garantir l'autonomie décisionnelle de la magistrature et contribue en partie au détachement de celle-ci par rapport à la réalité pénitentiaire et à ses contraintes »[1].

Ainsi le juge, loin de collaborer avec le personnel pénitentiaire, s'en éloigne du moins dans la réalité, alors que son appréciation de la situation de la détention devrait partir d'un tout qui regroupe réalités sociales, juridiques et carcérales. Le juge qui est garant des réalités carcérales en est très souvent étranger. Dans le même ordre d'idée, le juge d'instruction et le procureur de la République en Côte d'Ivoire devraient dans leurs attributions visiter assez souvent les lieux de détention pour un contrôle régulier et au besoin régler les problèmes qui y existent comme le préconise le code de procédure pénale.

En effet, « le juge de l'application des peines, le juge d'instruction, le juge des enfants, le président de la Chambre d'instruction, le procureur de la République visitent les établissements pénitentiaires »[2]. Et le décret de 1969 alinéa 2, d'ajouter que « le juge de l'application des peines, le juge d'instruction et le juge des enfants doivent effectuer une visite au moins une fois par mois, le Procureur de la République au moins une fois par trimestre, en ce qui concerne les établissements du siège du Tribunal, le président de la

[1] DEVRESSE Marie-Sophie, « La gestion de la surpopulation pénitentiaire : perspectives politiques, administratives et juridictionnelles », *Droit et société*, 2013/2, n° 84, p. 353.
[2] Article 732 du Code de procédure pénale.

Chambre d'accusation au moins une fois par an »[1]. Beaucoup de juges d'instruction et de procureurs ne visitent pas régulièrement les MAC de leur ressort juridictionnel. Bien des détenus ont dû passer encore quelques heures ou quelques jours à la MAC juste parce que la décision de mise en liberté ou l'ordonnance de mise en liberté provisoire ne sont pas parvenues à temps à la MAC[2].

CONCLUSION

Le NCPP est une avancée notable dans l'esprit. Mais les difficultés financières du ministère de la Justice, le manque de personnel et les mauvaises habitudes ainsi que la difficulté de collaboration entre l'administration judiciaire et l'administration pénitentiaire rendent son application, jusqu'à ce jour, difficile. Des réglages administratifs et financiers semblent nécessaires pour permettre une bonne administration de la Justice, et rappeler chacun à ses obligations. Mais l'espoir semble permis car comme l'a dit M. Daffot, procureur général de la cour d'appel de Daloa, lors de « l'atelier de réflexion et d'échange sur la détention préventive en Côte d'Ivoire »[3], « chacun des magistrats intervient dans une sphère spécifique du code de procédure pénale. Il gagnerait toutefois à lire tout le code car il y a des solutions à certains problèmes. Le code de procédure pénale est avant-gardiste. Dans un ou deux ans les écueils seront toilettés, tout ira bien ! »

Il serait judicieux, avant d'en arriver à une application *stricto sensu* du NCPP et vu les difficultés structurelles et financières, d'opter pour des solutions transitoires originales qui permettraient de dégripper la machine. Aussi, les États africains devraient certes adopter des codes qui tiennent compte des standards internationaux protecteurs des Droits de l'homme, sans oublier les réalités et pratiques quotidiennes. Il faut donc se défaire de l'idée d'un certain mimétisme international fait de protocoles, de conférences, d'habitudes, de normes et de standards imposés par les pays développés.

---

[1] Décret n° 69-189 du 14 mai 1969, portant réglementation des établissements pénitentiaires et fixant les modalités d'exécution des peines privatives de liberté.

[2] L'ACAT Côte d'Ivoire lors d'une des visites d'un de ses avocats référents auprès d'une juridiction, a pu faire constater à un procureur qu'un détenu croupissait toujours en prison alors qu'il avait été libéré.

[3] Grand-Bassam, mars 2020.

ANNEXES

Tableau 1. **Ressources humaines et financières du secteur de la justice**

	2017	2018	2019
Magistrats	695	686	700
Greffiers	965	1 029	1 110
Commissaires de justice	446	444	441
Notaires	216	215	212
Population Nationale*	24 486 071	25 122 709	25 775 899
Population pour un magistrat	*35 232*	*36 622*	*36 823*
Population pour un Greffier	*25 374*	*24 415*	*23 222*
Population pour un Commissaire de justice	*54 902*	*56 583*	*58 449*
Population pour un Notaire	*113 361*	*116 850*	*121 584*
Budget de l'Etat (en milliard FCFA)	6 447,6	6 756,3	7 334,3
Budget du MJDH (en milliard FCFA)	49,6	74,7	79,6
Dont investissements(en milliard FCFA)	*4,6*	*21,6*	*21,7*
Part des investissements dans le budget du MJDH	*9,3%*	*28,9%*	*27,3%*
Part du budget du MJDH dans le budget de l'Etat	*0,8%*	*1,1%*	*1,1%*
	2016-2017	2017-2018	2018-2019
Nombre de Magistrats dans les cours d'appel	129	126	131
Nombre d'affaires à traiter	18 272	15 683	17 770
Nombre d'affaires à traiter en moyenne par magistrats	142	124	136
Nombre d'affaires traitées	11 227	10 456	14 220
Nombre d'affaires traitées en moyenne par magistrats	*87*	*83*	*109*
Nombre de Magistrats dans les Tribunaux	314	305	315
Nombre d'affaires à traiter**	93 967	104 998	214 228
Nombre d'affaires à traiter en moyenne par magistrats	299	344	680
Nombre d'affaires traitées**	53 614	84 318	179 643
Nombre d'affaires traitées en moyenne par magistrats	*171*	*276*	*570*

**Projection de la population sur la base du taux de croissance annuel de 2,6%*
***Ces chiffres ne prennent pas en compte les actes de justice*

Annuaire des statistiques judiciaires et pénitentiaires 2020

Tableau 2. Ressources humaines et charge de travail par ressort de Cour d'Appel

Les Cours d'appels		2016-2017	2017-2018	2018-2019
Cour d'appel d'Abidjan	Nombre de Magistrats du ressort de la Cour d'Appel	231	237	244
	Nombre de Greffiers du ressort de la Cour d'Appel	438	394	429
	Nombre de Commissaires de justice du ressort de la Cour d'Appel	//	268	272
	Nombre de Notaires du ressort de la Cour d'Appel	//	159	168
	Population du ressort de la Cour d'Appel	8 989 063	9 222 778	9 462 570
	Population pour un magistrat	35 671	38 915	38 781
	Population pour un greffier	20 523	23 223	22 057
	Nombre d'affaires à traiter par les magistrats	72 123	80 226	146 471
	Nombre d'affaires à traiter en moyenne par magistrat	*286*	*339*	*600*
	Nombre d'affaires à traiter par les greffiers	813 565	839 567	883 767
	Nombre d'affaires à traiter en moyenne par greffier	*20 633*	*22 389*	*24 831*
	Nombre d'affaires traitées par les magistrats	36 024	65 225	118 344
	Nombre d'affaires traitées en moyenne par magistrat	*143*	*275*	*485*
	Nombre d'affaires traitées par les greffiers	594 149	810 826	840 417
	Nombre d'affaires traitées en moyenne par greffier	*15 687*	*21 811*	*24 129*
Cour d'appel de Bouaké	Nombre de Magistrats du ressort de la Cour d'Appel	77	76	79
	Nombre de Greffiers du ressort de la Cour d'Appel	130	142	148
	Nombre de Commissaires de justice du ressort de la Cour d'Appel	//	72	76
	Nombre de Notaires du ressort de la Cour d'Appel	//	23	23
	Population du ressort de la Cour d'Appel	5 348 687	5 487 753	5 630 435
	Population pour un magistrat	69 463	72 207	71 271
	Population pour un greffier	41 143	38 646	38 043
	Nombre d'affaires à traiter par les magistrats	10 078	13 767	26 402
	Nombre d'affaires à traiter en moyenne par magistrat	*131*	*181*	*334*
	Nombre d'affaires à traiter par les greffiers	215 069	257 808	304 093
	Nombre d'affaires à traiter en moyenne par greffier	*16 168*	*19 208*	*18 613*
	Nombre d'affaires traitées par les magistrats	7 311	9 653	23 053

Les Cours d'appels		2016-2017	2017-2018	2018-2019
	Nombre d'affaires traitées en moyenne par magistrat	*95*	*127*	*292*
	Nombre d'affaires traitées par les greffiers	158 500	254 032	299 928
	Nombre d'affaires traitées en moyenne par greffier	*12 440*	*18 976*	*18 374*
Cour d'appel de Daloa	Nombre de Magistrats du ressort de la Cour d'Appel	114	118	123
	Nombre de Greffiers du ressort de la Cour d'Appel	231	248	249
	Nombre de Commissaires de justice du ressort de la Cour d'Appel	//	88	93
	Nombre de Notaires du ressort de la Cour d'Appel	//	24	21
	Population du ressort de la Cour d'Appel	10 148 321	10 412 177	10 682 894
	Population pour un magistrat	89 020	88 239	86 853
	Population pour un greffier	43 148	42 985	42 903
	Nombre d'affaires à traiter par les magistrats	24 745	26 688	59 125
	Nombre d'affaires à traiter en moyenne par magistrat	*215*	*226*	*481*
	Nombre d'affaires à traiter par les greffiers	480 834	247 568	369 170
	Nombre d'affaires à traiter en moyenne par greffier	*33 129*	*18 060*	*24 755*
	Nombre d'affaires traitées par les magistrats	18 641	19 896	52 464
	Nombre d'affaires traitées en moyenne par magistrat	*162*	*169*	*427*
	Nombre d'affaires traitées par les greffiers	344 479	240 702	359 436
	Nombre d'affaires traitées en moyenne par greffier	*24 308*	*17 577*	*24 50*

Tableau 3 : Taux de traitement des affaires

	Taux règlement des affaires Parquet			Taux des affaires jugées		Taux des affaires instruites		
	Taux affaire CSS	Taux de poursuite pénale	Taux transaction pénale	Affaire civile, administrative, commerciale et sociale	Affaire pénale	Ensemble crime-délit	Crime	Délit
Abengourou	15,8%	58,9%	0,0%	79,7%	94,8%	43,5%	39,2%	45,3%
Bondoukou	8,7%	56,6%	0,0%	82,7%	73,4%	42,8%	24,1%	48,2%
Bouna	6,6%	80,0%	0,0%	96,9%	95,2%	79,4%	77,0%	81,5%
Abidjan	8,8%	65,3%	0,0%	80,4%	-	12,5%	5,2%	14,2%
Aboisso	4,3%	65,6%	8,2%	99,1%	-	9,6%	0,7%	23,4%
Adzopé	6,2%	37,8%	0,0%	93,5%	82,4%	43,2%	29,6%	50,8%
Agboville	18,5%	49,9%	0,0%	89,3%	84,6%	35,3%	33,3%	35,8%
Grand Bassam	10,9%	84,0%	0,0%	80,1%	83,0%	16,5%	3,8%	21,8%
Yopougon	20,5%	63,2%	0,0%	91,5%	97,0%	50,0%	21,0%	60,8%
Dabou	18,4%	78,9%	0,0%	90,8%	93,5%	6,9%	8,1%	6,1%
Tiassalé	18,8%	60,4%	1,8%	106,2%	93,8%	51,3%	46,8%	53,5%
T Commerce	//	//	//	89,6%	//	//	//	//
Bouaké	16,4%	71,4%	4,6%	85,4%	77,3%	52,1%	50,3%	53,1%
Bongouanou	14,7%	75,6%	0,0%	89,0%	90,7%	83,0%	84,8%	82,2%
Dimbokro	16,3%	68,4%	0,3%	87,4%	99,6%	75,5%	71,0%	81,3%
Katiola	12,6%	69,7%	0,0%	88,8%	89,3%	41,5%	56,8%	35,8%
M'Bahiakro	21,5%	53,8%	5,8%	84,5%	81,1%	81,3%	66,7%	84,6%
Toumodi	2,6%	49,9%	0,0%	85,9%	90,8%	58,8%	52,6%	60,8%
Korhogo	1,0%	19,7%	0,0%	94,3%	100,0%	0,0%	0,0%	0,0%
Boundiali	20,4%	64,1%	0,6%	89,3%	86,2%	65,1%	68,0%	63,2%
Odienné	8,0%	68,8%	0,0%	94,7%	100,0%	79,1%	64,3%	82,2%
Daloa	8,3%	82,8%	0,0%	87,7%	89,1%	56,9%	53,1%	59,7%
Issia	14,9%	75,3%	0,0%	94,3%	99,3%	31,0%	34,1%	29,2%
Séguéla	2,0%	89,9%	0,0%	92,1%	99,0%	91,9%	93,2%	90,7%
Soubré	5,8%	56,1%	0,7%	89,4%	93,2%	53,6%	59,0%	51,8%
Bouaflé	20,8%	74,6%	0,0%	86,0%	89,2%	70,3%	67,2%	72,1%
Sinfra	29,3%	59,9%	0,0%	93,8%	93,9%	64,7%	37,5%	77,1%
Gagnoa	4,1%	84,6%	0,0%	93,8%	90,6%	60,5%	50,0%	63,8%
Divo	6,6%	81,4%	0,0%	76,4%	89,0%	55,4%	52,2%	56,4%
Lakota	12,9%	73,1%	0,0%	94,9%	100,0%	67,2%	52,0%	76,9%
Oumé	14,9%	84,3%	3,0%	93,0%	93,9%	69,6%	66,7%	70,6%
Man	23,6%	76,5%	0,0%	74,7%	91,5%	41,5%	84,5%	6,1%
Danané	13,0%	77,5%	0,0%	63,7%	94,8%	48,6%	45,6%	50,9%
Guiglo	8,1%	67,3%	0,0%	93,1%	97,9%	21,7%	10,4%	31,2%
Touba	10,0%	50,0%	0,0%	99,1%	100,0%	45,5%	50,0%	44,0%
San Pédro	//	//	//	//	//	//	//	//
Sassandra	14,0%	54,9%	0,0%	81,6%	57,4%	54,8%	35,7%	75,5%
Tabou	3,3%	15,1%	0,0%	79,7%	100,0%	70,2%	61,4%	76,7%
TOTAL	11,5%	61,7%	0,5%	85,0%	90,1%	32,8%	29,2%	34,3%

	2017	2018	2019
Capacité carcérale d'accueil *	7 004	7 438	7438
Population carcérale moyenne:	14 471	17 588	19392
Nombre de prévenus	**5 469**	**6 012**	**6376**
Taux moyen de détention préventive	*37,79%*	*34,18%*	*32,88%*
Nombre d'hommes prévenus:	5 020	5343	5606
Nombre de femmes prévenus:	170	230	223
Nombre de mineurs garçons prévenus:	271	431	536
Nombre de mineurs filles prévenus:	8	8	11
Nombre de condamnés:	**8 990**	**11 554**	**13003**
Taux de détenus condamnés	*62,12%*	*65,69%*	*67,05%*
Nombre d'hommes condamnés:	8 841	11316	12687
Nombre de femmes condamnés:	137	192	243
Nombre de mineurs garçons condamnés:	12	46	73
Nombre de mineurs filles condamnés:	0	0	0
Durée moyenne de condamnation	*//*	*4,5*	*//*
Nombre d'évasions:	117	29	//
Nombre de décès:	33	104	//
Densité carcérale (détenu au $3m^2$)	**2,1**	**2,4**	**2,6**

Annuaire des statistiques judiciaires et pénitentiaires 2020

Circulaire 005/MJ/CAB du 6 avril 2017 du ministère de la Justice, relative à la détention préventive

MINISTERE DE LA JUSTICE
ET DES DROITS DE L'HOMME

Le Garde des Sceaux,
Ministre de la Justice

REPUBLIQUE DE COTE D'IVOIRE
Union – Discipline – Travail

CIRCULAIRE N° 005 - MJDH/CAB DU 06 AVR 2017
RELATIVE A LA DETENTION PREVENTIVE

/-)

Madame et Messieurs les Premiers Présidents des Cours d'Appel ;

Mesdames et Messieurs les Présidents des Tribunaux de Première Instance ;

Mesdames et Messieurs les Présidents des Sections de Tribunaux ;

« Pour information » ;

Messieurs les Procureurs Généraux près les Cours d'Appel ;

Mesdames et Messieurs les Procureurs de la République près lesdits Tribunaux de Première Instance ;

Mesdames et Messieurs les Substituts-Résidents près les Sections de Tribunaux.

« Pour exécution ».

Il m'a été donné de constater que les dispositions légales relatives à la détention préventive ne sont pas respectées par certains magistrats en charge de la Justice pénale. En effet, alors que l'article 137 du code de procédure pénale dispose clairement : ***« La liberté est de droit, la détention est une mesure exceptionnelle »***, j'observe que cette exception est érigée en principe par les magistrats instructeurs avec le concours des parquets, par le recours systématique au mandat de dépôt.

« Refonder » le droit pénal en Côte d'Ivoire : de la rupture épistémologique au défi méthodologique. Jalons pour une recherche collaborative.

Bénédicte FISCHER, Maîtresse de conférences en droit public
Univ. Grenoble Alpes, Sciences Po Grenoble*,
CERDAP², F-38000 Grenoble France
*School of Political Studies Univ Grenoble Alpes

En 2015, le Comité des droits de l'homme des Nations Unies soulignait dans ses observations finales concernant le rapport initial de la Côte d'Ivoire être « préoccupé par l'usage disproportionné de la détention préventive, qui a pour résultat des durées excessives et abusives de la détention préventive allant jusqu'à plusieurs années au-delà du délai légal, pour un nombre très élevé de personnes »[1]. Soutenant les oublié.es de la justice, la Fédération internationale des ACAT (Action des chrétiens pour l'abolition de la torture) et l'association nationale ivoirienne Action des Chrétiens pour l'Abolition de la Torture (ACAT CI), ont décidé de s'engager dans cet État aux côtés des autorités nationales et de partenaires internationaux dans un Projet de lutte contre la détention préventive injustifiée à partir d'octobre 2014.

Au vu de l'expertise progressivement acquise, ces organisations ont rapidement bénéficié d'un financement afin d'étendre le programme auprès de dix établissements pénitentiaires de Côte d'Ivoire au travers d'un « Projet de lutte contre la Détention Préventive Abusive – DPA 1 ». Dans le cadre de la phase finale de ce programme[2], une étude, intitulée *Présumé.e innocent.e ? Étude sur la détention préventive en Côte d'Ivoire*[3] a été rédigée grâce à un partenariat étroit entre l'ACAT Côte d'Ivoire, la FIACAT et le Centre d'Études et de Recherche sur la Diplomatie, l'Administration Publique et le Politique (CERDAP²), laboratoire bénéficiant d'un double rattachement à l'Université Grenoble Alpes et à Sciences Po Grenoble.

Tout en se fondant sur l'ensemble des données collectées à l'occasion de la mise en œuvre du Projet DPA 1, cette étude a néanmoins visé à dépasser le cadre restrictif de la détention préventive injustifiée afin de s'intéresser à la détention préventive en Côte d'Ivoire dans une perspective globale. A ce titre, elle s'est focalisée sur la situation des personnes prévenues placées en

---

[1] COMITE DES DROITS DE L'HOMME DES NATIONS UNIES, *Observations finales concernant le rapport initial de la Côte d'Ivoire*, 113ème session du Comité, distribution générale 28 avril 2015, p. 6.

[2] Suite à un *no-cost extension*, la durée totale du projet est passée de 36 à 39 mois, couvrant ainsi la période allant du 1er décembre 2016 au 28 février 2020.

[3] ACHOU Arnold Okia, BERNARD Marie-Julie, FISCHER Bénédicte, GRASSY Lionel (dir.), *Présumé.e innocent.e? Étude sur la détention préventive en Côte d'Ivoire*, ACAT CI/FIACAT/CERDAP², conception graphique MATTEI-CAZALIS Izumi, 2020, 121 p.

détention et, conformément aux pratiques pénitentiaires, le terme « prévenu » a été retenu afin de désigner de manière générique toutes les personnes sous le coup de poursuites pénales et n'ayant pas fait l'objet d'une condamnation définitive. Cette étude a donc constitué la première étape d'une réflexion visant à replacer les problématiques ivoiriennes au cœur de la réflexion théorique relative à la réforme des administrations pénitentiaire et judiciaire en Afrique subsaharienne. Dans la dynamique de mise en dialogue initiée par le présent ouvrage, cet article propose ainsi, à partir de la restitution des principaux résultats de l'étude quant au parcours judiciaire et carcéral des personnes prévenues complétés par de nouvelles analyses, d'interroger, dans une logique d'interdépendance, à la fois l'intérêt de la production de telles données et les conditions de cette dernière.

Placée sous la coordination conjointe d'un laboratoire de recherche, d'une ONG nationale et d'une structure fédérative d'ONG à l'échelle internationale, cette analyse s'appuie par conséquent sur les résultats d'une enquête réalisée pendant 24 mois en étroite collaboration entre les membres des trois institutions. Le questionnaire « Parcours judiciaire et carcéral », sur lequel il est principalement pris appui, a été administré auprès de 224 personnes prévenues au sein de dix Maisons d'Arrêt et de Correction (MAC)[1]. Le questionnaire comprend 43 items – chaque item pouvant être constitué de plusieurs questions[2] - organisés en 5 parties : identification ; situation carcérale de la personne en détention préventive ; contacts ; parcours judiciaire : instruction ; parcours judiciaire (suivi du dossier et accompagnement du prévenu). Pour le traitement des réponses, 19 questions fermées appelant une réponse « Oui/Non » ont été analysées *via* le tableur Excel. L'échantillon permettant l'établissement des données statistiques est ici composé au total de 3925 réponses valides. Le taux moyen de réponse aux questions fermées est de 92%, avec une oscillation entre 83% et 98,2%. De surcroît, les réponses à 20 questions ouvertes ont été analysées grâce au logiciel Sphinx iQ2, ce logiciel permettant une analyse de données textuelles tant de manière exploratoire que confirmatoire. Ce sont ici au total 2928 réponses qui ont pu être exploitées. Le traitement des données collectées est donc mixte : tant quantitatif que qualitatif. Poursuivant l'objectif de faire reposer les données générales caractérisant la situation pénale des personnes placées en détention préventive sur l'échantillon le plus représentatif possible, certaines données ont par ailleurs pu être collectées aussi sur la base d'une seconde grille d'enquête intitulée « Profilage socio-économique ». Pour

[1] Nombre de questionnaires administrés par MAC : Abengourou 29, Abidjan 21, Adzopé 18, Agboville 16, Bouaké 27, Daloa 23, Grand-Bassam 16, Sassandra 30, Soubré 26, Toumodi 18.

[2] Les questions additionnelles permettent de préciser l'information délivrée autour de trois grands types de questions permettant soit à la personne bénévole d'indiquer les informations judiciaires qu'elle aura relevées auprès du greffe, ou à la personne prévenue d'expliquer son propos (« Pourquoi ?) et/ou de donner des indications précises de temps, de lieu ou quant au déroulement de procédure.

certaines questions, ce sont donc 757 réponses supplémentaires qui ont été traitées *via* le logiciel *Statistical Package for the Social Sciences - Predictive Analytics Software* (SPSS-PAWS). Enfin, l'approfondissement de certaines réflexions a été permis par l'analyse croisée inédite de certaines données réalisée grâce au logiciel Ethnos – Soft Concept[1].

Dans le cadre de cette enquête, et après avoir travaillé sur les systèmes juridiques d'autres États de la sous-région, la conclusion formulée à l'issue d'une recherche doctorale[2] sur les relations entre l'administration et les administrés au Mali doit être ici reprise, en ce qu'elle a constitué à la fois l'un des points de départ de la réflexion sur le système pénal en Côte d'Ivoire et qu'elle en représente l'un des principaux défis à relever à son issue. En effet, au-delà de la seule révélation, au sens photographique du terme, que la collecte ainsi que l'analyse de données spécifiques à la détention préventive initient, une dynamique en faveur de la « refondation »[3] du processus de production du droit se fait jour. Cette dernière suppose non « pas tant d'adapter le fond du droit positif par rapport à la société, mais bien de repenser la conception même du droit, de manière à prendre toute la mesure des enjeux auxquels il doit répondre dans une situation complexe, du point de vue des échelles d'action considérées comme des stratégies développées. Comment [alors] penser la production de ce droit afin qu'il agisse sur les représentations des différents acteurs, qu'il oriente les pratiques et détermine les stratégies, qu'il concoure à la légitimation du pouvoir et renforce l'autorité de l'État, tout en s'inscrivant dans une logique de globalisation du droit finalement portée tant par les citoyens, que par les autorités politiques et les partenaires extérieurs, mais dans des logiques propres ? »[4].

Dans cette optique, la notion de détention préventive a été envisagée dans une dimension systémique et non en tant que dysfonctionnement ponctuel, quand abusive, alors même que ce caractère spécifique était à l'origine de l'élaboration du projet initié par l'ACAT CI et la FIACAT. Cette approche, nourrie par l'expérience de l'ACAT CI en raison de l'enjeu représenté par la mise en dialogue de l'ensemble des acteurs de la chaîne pénale au cours du

---

[1] L'ensemble des tableaux et schémas présentés dans cet article ont donc été réalisés par l'auteure, à l'exception de ceux dont la source est indiquée expressément.

[2] FISCHER Bénédicte, *Les relations entre l'administration et les administrés au Mali : contribution à l'étude du droit administratif des Etats d'Afrique subsaharienne de tradition juridique française*, Thèse de doctorat, sous la direction du Pr Jean-Jacques Gleizal, 2011, 700 p.

[3] Néologisme employé par Etienne le Roy exprimant le besoin de « rechercher une novation se situant dans le droit fil des expériences dans lesquelles se reconnaissent les Africains d'aujourd'hui, en récusant tant un enfermement passéiste que tout mimétisme exogène non maîtrisé. Bref dans un "entre deux" offrant les possibilités de l'échange et les potentialités des métissages ». LE ROY Etienne, *Les Africains et l'Institution de la justice. Entre mimétismes et métissages*, Dalloz, Paris 2004, p. 257. Voir aussi KUYU Camille (dir.), *Repenser le droit africain*, Les Editions du Net, Saint-Ouen, 2020, 423 p.

[4] FISCHER Bénédicte, Thèse de doctorat, *op. cit.*, p. 385.

déploiement du projet, a ainsi directement alimenté la posture épistémologique de l'équipe universitaire considérant la construction de l'État dans ses fondements, son processus d'institutionnalisation et sa capacité de production normative. Plutôt que de considérer l'État tel qu'il se laisse à voir, le « projet » en matière juridique ne devait ainsi pas occulter le « problème », au sens étymologique du terme de « ce qui est jeté devant soi »[1], de la légitimité des institutions à édicter le droit. Par conséquent, une telle construction de l'objet de recherche supposait, pour conduire cette dernière, la mobilisation de l'ensemble des acteurs de la chaîne pénale, sans omettre les personnes privées de liberté elles-mêmes. Formulé autrement, par conséquent, ce(ux) sans quoi/sans qui le droit, ici dans sa branche pénale, ne peut pas être pensé amène(nt) finalement à envisager sa refondation.

Mais si cette posture épistémologique a guidé les choix méthodologiques, la méthode de recherche déployée a aussi nécessairement conditionné le champ des possibles et, par conséquent, orienté la production des données empiriques. De surcroît, le traitement de ces dernières permet autant de mettre en exergue le besoin d'une véritable refondation du droit pénal que d'en esquisser les potentiels contours, y compris dans une perspective exploratoire invitant à déployer en retour une nouvelle méthode de recherche. Alors que la posture épistémologique soulève en conséquence des défis méthodologiques, l'analyse des données de recherche ainsi produites assoit en retour cette posture en légitimant le décentrement du regard autorisé par la mobilisation du point de vue de l'ensemble des acteurs. Bien plus, cette interdépendance vient se doubler d'une dynamique incrémentale, les premiers résultats soulevant de nouveaux enjeux et réorientant de ce fait la collecte de données. La méthode de recherche doit donc finalement être envisagée comme méthodeutique, invitant par elle-même à produire de la connaissance.

Dans cette perspective cyclique, l'intérêt porté spécifiquement à la détention préventive vient alors tout d'abord mettre en perspective l'intérêt de la production de données contextualisées afin de penser la politique pénale en Côte d'Ivoire, qui ne saurait donc être limitée à une simple réécriture des normes. Ensuite, la parole des personnes prévenues, dont la mobilisation est inhérente à la posture épistémologique même, vient révéler le caractère projeté du droit pénal et de ses institutions et, ainsi, autant souligner les enjeux sociétaux propres à cette entreprise de refondation qu'en esquisser de nouveaux contours. Ces analyses mettent par conséquent en perspective plusieurs défis méthodologiques que seule une démarche de recherche collaborative permet, enfin, de relever.

---

[1] Dictionnaire de l'Académie française, 9ème édition, [en ligne], https://www.dictionnaire-academie.fr/article/A9P4381, page consultée le 26 mai 2022.

1. AU-DELA DE LA REECRITURE DE LA REGLE DE DROIT, PENSER LA POLITIQUE PENALE GRACE A LA PRODUCTION DE DONNEES CONTEXTUALISEES

Engagées dans la lutte contre la détention préventive abusive, les équipes de l'ACAT CI avaient élaboré, dans le cadre du projet triennal, des fiches complètes permettant de réaliser à la fois le suivi judiciaire de la personne prévenue et d'assurer son information ainsi que celle de ses proches. Dépassant donc une activité de monitoring des lieux de détention[1], la dynamique poursuivie par ce projet d'identification des cas de détention préventive dépassant les délais légaux puis de suivi par un avocat a impulsé une réflexion plus large que l'ensemble des acteurs ont souhaité approfondir au cours de l'étude finale. Pour ce faire, tant les profils socio-économiques des personnes placées en détention préventive, que les conséquences de leur enfermement à l'échelle individuelle et collective ont été sondés[2], mais aussi leur expérience de la chaîne pénale depuis leur arrestation, ainsi que leur perception et leur compréhension de la procédure judiciaire en cours. De surcroît, la systématisation de la collecte de certaines données judiciaires a permis de dresser un panorama inédit de l'état de la détention préventive à l'échelle du pays.

Si, certes, un travail de collecte de données a été initié par le Ministère de la Justice et des Droits de l'Homme grâce à l'adoption d'un Système d'Information Statistique en 2017 et est à saluer pour son existence même ainsi que l'ampleur de la tâche déployée, cette caractéristique ne permet intrinsèquement que de brosser à grands traits un état chiffré du système judiciaire en Côte d'Ivoire. Au-delà du seul renseignement brut d'indicateurs, ces statistiques offrent néanmoins des données précieuses pour qui souhaite analyser certains pans spécifiques de ce système. Notre travail d'enquête confirme d'ailleurs grandement l'intérêt même de la production et de la collecte systématique de telles données, autant pour nourrir l'analyse des politiques publiques que pour offrir des outils inédits dans le dessein d'une refondation du droit. Proposant un cadre de compréhension ancré dans la réalité des pratiques, la production de données contextualisées[3] incite en effet à repolitiser la réforme judiciaire tout autant qu'elle invite à dépasser une dynamique empreinte de mimétisme juridique dans la production normative. En matière pénale, la mobilisation de données empiriques met en effet en

---

[1] Cette activité de monitoring des lieux de détention a néanmoins continué d'être assurée par la présence même des militant.es en prison grâce aux autorisations d'accès obtenues.

[2] Voir ACHOU Arnold Okia, BERNARD Marie-Julie, FISCHER Bénédicte, GRASSY Lionel (dir.), *op. cit.* Partie 1 « Profilage socio-économique des personnes placées en détention préventive » rédigée par Carolina PORTO NUNES, pp. 24-46.

[3] Nous renvoyons notamment ici à la « revanche des contextes » théorisée par OLIVIER DE SARDAN Jean-Pierre, *La revanche des contextes. Des mésaventures de l'ingénierie sociale, en Afrique et au-delà*, Karthala, 2021, 494 p.

exergue à la fois la nécessaire territorialisation des réformes et des préoccupations catégorielles à considérer avec vigueur.

1.1. D'une systématisation de la collecte de données nationale à une politique territorialisée en matière pénale

L'enquête ayant été déployée sur dix MAC, sans toutefois parvenir à documenter la zone située au nord de Bouaké, un large panorama a pu être dressé au niveau national grâce à la collecte systématique de toute une série de données objectives à partir des registres d'écrou. Sans se focaliser uniquement sur Abidjan et la MACA[1], les durées moyennes et médianes de placement en détention préventive ont de ce fait pu être calculées par référence aux dates de l'entretien et du mandat de dépôt pour chaque prison cible, ainsi qu'au niveau national. Ainsi, sur les dix MAC, la durée moyenne de détention avant jugement s'établit à 904 jours de détention au moment de l'enquête, soit 2,47 ans. La durée médiane s'établit à 808,5 jours de détention, soit 2,21 ans, ce qui signifie qu'au moins 50% des prévenu.es sont en détention 808,5 jours ou plus. Ces durées ont toutefois nécessairement été calculées au moment de l'enquête et uniquement sur la base de cette dernière, à défaut d'une systématisation de la collecte de ces données au niveau national.

Néanmoins, la mise en perspective territorialisée des durées moyennes et médianes de détention avant jugement, reprises dans le tableau ci-dessous (Tableau I), incite clairement à la mise en place d'un mécanisme de suivi des dossiers tel que celui réalisé par les avocats dans le cadre du projet de lutte contre la détention préventive abusive. Par ailleurs, la durée moyenne de détention préventive relevée en 2018 est révélatrice de l'intérêt de la limitation de la durée de la détention préventive imposée lors de la réécriture du nouveau code de procédure pénale et de son contrôle.

[1] MAC d'Abidjan

Tableau I. Durées moyennes et médianes de détention préventive par MAC

MAC	Nombre de répondants	Durée moyenne de détention préventive (en jours)	Durée médiane de détention préventive (en jours)	Durée minimale (en jours)	Durée maximale (en jours)	Ressort Cour d'Appel
Abengourou	50	945.76	662	26	2422	Abidjan
Abidjan	39	1058.64	1042	574	3086	
Adzopé	28	859	645,5	438	2355	
Agboville	27	1129.33	1089	36	2555	
Grand-Bassam	37	409.92	229	5	2175	
Bouaké	26	1152.42	1074,5	52	2326	Bouaké
Toumodi	37	426,7	136	8	2157	
Daloa	45	1404,49	1443	5	2560	Daloa
Sassandra	50	1017,7	1086,5	66	2425	
Soubré	37	597,27	518	24	1662	

Surtout, la comparaison des durées moyennes et médianes de détention préventive invite à une vision dynamique des risques sur le territoire, soit MAC par MAC en relevant les zones entre lesquelles un écart substantiel peut être noté, soit à l'échelle d'une même MAC en détaillant une potentielle divergence entre ces deux durées. Ces données incitent aussi en miroir à investiguer de manière fine les pratiques propres à chaque tribunal, à l'échelle nationale ou bien à l'intérieur d'un même ressort de Cour d'appel.

En ce sens, la représentation graphique des jours passés en détention préventive par les personnes interrogées permet de montrer plusieurs pics éclairant les fluctuations des taux de détention préventive dans le temps (voir Tableau II), ainsi que, potentiellement, les choix de politiques judiciaires dans une perspective territoriale (voir pour exemples, les Tableaux III à V). Ces pics reflètent-ils en effet des périodes temporelles propres à la zone au cours desquelles l'augmentation des risques entraîne un surcroît de décisions de placement en détention préventive et/ou faut-il plutôt se concentrer sur les périodes de décroissance susceptibles de refléter des choix favorables à l'absence de recours à la détention préventive ou à son prolongement ? Pour les MAC de Toumodi et Grand-Bassam par exemple où la durée médiane est inférieure à la durée moyenne, le profil de détention préventive est clairement concentré sur les 200 premiers jours, alors qu'à Sassandra, où la médiane dépasse la durée moyenne, le profil est beaucoup plus éclaté.

Tableau II. Histogramme pour le temps de détention global sur les dix MAC (conception graphique I. MATTEI-CAZALIS)

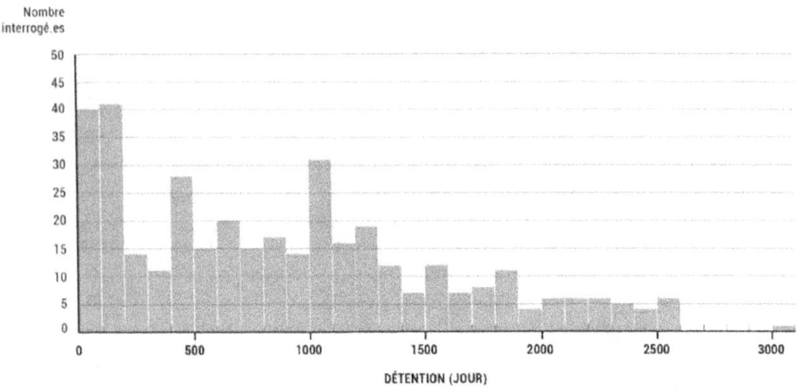

Tableau III. Histogramme pour le temps de détention dans la MAC de Toumodi (conception graphique I. MATTEI-CAZALIS)

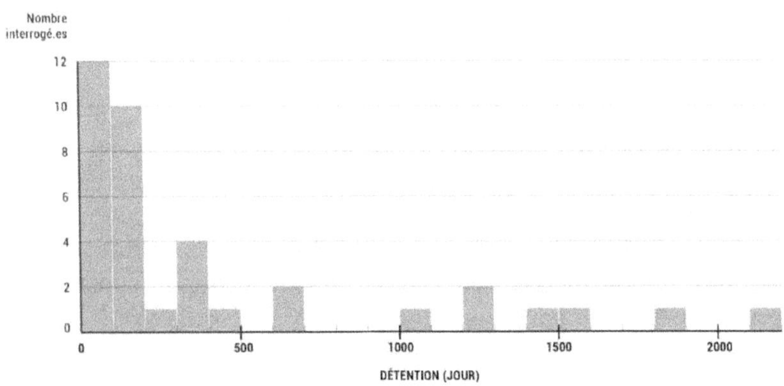

Tableau IV. Histogramme pour le temps de détention dans la MAC de Grand-Bassam (conception graphique I. MATTEI-CAZALIS)

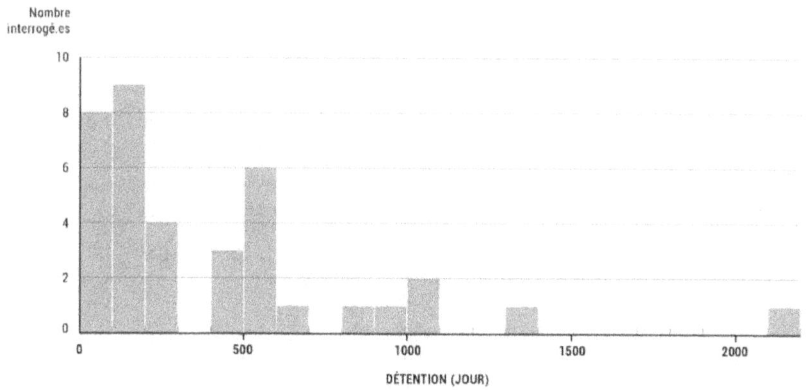

Tableau V. Histogramme pour le temps de détention dans la MAC de Sassandra (conception graphique I. MATTEI-CAZALIS)

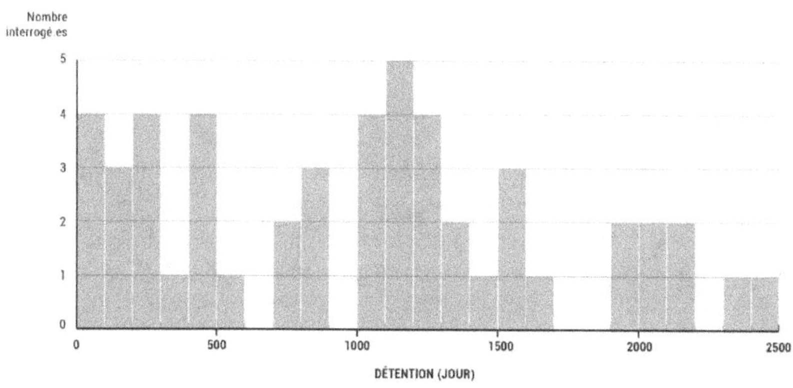

Au regard de ces premiers résultats, la compilation systématique des données d'écrou permettrait en conséquence une mise en perspective des risques à l'échelle locale, par l'identification de zones et de temporalités potentielles de conflits, par exemple liées à l'activité agricole saisonnière dans un pays dont l'économie repose notamment sur la culture du café et du cacao. Bien plus, le croisement avec les perspectives à la fois spatiales et relatives à la nature des infractions mentionnées sur le registre d'écrou conforte l'intérêt de dresser à la fois un panorama national s'appuyant sur une collecte systématisée de données et de ne pas occulter l'intérêt d'une réflexion territorialisée en matière de politique pénale.

En ce sens, l'énumération demandée aux personnes prévenues de l'ensemble des étapes de procédure vécues avant leur détention a permis d'élaborer une cartographie des lieux de garde à vue révélant plusieurs zones de commissions d'infraction et invitant par conséquent à une analyse géo-économique poussée des litiges en Côte d'Ivoire, notamment dans un objectif de prévention[1]. Autour de grandes villes, les lieux de garde à vue vont ainsi être beaucoup plus ramassés, comme la concentration autour d'Abidjan et Grand-Bassam l'a mis en relief, mais aussi de San-Pédro et Sassandra. Les risques engendrés par une urbanisation galopante encouragée par les nombreuses activités économiques dans le sud du pays contribuent ici certainement à accroître les taux de détention préventive dans les MAC situées sur la côte. A l'échelle du pays, les lieux de garde à vue sont par ailleurs généralement plus fréquemment situés dans la ville où se situe la MAC, ce qui laisse à supposer qu'une granularité plus fine serait nécessaire afin de parvenir à rapporter les lieux exacts de commission supposée des infractions. Ailleurs sur le territoire, ce sont aussi des couloirs qui se dessinent, invitant à une compréhension détaillée des risques de litige ouverts par les opportunités économiques offertes par exemple dans les régions forestières ou encore celles d'extraction de minerais.

Bien plus, une mise en perspective de ces éléments avec le motif des placements en détention préventive aide encore à affiner la mise en perspective des risques à l'échelle des territoires ivoiriens. Relativement à l'échantillon des 381 personnes prévenues interrogées, des signaux faibles sont ainsi mis en évidence, invitant à une déclinaison territoriale d'une politique de prévention contre la délinquance, autant qu'ils documentent l'adoption de mesures pour l'action. Ces statistiques informent potentiellement par ailleurs de l'existence d'une politique locale de décision de placement en détention préventive qu'il s'agirait d'éclairer par une enquête réalisée auprès des magistrats. En ce sens, les infractions mentionnées sur les registres d'écrou diffèrent grandement d'une MAC à l'autre. Au moment de l'enquête en 2018, et sur le panel de l'enquête uniquement, les personnes prévenues écrouées au sein des MAC d'Abidjan (Tableau VI), Grand-Bassam (Tableau VII) et Toumodi (Tableau VIII) sont ainsi majoritairement accusées de viol, infraction à laquelle s'adjoint celle de viol sur mineur de 15 ans au sein de la MAC de Soubré[2] (Tableau IX).

---

[1] Voir ACHOU Arnold Okia, BERNARD Marie-Julie, FISCHER Bénédicte, GRASSY Lionel (dir.), *op. cit.* p. 50.

[2] Les infractions mentionnées sur le registre d'écrou ont volontairement été reprises telles quelles pour cette analyse, sans volonté de regroupement, afin de pouvoir documenter précisément la spécificité des placements en détention préventive au sein de chacune des dix MAC.

Tableau VI. Motifs de placement en détention préventive – MAC d'Abidjan

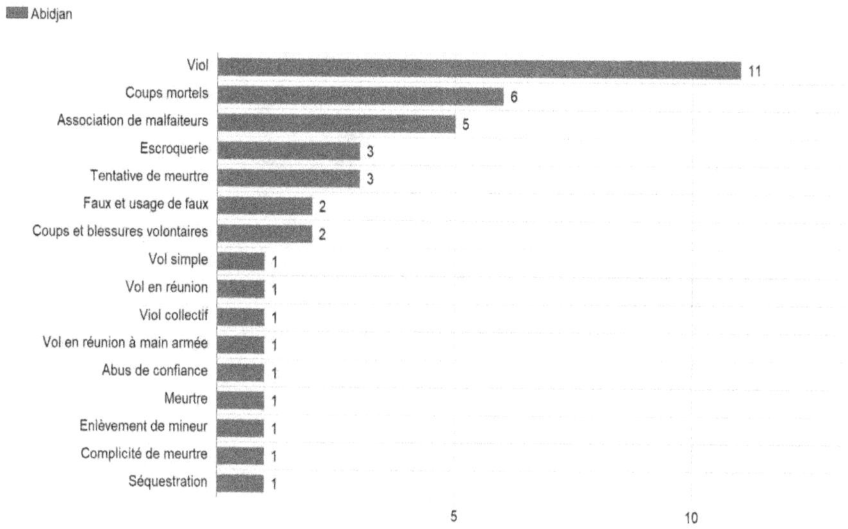

Tableau VII. Motifs de placement en détention préventive – MAC de Grand-Bassam

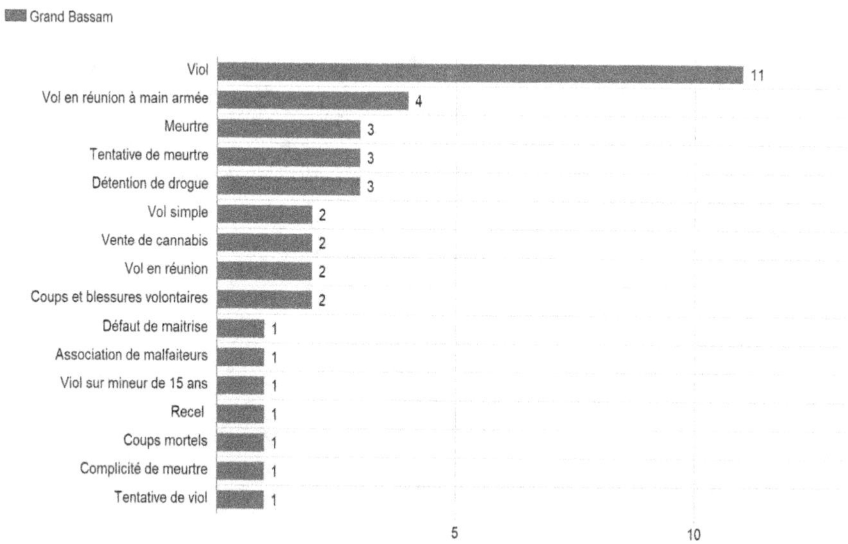

Tableau VIII. Motifs de placement en détention préventive – MAC de Toumodi

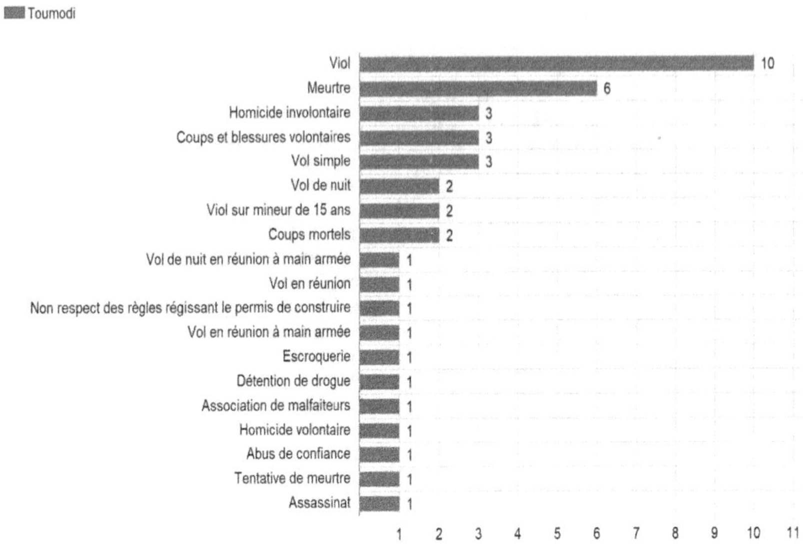

Tableau IX. Motifs de placement en détention préventive – MAC de Soubré

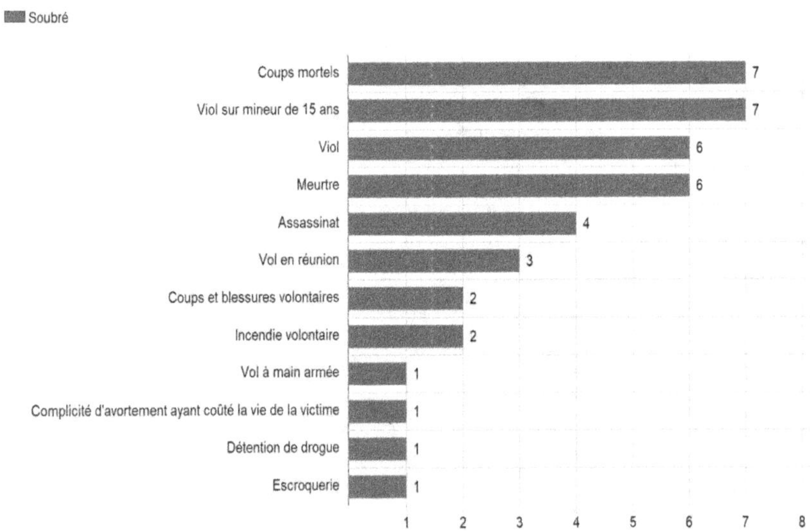

Par ailleurs, les MAC d'Abidjan et d'Adzopé (Tableau X) se caractérisent par un taux proportionnellement plus élevé de placement en détention préventive pour association de malfaiteurs, signifiant des placements en détention groupés d'individus et susceptibles d'informer sur un type de délinquance particulier, par exemple lié à l'orpaillage clandestin.

Tableau X. Motifs de placement en détention préventive – MAC d'Adzopé

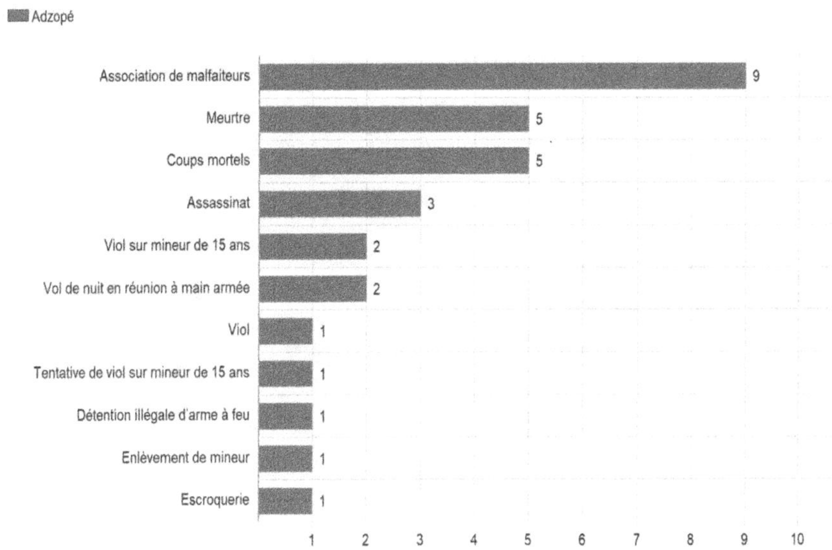

Quatre autres MAC se caractérisent en outre par des proportions très élevées de placement en détention préventive pour meurtre : Agboville (Tableau XI) et Bouaké (Tableau XII), où les autres chefs d'accusation deviennent pratiquement marginaux au regard de leur éclatement et de la prévalence des accusations de meurtre ; Daloa (Tableau XIII) et Sassandra (Tableau XIV) pour lesquelles les profils de placement en détention au regard de l'infraction présumée sont plus complexes. A Sassandra, les accusations de vol, toutes circonstances confondues, concernent par exemple huit prévenu.es.

Tableau XI. Motifs de placement en détention préventive – MAC d'Agboville

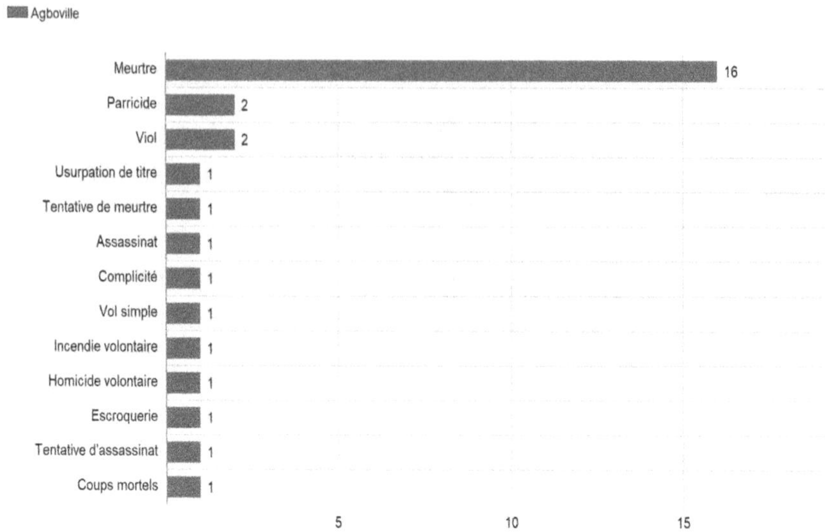

Tableau XII. Motifs de placement en détention préventive – MAC de Bouaké

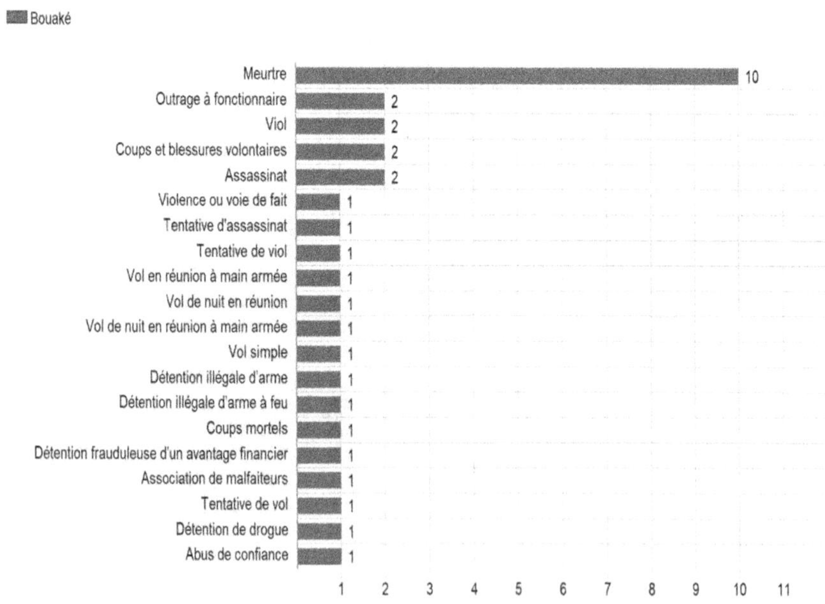

Tableau XIII. Motifs de placement en détention préventive – MAC de Daloa

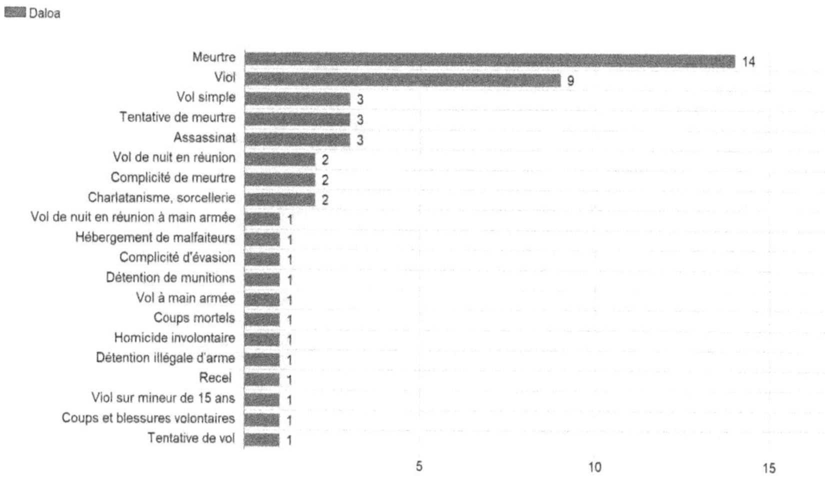

Tableau XIV. Motifs de placement en détention préventive – MAC de Sassandra

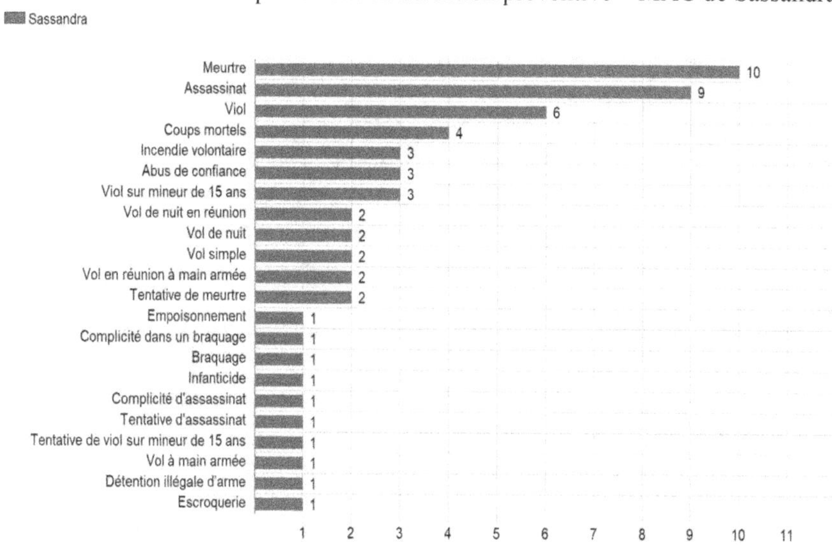

Il faut enfin relever que le placement en détention préventive pour assassinat prévaut au sein de la MAC d'Abengourou (Tableau XV) sur l'échantillon de personnes interrogées, auquel s'ajoute nouvellement celui de détention illégale d'arme à feu en comparaison avec les autres MAC. Ce premier aperçu renforce ainsi l'intuition de la nécessité d'investiguer plus avant les pratiques pénales au niveau local, ainsi qu'à les croiser avec une analyse géo-économique des risques.

Tableau XV. Motifs de placement en détention préventive – MAC d'Abengourou

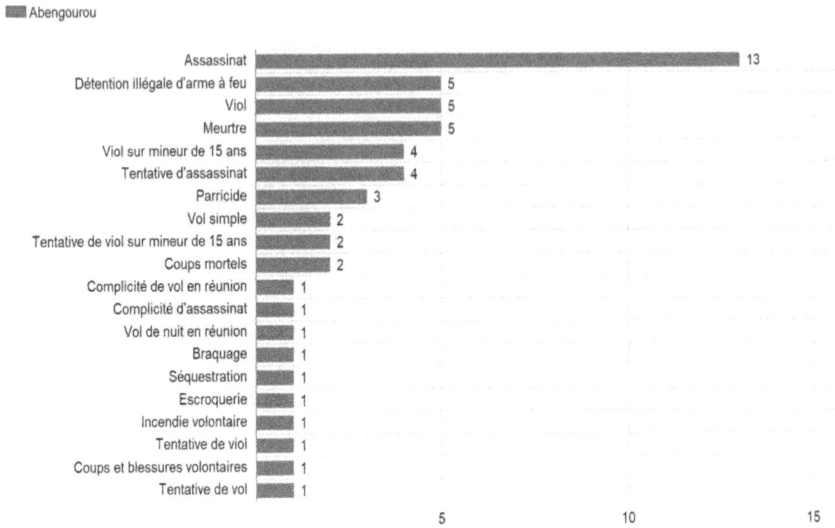

Ce double travail de compilation des données puis de ventilation par établissement met par conséquent en évidence l'impossible découplage de la réforme juridique et du projet politique, dans le même temps où il invite à une repolitisation des débats sur la privation de liberté. Bien plus, la diversité territoriale révélée par la production de données empiriques souligne l'intérêt de penser la détention préventive dans une perspective globale alliée à une action locale, dépassant une simple réécriture des normes décontextualisée.

1.2. De statistiques englobantes à une politique catégorielle en matière pénale

Au-delà de l'analyse territorialisée de la nature des infractions présumées engendrant le placement en détention préventive, la collecte de ces données au niveau national a mis en perspective que les décisions judiciaires sont, par rapport à l'échantillon des 381 personnes prévenues interrogées tout au moins, fondées en Côte d'Ivoire sur des infractions présumées majeures, contrairement à d'autres États dans lesquels la question de la décriminalisation des infractions mineures se pose de manière accrue (Tableau XVI). Ainsi, sur les registres d'écrou, les mentions de meurtre dominent, suivies par celles de viol. Par ailleurs, les mentions de meurtre, viol, coups mortels et vol - et uniquement ces dernières - se retrouvent sur les registres d'écrou au sein des dix MAC cibles de l'étude.

Tableau XVI. Nature des infractions présumées engendrant le placement en détention préventive

Crimes et délits contre les personnes **75,32%**	Atteintes à l'intégrité physique et psychique 51,18%	Atteintes à la vie 46,98%	Meurtre - 74 Tentative de meurtre - 11 Complicité de meurtre - 4	179	195	287
			Assassinat - 36 Tentative d'assassinat - 7 Complicité d'assassinat - 1			
			Empoisonnement - 1 Tentative d'empoisonnement - 2			
			Parricide - 5 Complicité de parricide - 1			
			Infanticide - 1			
			Complicité d'avortement ayant coûté la vie de la victime - 1			
			Coups mortels - 29			
			Homicide volontaire - 3			
			Homicide involontaire - 3			
		Atteintes à l'intégrité physique et psychique sans décès de la victime 4,19%	Coups et blessures volontaires - 10	16		
			Coups et blessures volontaires avec arme blanche - 1			
			Séquestration - 2			
			Enlèvement de mineur - 1			
			Voie de fait - 1			
			Défaut de maîtrise - 1			
	Atteintes sexuelles 24,1%	Viol – 63 Tentative de viol - 4		92		
		Viol sur mineur de 15 ans – 21 Tentative de viol sur mineur de 15 ans - 4				
Crimes et délits contre les biens **16, 79%**	Vol 10,49%	Vol simple - 9		40		64
		Tentative de vol à main armée - 1				
		Vol en réunion – 8 Complicité de vol en réunion - 1				
		Vol à main armée en réunion - 12				
		Vol de nuit - 2				
		Vol de nuit en réunion - 5				
		Vol de nuit en réunion à main armée - 2				

	Divers 6,3%	Abus de confiance - 6	24	
		Escroquerie - 10		
		Incendie volontaire - 6		
		Recel de pièces - 2		
Atteintes à la paix et la tranquillité publique 0,52%	Sorcellerie - 2		2	2
Détention illégale de bien 2%	Arme à feu - 3		8	8
	Drogue - 3			
	Vente illégale de drogue - 2			
Association de malfaiteurs 3,93%	Association de malfaiteurs - 15		15	15
Atteintes à l'autorité publique 1,31%	Outrage à fonctionnaire - 2		5	5
	Falsification - 2			
	Complicité d'évasion - 1			

Cette vision globale ne doit cependant pas occulter certaines pratiques pénales potentielles liées à la catégorie des personnes détenues, qu'il n'est possible que d'esquisser en l'absence d'un nombre suffisant de répondants dans le cadre de cette enquête. Concernant les personnes mineures en premier lieu, au nombre de 18 seulement à avoir été interrogées, le placement en détention préventive s'appuie majoritairement sur des faits de vol, dont cinq en réunion - donc des vols aggravés - et trois simples (Tableau XVII). Quand cette information est disponible, l'objet sur lequel portent ces vols vient encore relativiser pour cette tranche d'âge spécifiquement l'appréciation du caractère majeur des infractions présumées : une moto, un téléphone, un ordinateur ou encore de l'argent. Même pour de tels vols néanmoins, la durée de détention préventive peut être considérée comme longue : 131 jours au moment de l'enquête pour un vol de portable sans circonstances aggravantes ou encore 531 jours pour un vol de portable et d'argent dans une maison habitée par exemple. Toutefois, au-delà des atteintes aux biens, l'addition des motifs d'infraction desquels résulte une atteinte à la vie - à savoir coups mortels, meurtre et assassinat - souligne aussi pour les personnes mineures la fréquence des placements en détention préventive pour violences contre les personnes.

Tableau XVII. Nature et récurrence de l'infraction mentionnée sur le registre d'écrou pour la tranche d'âge 13- <18 ans

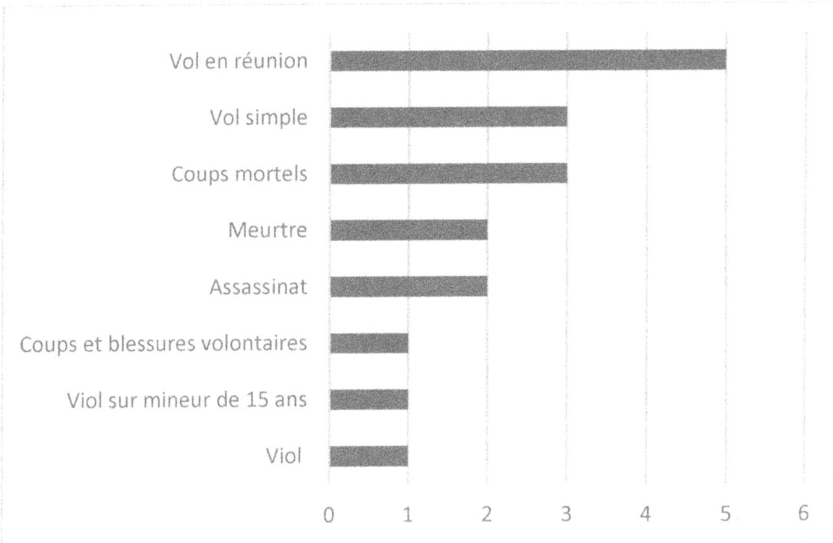

Le croisement de ces données avec l'âge des prévenu.es met par conséquent en perspective l'intérêt d'interroger la politique pénale aussi en fonction de catégories de personnes détenues, à commencer par celles bénéficiant d'un régime de détention différencié. A ce titre, le tableau de la population carcérale au 1er janvier 2020 dressé par la Direction de la planification et des statistiques[1] est édifiant (Tableau XVIII).

Tableau XVIII. Population carcérale au 1er janvier 2020. Source : *Annuaire des statistiques judiciaires et pénitentiaires. Année judiciaire 2019-2020*, tableau 51.

	Prévenus			**Condamnés**			**Total détenus**		
	Homme	Femme	**Total**	Homme	Femme	**Total**	Homme	Femme	**Total**
Majeurs	5874	227	6101	14321	305	14626	20195	532	20727
Mineurs	609	16	625	83	0	83	692	16	708
Total	**6483**	**243**	**6726**	**14404**	**305**	**14709**	**20887**	**548**	**21435**

En effet, alors que la représentation graphique de ces données élaborée par la Direction ne porte que sur le total des détenus, son éclatement par catégorie montre à l'envi combien, en raison de leur faible nombre, les mineur.es sont largement invisibilisé.es dans ces statistiques globales (Tableau XIX). Alors que la répartition totale de la population carcérale affiche à peine plus de 30%

[1] DIRECTION DE LA PLANIFICATION ET DES STATISTIQUES, Ministère de la Justice et des droits de l'homme de Côte d'Ivoire, *Annuaire des statistiques judiciaires et pénitentiaires. Année judiciaire 2019-2020*, tableau 51, p. 103.

de personnes prévenues, cette proportion monte en effet à 88,3% pour les mineur.es.

Tableau XIX. Représentation graphique de la population carcérale au 1er janvier 2020.

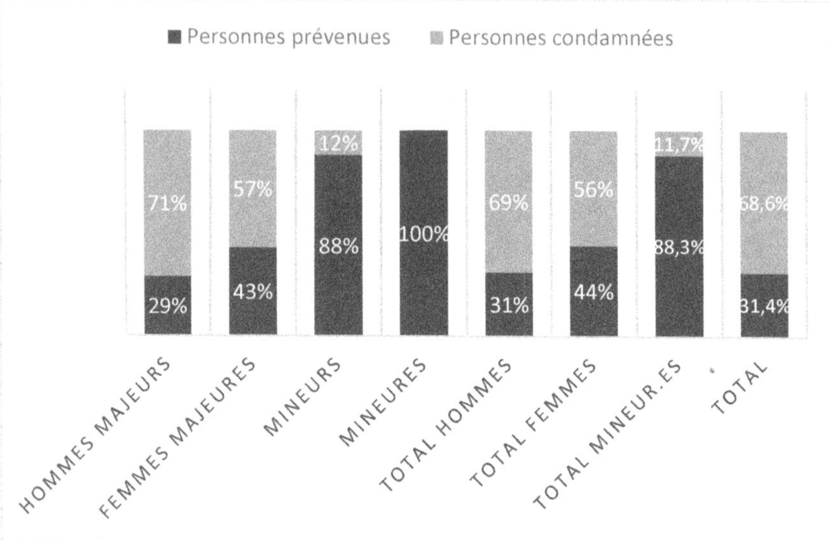

Proportionnellement, et comme le met en évidence une analyse croisée de plusieurs tableaux élaborés par la Direction de la planification et des statistiques, peu de mineur.es, mais en nombre croissant, ont finalement été condamné.es entre 2017 et 2020 en Côte d'Ivoire, alors que le nombre de placements en détention préventive augmente dans le même temps et que les décisions de mise en liberté provisoire décroissent (Tableaux XX et XXI).

Tableau XX. Evolution de la population carcérale moyenne de 2017 à 2020. Source : *Annuaire des statistiques judiciaires et pénitentiaires. Année judiciaire 2019-2020*, tableau 54.

	2017	2018	2019	2020	Variation
Personnes détenues	**14 471**	**17 588**	**19 392**	**21054**	8,57%
Prévenus	5 469	6012	6 376	6 876	7,84%
Hommes	*5 020*	*5343*	*5 606*	6 032	7,60%
Femmes	*170*	*230*	*223*	242	8,52%
Garçons	*271*	*431*	*536*	589	9,89%
Filles	*8*	*8*	*11*	13	18,18%
Condamnés	8 990	11 554	13 003	14 172	8,99%
Hommes	*8 841*	*11 316*	*12 687*	*13 791*	8,70%
Femmes	*137*	*192*	*243*	291	19,75%
Garçons	*12*	*46*	*73*	90	23,29%
Filles	*0*	*0*	*0*	0	//

Tableau XXI. Evolution de la population carcérale moyenne de 2017 à 2020. Source : *Annuaire des statistiques judiciaires et pénitentiaires. Année judiciaire 2019-2020*, tableau 27.

	2017-2018	2018-2019	2019-2020	Variation
Dossiers de crime				
Détenus préventifs au cours de la période	//	149	198	32,9%
Dont nouveaux détenus préventifs	//	86	100	16,3%
Détenus mis en liberté provisoire	//	92	29	-68,5%
Détenus préventifs renvoyés devant le tribunal pour enfant	//	23	21	-8,7%
Détenus préventifs renvoyés devant la chambre d'instruction	//	25	17	-32,0%
Détenus préventifs ayant bénéficié d'un non-lieu	//	11	15	36,4%
Dossiers de délit				
Détenus préventifs au cours de la période	//	774	1142	47,5%
Dont nouveaux détenus préventifs	//	599	719	20,0%
Détenus mis en liberté provisoire	//	473	242	-48,8%
Dont détenus préventifs renvoyés devant le tribunal pour enfant	//	318	411	29,2%
Dont détenus préventifs ayant bénéficié d'un non-lieu	//	115	54	-53,0%

Total				
Détenus préventifs au cours de la période	888	923	1340	45,2%
Dont nouveaux détenus préventifs	568	685	819	19,6%
Détenus mis en liberté provisoire	199	565	271	-52,0%
Détenus préventifs renvoyés devant le tribunal pour enfant	480	341	432	26,7%
Détenus préventifs renvoyés devant la chambre d'instruction	-	25	17	-32,0%
Détenus préventifs ayant bénéficié d'un non-lieu	55	126	69	-45,2%

Cette mise en corrélation est encore plus étonnante pour les mineures filles puisqu'aucune n'a été condamnée sur ces quatre années de référence. A l'échelle de l'enquête, deux mineures uniquement ont été interrogées : la première âgée de 17 ans, placée en détention préventive pour vol d'ordinateur depuis 41 jours ; l'autre de 16 ans, placée en détention préventive pour meurtre depuis 326 jours. Quel est alors le sens des décisions adoptées à l'encontre de ces jeunes femmes et, potentiellement, de la politique pénale qui les sous-tend ?

Par ailleurs, un focus sur les motifs de détention préventive des femmes, au nombre de 29 uniquement au sein de ce panel, met en évidence une politique pénale potentiellement sexospécifique autant qu'il vient suggérer le besoin de documenter de manière plus représentative cette politique par le biais de ce prisme (Tableaux XXII et XXIII). Largement invisibles de par leur faible nombre en détention et invisibilisées par la société en tant que criminelles, 43% des femmes détenues sont placées en détention préventive, soit 14 points de plus que les hommes (Tableau XIX). La politique pénale ne saurait par conséquent être pensée sans elles, ni au-delà d'elles, alors qu'à l'échelle de cette étude, certaines infractions justifiant leur détention préventive leur sont spécifiques. Ainsi, si on ne relève que les infractions mentionnées au registre d'écrou des femmes prévenues[1], neuf sont mobilisées uniquement pour les femmes, dont infanticide et charlatanisme/sorcellerie. Les femmes accusées de ce dernier chef, deux sœurs prévenues à la MAC de Daloa sont âgées de 57 et 60 ans. Elles déclarent toutes deux se sentir plus en sécurité en prison qu'à l'extérieur[2] « pour ne pas que les gens dehors nous tuent » et « pour éviter les représailles ». A la question « Pensez-vous que cette mesure de détention préventive soit un poids pour votre entourage ? Expliquez », l'une d'entre elles répond « oui, le monsieur que j'ai tué est un

[1] Pour ces 29 femmes, 33 chefs d'accusation sont mentionnés au total sur les registres d'écrou, certains pouvant être multiples pour une même prévenue (par exemple Complicité d'évasion / Hébergement de malfaiteurs ; Homicide involontaire / Non respect des règles régissant le permis de construire).

[2] La question 15 était ainsi formulée « Vous sentez-vous plus en sécurité en prison qu'à l'extérieur ? Pourquoi ? »

membre de ma famille ». Plus loin, elles expliquent avoir été conduites à la gendarmerie par le frère du défunt et que personne ne suit leur dossier. De telles données, partielles en raison du choix d'enquête par questionnaire privilégié pour cette première étude, appellent par conséquent à des investigations par entretiens afin de pouvoir analyser ce motif singulier de placement en détention préventive.

Tableau XXII. Comparaison des motifs de placement en détention préventive en considération du genre

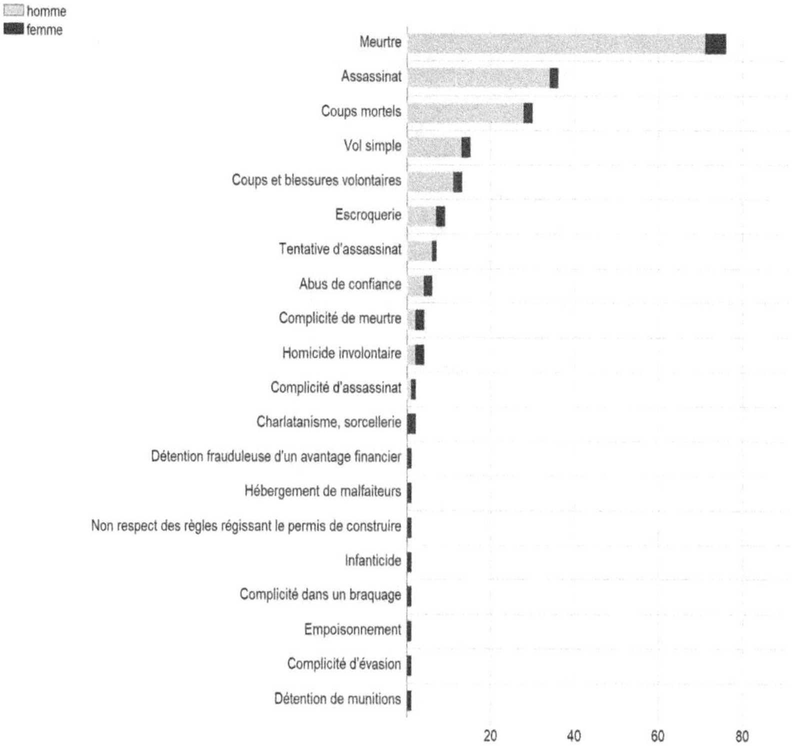

Tableau XXIII. Motifs de placement en détention préventive des femmes

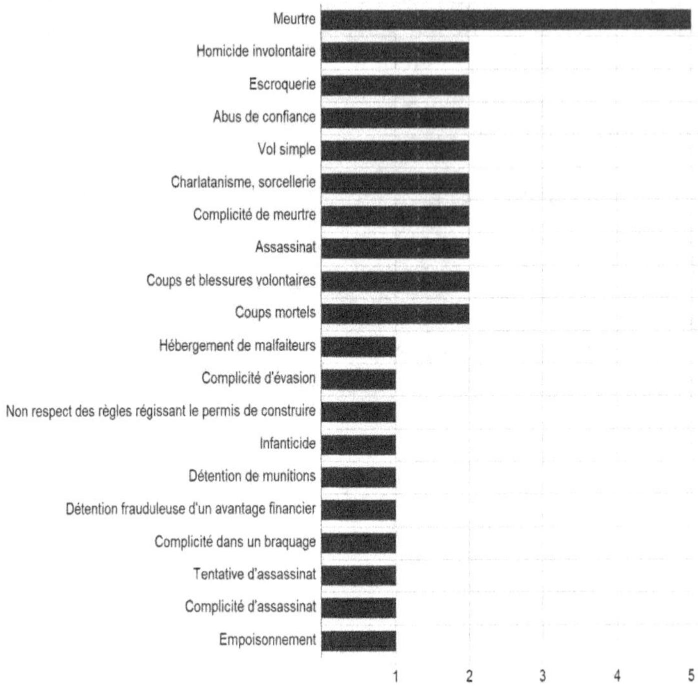

En proportion, et sur le panel très restreint de l'enquête, les décisions de placement de femmes en détention préventive pour atteinte à la vie (incluant complicité et tentative) sont plus élevées de pratiquement 9 points pour les femmes (51,5%) que pour les hommes (42,6% des motifs de placement en détention préventive au total). En revanche, le prisme de la complicité, toutes infractions confondues, semble particulièrement à considérer afin d'analyser le placement en détention préventive des femmes. En effet, 15,15% des prévenues sont accusées de complicité dans la commission d'une infraction, contre 1,55% des hommes. Au contraire, les placements en détention provisoire pour viol sont inexistants pour les femmes sur le panel des personnes interrogées.

Plus qu'une relecture de la criminalité en Côte d'Ivoire par le prisme du sexe, les pratiques professionnelles des magistrat.es gagneraient par conséquent à être explorées afin de parvenir à comprendre ces écarts, autant dans leur dimension spécifique aux décisions de placement en détention préventive des femmes, que par rapport aux processus décisionnels les sous-tendant, y compris dans une perspective en miroir relativement aux hommes. Au-delà d'une analyse à grand trait marquée du sceau du placement systématique en détention préventive, une réflexion par catégories de personnes détenues informe en effet autant de spécificités en matière de commissions d'infractions potentielles, que de politiques pénales liées aux individus et à la représentation de ces dernières, qui mériteraient alors d'être investiguées en lien avec d'autres caractéristiques que l'âge ou le sexe.

2. LE CARACTERE PROJETE DU DROIT PENAL ET DE SES INSTITUTIONS REVELE PAR LA PAROLE DES PERSONNES PREVENUES

L'attention spécifiquement dédiée à la parole des personnes prévenues tout au long de cette enquête visait à rendre compte de leurs propres perception et représentation de leur situation pénale afin d'interroger, au-delà même d'éventuels dysfonctionnements au sein du service public de la justice, la place de la détention préventive dans le système pénal ivoirien. Souvent abordée par le prisme des conditions de détention en ce qu'elle contribue inéluctablement à la situation de surpopulation carcérale, la détention préventive n'en reste en effet pas moins l'un des maillons de la chaîne pénale ivoirienne. Elle manifeste à ce titre des choix politiques mis en perspective *supra*, mais aussi idéologiques, notamment visibles dans la terminologie retenue : dans ce système, la privation de liberté avant le jugement définitif est introduite dans une logique expresse de prévention et non de courte durée, alors que la liberté reçoit quant-à-elle le qualificatif de « provisoire ». Cette inversion de logique par rapport à la présomption d'innocence se reflète d'ailleurs dans l'analyse livrée de sa compréhension de sa situation pénale par l'une des personnes interrogées selon laquelle : « On m'a fait comprendre qu'après six mois de détention, si rien n'est prouvé, on bénéficie d'une libération »[1].

Bien plus, si la période de détention telle que vécue par la personne prévenue forge une expérience carcérale en tant que telle, le caractère singulier de la détention préventive, au carrefour de plusieurs espaces, temporalités et acteurs, alimente, bien au-delà de cette dernière, une expérience de l'État, de son droit et de son administration. Ainsi, alors que la légitimité de la mobilisation de la parole des personnes détenues afin d'étudier les domaines carcéral et judiciaire se pose nécessairement en termes épistémologiques, la collecte de données qualitatives auprès des personnes prévenues vient mettre en perspective le caractère projeté du droit pénal et des institutions sur lesquelles son application se fonde.

Dans son entreprise de qualification du droit dans les pays africains francophones aux lendemains des indépendances déjà, Gérard Conac[2]

---

[1] Réponse donnée par un prévenu à la question « Pouvez-vous m'expliquer ce qu'est pour vous la détention préventive ? ».

[2] CONAC Gérard, « La modernisation des droits en Afrique : du droit de l'Etat à l'Etat de droit », in LE ROY Etienne, LE ROY Jacqueline (dir.), *Un passeur entre les mondes. Le livre*

proposait le qualificatif de « droit projet » afin de caractériser le droit produit en l'application de « politiques législatives anticipatrices » mises en œuvre par les élites africaines après les indépendances, l'anticipation ayant pour objectif « la réception des droits modernes », soit « occidentaux », par supplantation des « droits autochtones » dans un environnement de concurrence des droits. Cette dynamique a par la suite pu être complexifiée par l'emploi de l'adjectif « projeté » introduisant une double logique, à la fois de projection et de projet, afin de qualifier les États, les administrations, les sociétés, mais aussi les ordres politique et juridique[1]. Ainsi que le définit Dominique Darbon en effet, à propos particulièrement des administrations, « le terme "projeté" est [...] utilisé dans le double sens de projection pour signifier le transfert idéologique, méthodologique et instrumental qui les fonde sur le registre de l'extranéité et de projet pour souligner qu'elles continuent à se construire par anticipation de la réalisation des conditions sociales susceptibles de les produire, dans une logique développementaliste classique »[2].

Or, si les sciences politiques ont pu s'emparer de cette réflexion sur les logiques de projet, les sciences juridiques y restent grandement imperméables. L'attention portée à la parole des personnes prévenues permet par conséquent d'interroger de manière renouvelée cette logique caractérisant pourtant bien la dynamique de réforme pénale en Côte d'Ivoire en raison tant de l'historicité de la construction de l'État ivoirien que des politiques de développement institutionnel à l'œuvre. En mettant en effet en évidence que le droit et les institutions pénales sont à la fois dissociés des dynamiques administratives et déconnectés des fondements légitimant la procédure de mise en accusation, les données collectées permettent de démontrer que la double dimension inhérente à cette logique travaille y compris dans le champ pénal et ne saurait, à ce titre, aucunement être occultée.

2.1. Un droit et des institutions pénales dissociés des dynamiques administratives

Alors que le pénal a pu être théorisé comme « monopole de l'État »[3], la dépolitisation des réformes menées selon une approche projet éclipse le lien d'interdépendance intrinsèque entre la portée de ces dernières et la nature des institutions qui la portent. La réécriture des normes porterait ainsi en elle-même une dynamique performative, la réunion des conditions institutionnelles susceptibles de porter concrètement ses effets pouvant s'inscrire dans une logique processuelle : la mise à disposition des moyens matériels, la formation

---

des anthropologues du Droit disciples et amis du Recteur Michel Alliot, Publications de la Sorbonne, Paris, 2000, p. 282.

[1] Voir FISCHER Bénédicte, Thèse de doctorat, *op. cit.*, pp. 359-363.

[2] DARBON Dominique, « Réformer ou reformer les administrations projetées des Afriques ? Entre routine anti-politique et ingénierie politique contextuelle », *Revue Française d'Administration Publique*, 2003, n°105/106, p. 135.

[3] ROBERT Philippe, « Le monopole pénal de l'Etat », *Esprit*, 1998, n°248 (12), pp. 134-153.

des acteurs à son application, sa compréhension par les protagonistes, comme son acceptation, sont ainsi susceptibles d'être disjointes temporellement de l'entrée en vigueur de la règle de droit. Néanmoins, la mise en contexte dépasse celle d'une réforme en train de se faire. L'attention portée à la parole des personnes prévenues démontre en effet à la fois l'absence d'association légitime entre leur situation de privation de liberté et l'exercice de la justice étatique, ainsi que la dissociation entre le projet porté par le droit et la nature même des institutions de portage. Dans ces deux hypothèses, la réflexion sur le système pénal occulte donc la réalité même de l'État, au sens à la fois symbolique et matériel.

Au-delà de ce simple constat, déjà nécessaire, l'analyse des données collectées permet d'opérer une tentative de qualification indispensable à toute entreprise de refondation du droit pénal. En ce sens, l'analyse statistique menée dans le cadre de notre étude[1] a permis de mettre en évidence que leur situation pénale est majoritairement incomprise par les personnes prévenues, ces dernières étant dans l'incapacité pour 76,5% d'entre elles d'expliquer la notion même de détention préventive[2] et 78% ne pouvant pas expliquer sa longue durée[3]. L'analyse des *verbatims* documente par ailleurs de manière éclairante la perception de l'État et de son droit inhérente à l'expérience de justice vécue par les personnes prévenues. Sur l'explication demandée de la notion même de détention préventive, de nombreuses personnes soulignent en effet de manière laconique « Aucune idée », « Je ne connais pas » ou encore « C'est compliqué pour moi, je ne sais pas », et même « Jamais entendu parler ». L'impossibilité de mettre des mots clairs sur leur situation pénale est par ailleurs appuyée par certains par une référence à leur capacité individuelle : « C'est plus lourd que moi, je ne sais pas », « C'est compliqué pour moi, je ne sais pas » ou bien encore à la sphère pénale : « Je ne connais pas affaire de justice ». Plus loin, d'autres répondent « Je ne sais rien de la justice » ou encore « Je ne maîtrise pas les procédures judiciaires »[4]. Un certain dépassement intrinsèque des personnes prévenues par leur situation se fait jour dans l'expérience carcérale, commençant à marquer certaines frontières entre des mondes qui ne se rejoignent pas forcément à l'échelle des individus. En ce sens, certains marquent leur propos du sceau de l'incompréhension à la question de savoir pourquoi leur détention préventive dure aussi longtemps : « Moi, je comprends rien », « Je n'arrive pas à comprendre », « Je ne comprends pas pourquoi je n'ai pas encore été jugé ». Relativement à sa branche pénale, qui reflète pourtant des choix de société

[1] *Ibid.*, pp. 59-74.

[2] La question était formulée ainsi : « Pouvez-vous m'expliquer ce qu'est pour vous la détention préventive ? »

[3] La question était formulée ainsi : « Savez-vous pourquoi votre détention préventive dure aussi longtemps ? »

[4] La question était formulée ainsi : « Comment pouvez-vous expliquer que depuis que vous êtes en prison, vous n'avez pas encore été jugé.e ? »

forts, l'enquête menée auprès des personnes prévenues révèle par conséquent un droit positif que l'on pourrait qualifier de suspendu : les personnes prévenues ne comprennent ni les raisons, ni la procédure ayant conduit à leur privation de liberté. La soumission de corps s'impose ainsi sans être accompagnée d'un processus cognitif susceptible de légitimer l'exercice de cette violence.

Bien plus, il faut relever que les réponses permettent aussi de rendre compte de ce que la détention préventive produit quant à l'expérience des justiciables. Sa perception par les protagonistes n'est donc pas que le symptôme d'une relation à l'État, son droit et ses institutions, elle y contribue aussi très directement et gagnerait, à ce titre, à ne pas être occultée en tant que potentiel levier d'action ou bien vecteur d'inhibition. Dans d'autres réponses en effet, si l'exercice de la justice étatique peut être reconnu par les personnes prévenues, la privation de liberté en l'absence de jugement produit une dissonance insondable contribuant même à la formation d'un sentiment d'injustice. A la question « Estimez-vous que ce soit juste que vous soyez placé.e en détention préventive ? », certaines personnes se placent expressément sur le terrain de la procédure afin d'expliquer leur réponse négative : « Parce qu'il est inconcevable d'être incarcéré sans être jugé », « Si on me reproche quelque chose, on doit me juger », « Rester en prison sans être jugé n'est pas normal ». D'autres recourent même au registre de l'illégalité : « Parce que c'est illégal », « La loi interdit qu'on place quelqu'un en détention sans être jugé ».

Par ailleurs, les commentaires relatifs à l'absence de considération de caractère juste à la détention préventive mettent en perspective un mécanisme de projection à l'échelle des individus mêmes. L'incompréhension de la situation pénale des personnes prévenues découle en effet pour certaines directement du décalage entre le fonctionnement au concret de l'appareil judiciaire et celui projeté par les individus. Si un sentiment de dépassement et/ou de fatalisme face au fonctionnement de l'appareil de justice se fait jour, l'exercice de la justice cristallise aussi des attentes, soulignant la connexion entre les différentes sphères. Des irrégularités dans la procédure sont ainsi invoquées par certains prévenus comme cause de la considération d'absence de caractère juste de la détention préventive : « J'estime que des enquêtes doivent être faites avant de nous mettre en détention », « Parce qu'on me demande d'écrire aux politiciens pour ma libération », « On me reproche vol et meurtre mais je ne vois aucun plaignant ».

Ces décalages entre le fonctionnement attendu de la justice et celui réel, identifiables dans d'autres témoignages et sur la réduction desquels se basent essentiellement les projets de réforme du service public de la justice, sont essentiellement interprétés en termes de dysfonctionnements potentiels de ce dernier. A ce titre, les programmes de dotations et de formation des personnels seraient donc susceptibles de les résorber. Néanmoins, l'attention portée à la parole des personnes prévenues, recoupée par ailleurs avec celle des acteurs de la chaîne pénale, permet rapidement de dépasser une interprétation en ces termes uniquement. Plutôt que de simples décalages sur lesquels la logique « projet » est susceptible de pouvoir produire des effets dans une temporalité future, ces données recentrent la réflexion sur l'interprétation à formuler du « problème » qui en est à l'origine.

Les résultats de notre enquête incitent en effet à privilégier une approche systémique, n'omettant pas les soubassements institutionnels indissociables de tout choix de modèle pénal. En ce sens, la concentration des institutions au sein de la capitale économique produit tout d'abord des effets délétères quant à l'exercice d'une justice pénale étatisée. En reportant le détail des analyses statistiques de la direction dédiée du Ministère des Droits de l'Homme et de la Justice par rapport aux MAC étudiées, la proportion du nombre d'habitant.es pour un.e magistrat.e en exercice reflète clairement cette disparité territoriale. En fonction des ressorts territoriaux, celui d'Abidjan compte en effet 1,8 à 2,5 fois plus de magistrats par nombre d'habitant.e.

Tableau XXIV. Proportion du nombre d'habitant.es pour un.e magistrat.e en activité

MAC	Ressort Cour d'Appel	Nombre d'habitant.es pour 1 magistrat.e 2019/2020
Abengourou	Abidjan	39 306
Abidjan		
Adzopé		
Agboville		
Grand-Bassam		
Bouaké	Bouaké	71 319
Toumodi		
Daloa	Daloa	99 642
Sassandra		
Soubré		

Les entretiens menés avec les personnes prévenues sur tout le territoire dessinent au final un système judiciaire dont les acteurs sont placés dans l'incapacité de pouvoir exercer leurs missions, en étant à la fois trop peu et devant accomplir de plus en plus de diligences chiffrables au titre de la procédure de détention préventive plutôt que d'exécution des missions principales d'instruction.

Cette concentration géographique est aussi celle des avocat.es. Dans un système pénal conçu sur les registres de l'assistance et de la représentation par avocat et en l'absence, remarquable, de données chiffrées à leur propos alors que les autres professions judiciaires ont pu être cartographiées par la Direction de la Planification et des Statistiques, 95% à 98% des 750 avocat.es environ en activité en Côte d'Ivoire seraient concentrés à Abidjan d'après les chiffres avancés au cours des entretiens réalisés avec les avocats référents de l'ACAT CI[1]. De ce fait, alors que cet accompagnement est central dans le système pénal tel que construit, seules 15 personnes prévenues interrogées sur 213, soit 7%, répondent positivement à la question « Avez-vous eu droit à un avocat.e pour vous assister pendant la procédure ? ». Par ailleurs, l'oscillation de ces chiffres à l'échelle du territoire, de 0% à Abidjan et Adzopé, à 15% de réponses positives au maximum à Bouaké et Grand-Bassam, souligne la complexité de l'analyse, au-delà même de l'absence de dissémination de cabinets d'avocats sur l'ensemble du territoire. L'ignorance des procédures ainsi que la situation de précarité économique des personnes prévenues interrogées, documentées par l'enquête, viennent en effet certainement se surajouter à l'absence d'avocat.es en certains lieux, venant confirmer le constat pourtant formulé vingt ans plus tôt par Mahaman Tidjani Alou à propos de la situation au Niger, selon lequel « le rapport à la justice dépend du poids social et économique et des relations que l'usager est capable de mobiliser et de mettre à profit dans l'appareil judiciaire. Il est couramment admis qu'un usager pauvre et sans relations peut passer plusieurs années en détention préventive sans bénéficier de l'assistance d'un avocat »[2]. Bien plus, la question de la représentation du rôle de l'avocat au cours du procès pénal mériterait d'être sondée auprès des personnes prévenues : leur faible présence sur le territoire confine-t-elle à leur invisibilisation au sein des professions judiciaires ? *Quid* d'une potentielle confusion des rôles des acteurs de la justice à l'échelle du prévenu ? Une assimilation s'opère-t-elle entre les rôles de chacun quant aux « affaires de justice » et l'avocat souffre-t-il d'une représentation globale dégradée du service public de la justice ?

Mettant toujours en perspective l'intérêt d'une approche systémique, l'enquête conduite auprès des personnes prévenues étaye ensuite la nécessité de considérer la chaîne pénale dans toute sa complexité, au sens où, à la lumière des pratiques, les contours de l'appareil répressif d'État ne sont pas nécessairement clairement délimités, autant quant aux acteurs que quant à l'étendue de leurs missions. Quant aux acteurs, trente pratiques d'intermédiation administrative ont ainsi pu être identifiées en premier lieu, nombre qui souligne à la fois l'existence de l'action d'intermédiaires au cours de l'expérience des personnes prévenues, et dans le même temps son caractère minoritaire, soit que les personnes en faveur desquelles une intermédiation a été exercée ne sont finalement pas placées en détention préventive, soit que cette proportion de 15% d'intermédiations au cours des dossiers pénaux ici identifiée reflète la réalité de telles pratiques[3]. Relativement à la qualité des

[1] Dans le même sens, la « fiche projet » du projet conjoint AFJCI/ONUCI/PNUD/UNICEF/UE « Amélioration de l'accès aux droits et à la justice en Côte d'Ivoire – PALAJ » - 2013/2015, souligne « l'absence de cabinet d'avocats à l'intérieur du pays », p. 4.

[2] TIDJANI ALOU Mahaman, « La justice au plus offrant. Les infortunes du système judiciaire en Afrique de l'Ouest (autour du cas du Niger) », *Politique africaine*, 2001/3, n°83, p. 65.

[3] Avec toutefois des disparités territoriales toujours, la proportion doublant par exemple pour la MAC de Soubré.

intermédiaires, soulignons qu'une catégorie qualifiable d'intermédiaires professionnels est identifiée par les personnes prévenues, moyennant finances : « Ma famille a remis 500 000 F à quelqu'un pour notre libération », « Un homme venu de Daloa a extorqué 500 000 F à ma famille ».

En dehors de cette présence d'intermédiaires, la phase de l'arrestation fait dans un second temps état de témoignages diversifiés relativement aux acteurs auxquels les personnes prévenues ont été confrontées : « policiers » et « gendarmes » évidemment, mais des « villageois », « les Dozos » et « les FRCI [Forces républicaines de Côte d'Ivoire] » sont aussi mentionnés. Or, l'arrestation est une phase qui cristallise de nombreux témoignages de mauvais traitements de la part des personnes prévenues : « à l'arrestation, reçu des coups et blessures [FRCI] », « déshabillé, mis à nu et tabassé par les FRCI lors de l'arrestation », « bastonnade à l'arrestation par le mari de la dame », « lynchage par la population », « battu par les FRCI avant d'être conduit à la gendarmerie », « battu à sang lors de l'arrestation par les Dozos puis conduit chez les FRCI. Nous avons été torturés par ces derniers », « Bastonnade, battu à sang et j'ai été mis à nu. Arrêté chez moi par les FRCI, j'ai été battu et dépossédé de plus de 400 000 et après j'ai été conduit à la gendarmerie », « Pendant mon arrestation par les agents de la mairie. J'ai été brutalisée pendant qu'on me menottait et trainée par terre. J'ai donc eu des blessures au genou », « Arrêté par les Dozos, frappé et transféré à la gendarmerie », etc. Les contours des acteurs investis par l'État des pouvoirs d'arrestation se meuvent par conséquent au miroir des pratiques, dont les récits mettent en exergue l'importance du processus d'institutionnalisation pour tout système pénal afin de prémunir les citoyens et citoyennes contre les risques de maltraitance, mauvais traitements et même torture.

Néanmoins, les policiers et gendarmes ne sont pas en reste de ces témoignages, autant lors de la période de l'arrestation que de la garde à vue. Plusieurs personnes prévenues témoignent en ce sens sur l'ensemble du territoire ivoirien : « Les policiers qui ont fait l'arrestation nous ont malmenés. Ma moto a été déroutée. J'ai été bastonnée », « J'ai été arrêté par la police. J'ai été battu à sang », « La gendarmerie a marché sur mes doigts et ma tête avant de me mettre en boîte » et, pendant la garde à vue : « Je mangeais dans la boîte, j'urinais et je déféquais dans la même boîte », « On a été menottés pendant quinze jours. On nous refusait la nourriture et l'eau. », « Battu par les gendarmes, j'étais tout nu. Confiscation souvent de la nourriture », « Bastonnade avec un marteau », « Les gendarmes m'ont frappé et humilié », « Ils m'ont déshabillé et laissé nu » et même pendant l'audition par le Juge d'instruction, au cours de laquelle une personne prévenue témoigne avoir reçu « des coups de ceinturons ». Le recrutement et la formation des agents par l'État ne garantissent pas en effet l'adhésion aux valeurs du service public et le respect des règles déontologiques, soulignant de nouveau l'importance du processus permettant ce partage.

De surcroît, ces *verbatims* retraçant le parcours des personnes prévenues avant leur détention viennent mettre en exergue la place occupée par l'aveu comme moyen de preuve en Côte d'Ivoire : « Pendant l'interrogatoire, un officier me portait des coups pour que j'avoue l'acte que je n'ai pas commis », « torture parce qu'on m'a frappé pour que je reconnaisse les faits », « frappé par les policiers avec les matraques et injurié pour que je dise la vérité selon eux », « des coups sur la plante des pieds afin que j'avoue ce que je n'ai pas fait ». Le non-respect des règles déontologiques par les agents de l'État est donc aussi consécutif aux injonctions de résultats formulées alors même que le maillage administratif rend particulièrement délicate toute investigation en vue de l'établissement de la vérité. Le régime de la preuve sur lequel est construit le système pénal ivoirien implique en effet par essence des moyens et des ressources. Toute refonte des textes ne peut donc pas ignorer la question de l'existence comme du déploiement de ces derniers à l'échelle du territoire tout entier, sauf à s'inscrire dans une nouvelle projection dégradant l'image de la justice aux yeux des personnes arrêtées, ainsi que la légitimité de l'État à pouvoir priver de liberté une personne selon laquelle ses aveux auraient été extorqués par ses agents. Cette dyschronie doit être considérée avec d'autant plus d'attention quant au régime de détention préventive que celui-ci est instauré en considération du temps de l'enquête. Cette phase ne peut donc par définition qu'être diligente puisque la personne est alors écrouée. Or, alors que ce régime repose sur la constitution d'une police scientifique et d'un réseau d'experts en médecine légale seuls à même de préserver du risque d'une détention prolongée, ces témoignages soulignent combien l'aveu prend une place prépondérante au détriment des autres modes de preuve. Si le cadre juridique de la détention préventive est ainsi susceptible d'être réécrit, l'existence même et les capacités de l'ensemble des acteurs de la chaîne pénale dans la réalisation des diligences nécessaires pendant le temps de cette privation de liberté ne sont donc pas considérées concomitamment. Or, au cours des entretiens, ont été maintes fois opposés ne serait-ce que la pénurie de carburant empêchant les déplacements ou encore le manque de personnel qualifié, seul susceptible de pouvoir réaliser certains examens et établir certains certificats indispensables à la clôture de la procédure d'instruction. En ce sens, au moment de l'enquête, deux personnes sont par exemple placées en détention préventive depuis 1047 jours dans l'attente d'une expertise médicale pour des viols présumés. Cette phase cristallise par conséquent beaucoup d'incompréhension chez les personnes prévenues déclarant par exemple : « On me dit que c'est pour les enquêtes or je ne sais pas s'ils font vraiment les enquêtes », « J'estime que des enquêtes doivent être faites avant de nous mettre en détention », « Le juge me dit que ce sont les enquêtes mais depuis lors je ne comprends pas pourquoi les enquêtes durent », « Une enquête minutieuse aurait pu nous disculper », ou encore « Je demande pardon afin qu'une enquête efficiente soit diligentée ». Cette incompréhension concourt ainsi à leur perte de confiance dans l'institution étatique pour rendre justice.

Bien plus, si imposer des délais restrictifs ainsi qu'un formalisme croissant ne peut être que loué dans une logique de promotion de l'État de droit, l'inapplicabilité structurelle de ces nouvelles normes ne peut que concourir à accroître encore ce décalage et décourager des acteurs de la chaîne pénale placés au cœur d'injonctions contradictoires.

L'allongement des délais de l'instruction en raison de la difficulté à produire certains actes obligatoires a été en effet documenté par l'enquête, au-delà même des actes d'expertise convoquant des experts dont le nombre comme la dissémination sur le territoire sont insuffisants. Or, derrière cette difficulté doit être considérée la question même des relations des usagers à l'administration en Côte d'Ivoire. Comme l'appuie le profilage socio-économique des personnes prévenues réalisé dans le cadre de cette enquête, la réalisation des démarches administratives nécessaires à l'obtention de ces documents, outre d'être particulièrement chronophage, peut même s'avérer inaccessible en raison de barrières relatives à la langue, l'écriture ou simplement leur méconnaissance inhérente à la faible densité de la relation administrative. Cette dernière peut même avoir pour conséquence l'absence de possession de papier d'identité, ce qui renvoie à la consubstantialité même du régime pénal et de l'émergence d'une structure étatique faisant reposer la construction de sa souveraineté sur sa force à pouvoir identifier ses administrés et à contrôler son territoire. En l'absence de systèmes cadastraux, les garanties de représentation ne sauraient alors en conséquence être aisément évaluées comme étant suffisantes. Si le placement en détention préventive s'en trouve ainsi toujours plus justifié juridiquement, son illégitimité n'en est pas moins exprimée par les personnes privées de liberté, pour 66,5% desquelles leur affaire aurait dû être réglée autrement[1].

2.2. Un droit et des institutions pénales déconnectés des fondements légitimant la procédure de mise en accusation

Afin de sonder l'assise sociétale sur laquelle est construit le système de justice ivoirien, les personnes prévenues étaient aussi interrogées sur le mode de règlement des conflits qu'elles auraient souhaité voir mobiliser dans le cadre de leur affaire. La formulation ouverte de la question, en ces termes : « Estimez-vous que votre affaire aurait dû être réglée autrement ? », suivie de « Si oui, comment ? » n'orientait volontairement pas vers la mention d'un autre mécanisme. De ce fait, sept personnes prévenues sont revenues à l'occasion de leurs réponses sur les modalités de l'enquête, évoquant leur incompréhension d'une détention, non pas forcément avant jugement en tant que telle, mais avant enquête, à tout le moins diligente : « En recherchant le vrai coupable, moi je n'étais pas là », « On aurait dû régler le problème au commissariat si les policiers avaient bien mené l'enquête ».

---

[1] A la question « Estimez-vous que votre affaire aurait dû être réglée autrement ? », 143 personnes sur 215 répondent par l'affirmative.

Au total, 143 réponses sur les 215 valides sont positives et proposent ensuite une modalité de réponse ouverte permettant une analyse qualitative. Si ces *verbatims* font ressortir neuf mots-clés[1] et gagnent à être détaillés pour eux-mêmes en ce qu'ils font ressortir une mobilisation commune d'espaces et de modalités de conciliation autres que ceux proposés par la justice étatique, ils esquissent aussi en négatif, au sens encore une fois photographique du terme, les contours des attributs légitimes que les personnes prévenues assignent au processus enclenché par la suspicion de la commission d'une infraction.

Tableau XXV. Nuage de mots sur les modalités autres de règlement de leur affaire pour les personnes prévenues (conception graphique I. MATTEI-CAZALIS)

Aperçu lexical et sémantique – Principaux champs sémantiques utilisés

Le nuage représente les principaux mots-clés (tailles proportionnelles aux effectifs ; une réponse peut mobiliser plusieurs mots-clés : fréquence minimum du nuage de mots commun global : 5).
Corpus : 547 mots

De ce fait, plutôt qu'une invitation à la mobilisation d'espaces de règlement des différends (trop) rapidement qualifiés de traditionnels alors que tant cette fonction de « règlement des différends » que leur caractère « traditionnels » sont eux-mêmes potentiellement projetés et mériteraient donc d'être, à ce titre, investigués quant à leur substance, les réponses librement données par les personnes prévenues viennent plutôt souligner les fondements sur lesquels devrait, pour elles, être érigé le cadre juridique de la privation de liberté. En ce sens, les personnes incarcérées de manière

[1] Dans l'ordre décroissant de leur mobilisation : « Amiable », « Famille », « Chef », « Pardon », « Parent », « Village », « Enquête », « Communauté », « Plaignant ».

préventive privilégient dans leurs réponses un processus faisant tout d'abord appel à une autorité autre que celle incarnée par un agent de l'État et reconnue comme légitime pour intervenir selon elles. Si ces réponses peuvent ne pas surprendre : « avec le concours de la chefferie », « devant le chef », « les différentes communautés », le caractère positif de leur mobilisation contraste avec les critiques formulées à l'encontre du travail d'enquête et d'instruction. Car au-delà du simple appel à une autorité, les répondants convoquent ensuite un cadre d'action spécifique, caractérisé à la fois par son assise territoriale (« amiable comme on se connaît tous à Afféry », « on pouvait régler ce problème au village »), du temps et un espace de dialogue, toujours en opposition avec la procédure judiciaire vécue comme à la fois expéditive et privant les justiciables de leur parole. Les personnes prévenues indiquent ainsi que « si l'affaire n'avait pas été précipitée, ça allait trouver une solution à l'amiable » et qu'elles auraient souhaité du « dialogue », de l'« écoute approfondie », « chercher à comprendre la situation » et précisent par exemple qu' « en famille on pouvait parler sans problème », dans le même temps où, s'exprimant à propos de l'injustice qu'elles estiment avoir subie lors de la procédure juridictionnelle[1], elles mentionnent par exemple : « je n'ai pas été entendu par le procureur », « on ne nous a pas entendus », « le juge d'instruction ne m'a pas écouté » ou encore « on ne donne pas l'occasion de nous exprimer ». Enfin, l'importance du collectif se dessine nettement dans ces réponses, en opposition à l'isolement à la fois de la personne soupçonnée comme de la victime au cours de la procédure pénale. Les mots-clés « Parent » ou encore « Communauté » véhiculent ainsi cette idée et les répondants font de plus état, « pour régler leur affaire autrement », d'une « demande de pardon à la famille de la victime », de « s'excuser auprès de la personne », ou encore d'une « conciliation entre les familles ».

Sans même aller jusqu'à initier une réflexion complexe quant aux alternatives à la justice étatique en matière pénale[2], ces réponses invitent néanmoins à repenser la procédure propre à la détention préventive dans une dynamique de synergie entre la justice étatique et des alternatives dont les contours sont esquissés dans une perspective multiple. La temporalité particulière de cette phase, située dans plusieurs entre-deux, quant aux acteurs comme à la procédure, en fait en effet une phase à la fois incomprise et génératrice de souffrances, tout autant que de ressentiments quant à l'appareil étatique. Les personnes prévenues interrogées nourrissent ainsi un sentiment d'injustice inhérent à la durée de privation de liberté en l'absence de jugement, exacerbé par l'absence d'information et la perception d'une procédure les desservant, auquel s'ajoute celui relatif à leur incarcération malgré leur

[1] La question était ainsi formulée : « Estimez-vous avoir subi une injustice lors de la procédure juridictionnelle ? Si oui Pourquoi ? »
[2] Voir notamment MATIGNON Emilie, « Justices en mutation au Burundi. Les défis du pluralisme juridique », *Afrique contemporaine*, 2014/2, n°250, pp. 55-80.

innocence, parfois sans même avoir compris l'infraction reprochée ou connaître la personne à l'origine de la plainte. Or, toujours dans une réflexion en miroir, ce sont bien des correcteurs à ces éléments perçus négativement que suggèrent les personnes prévenues dans leurs propositions pour régler « autrement » leur affaire. Face au manque d'information et de compréhension de leur situation, les personnes mentionnent en ce sens des intermédiaires avec qui la confiance est déjà établie et qui permettent à la parole de pouvoir circuler, qui plus est à une échelle pertinente et dans une perspective plurielle entre les acteurs considérés à la fois individuellement et comme inscrits au sein d'un collectif. De ce fait, même sans se substituer à celle du procès pénal, la dynamique de pardon mobilisée par une part des personnes prévenues dans ce cadre légitime et sécurisant pourrait permettre de dépasser le règne de l'aveu autant qu'il faciliterait la reconnaissance de l'infraction au niveau sociétal.

De surcroît, il faut signaler pour certaines personnes prévenues l'incompréhension engendrée par l'enclenchement de la procédure étatique alors même que le différend avait selon elles déjà trouvé son règlement plusieurs années auparavant. Certaines rapportent ainsi : « L'affaire a déjà été réglée par les différentes familles. On a demandé pardon et payé les amendes », « Ce problème a été réglé », « A l'amiable depuis 2009 », « Nos chefs au village et les différentes communautés ont réglé le problème ». Dissocier et donc exclure cette phase de la procédure étatique engendre par conséquent une incompréhension supplémentaire, alors même que le temps de la justice peut être très lent et donc en grand décalage avec le quotidien des protagonistes, creusant encore un peu plus un potentiel sentiment de rejet de la peine de mis en cause qui auront, depuis, continué leur parcours de vie. Un prévenu indique ainsi qu'il estime que ce n'est, pour lui, pas juste d'être placé en détention préventive[1] car « C'était une vieille affaire que les communautés avaient réglée. Je ne comprends donc pas le sens de notre incarcération ». Par ailleurs, il faut souligner que d'autres personnes déplorent l'absence de cette phase de consultation : « On pouvait demander notre avis auprès du chef du village d'abord. Mais on nous a envoyé en prison directement », « Y avait pas d'autre choix, la prison est un lieu de marketing. Tous les problèmes sont transférés à la gendarmerie sans passer par le chef du village ». Plutôt qu'une alternative, elle peut donc aussi être considérée comme un préalable nécessaire à l'exercice de la justice pénale dont l'absence peut interroger quant aux objectifs sociétaux assignés à cette dernière. Différents besoins sont par conséquent exprimés par les personnes prévenues, reflétant leur propre projection quant à l'acte de rendre justice ou, à tout le moins, des contours de la procédure susceptible d'être enclenchée à la suite de la découverte d'une infraction. A ce titre, cette procédure doit donc être envisagée dans toute sa

[1] La question était ainsi formulée : « Estimez-vous que ce soit juste que vous soyez placé en détention préventive ? Si non, pourquoi ? »

complexité, en termes à la fois d'acteurs, de temporalités et d'espaces, ce qui incite à considérer avec attention les fondements sur lesquels est construit le système pénal pour parvenir à réinvestir la phase de détention préventive afin qu'elle parvienne *a minima* à concilier les exigences de l'instruction avec les enjeux sociétaux, si ce n'est même à la ré-inventer, au sens créatif du terme, afin de dépasser les écueils d'un placement en détention préventive direct et systématique.

3. Pour une recherche collaborative en droit

Si l'étude constituait l'un des livrables attendus dans le cadre de la fin d'un projet européen triennal, le positionnement de l'équipe qui l'a conduite n'a jamais été discuté. Son ancrage dans le champ de la recherche était donc clair et elle a ainsi pu être déployée en tant que telle et non comme le produit d'une mission d'expertise internationale. Aucun terme de référence ne l'encadrait par conséquent, évitant ainsi l'écueil, indépassable en la matière, de viser à reproduire des formules dont les racines idéologiques ressortent d'un processus spécifique quant à leur naissance, travaillées ensuite dans une logique de standardisation internationale sous l'égide d'un phénomène, non discuté pour ce qu'il est, de circulation des modèles normatifs et institutionnels. Au contraire donc, la dynamique initiée permettait pleinement de pouvoir contribuer à dévoiler les impensés portés par les partenaires techniques et financiers en invitant à réintroduire une perspective idéologique dans la conception des réformes. De surcroît, la temporalité de la recherche a pu ainsi être dissociée de celle du projet afin de s'inscrire dans le moyen, voire le long terme. La méthode de collecte puis d'analyse des données a de ce fait pu être testée de manière exploratoire, éprouvée, puis de nouveau réajustée sous couvert d'une logique de renforcement des capacités des organisations de la société civile sans lesquelles, toutefois, aucune dynamique de recherche n'aurait pu être initiée, à la fois en raison de la manière dont l'objet a été construit certes, mais aussi de sa spécificité.

Analyser la détention préventive à partir de la mobilisation des points de vue des acteurs rend en effet la collecte de données particulièrement sensible en raison du terrain même, nécessitant de déployer à la fois une enquête en détention et sur le territoire de la Côte d'Ivoire, pas nécessairement bien desservi en termes de voies d'accès et potentiellement soumis à un risque sécuritaire. Pouvoir pénétrer en détention nécessite par ailleurs l'obtention d'autorisations supposant une reconnaissance du travail réalisé par les autorités et donc un ancrage de longue durée des enquêteurs, à la fois dans ce secteur mais aussi sur le terrain. Les savoir-faire et les savoir-être avec les autorités nationales comme locales devront donc avoir été éprouvés afin qu'une véritable confiance puisse pouvoir être instaurée pour parvenir à mobiliser l'ensemble des acteurs et s'entretenir avec des personnes privées de liberté.

Dans ce cadre, les organisations de la société civile se présentent par conséquent comme des actrices privilégiées afin de décloisonner les espaces et les cadres de pensée, particulièrement en détention. Elles sont des relais indispensables, au-delà des murs, de celles et ceux qui sont chaque jour confronté.es au manque de moyens et aux conditions de détention qui en découlent. Si les lieux de privation de liberté peuvent être fermés à la recherche, particulièrement dans certains territoires en effet, pour autant ces collectifs sont parvenus à conserver un accès à ces espaces ainsi qu'à ces personnes et cela en dépit de toutes les entraves liées à leurs spécificités, de surcroît accrues par la crise sanitaire, il faut le souligner.

Au-delà des aspects facilitants de la mobilisation des organisations œuvrant en faveur des droits humains pour la réalisation d'une enquête en détention sur le terrain ivoirien, le référentiel scientifique ne pouvait par ailleurs pas tenir une place hégémonique au sein de la recherche[1]. Cette dernière mobilisant l'ensemble des savoirs, seule une approche complémentaire pouvait en effet être à l'origine de la construction du protocole méthodologique. Tout comme ceux des autres acteurs, les savoirs militants des membres de l'organisation de la société civile à l'origine du projet de lutte contre la détention préventive abusive constituent donc des savoirs à part entière ne pouvant être occultés ni par ceux scientifiques, ni au profit de ceux des protagonistes de la chaîne pénale. Par conséquent, si les militants de l'ACAT CI ont été formés aux techniques d'enquête afin d'administrer les questionnaires en détention, ils ont, avant tout, co-construit ces derniers avec l'équipe universitaire, sans volonté de dépossession des logiques d'action, ni risque de déploiement d'une enquête « sur » mais bien « avec ».

Par conséquent, après une phase conjointe d'identification et de collecte du corpus documentaire, la discussion des objectifs de la recherche, à la fois généraux et spécifiques, a conduit à l'élaboration de deux grilles d'enquête, se concentrant pour l'une sur le « Profilage socio-économique » à partir de 36 items et pour l'autre sur le « Parcours judiciaire et carcéral » à partir de 43 items, par des allers-retours opérés entre la connaissance contextualisée des conditions de détention et les apports théoriques, à la fois quant à la construction de questionnaires et à l'objet de recherche. La mise à l'épreuve de l'ensemble des questions auprès des équipes de militants intervenant sur le territoire a de surcroît permis leur validation, reformulation ou suppression

---

[1] Voir notamment BONNY Yves, « Les recherches partenariales participatives : ce que chercher veut dire », in LES CHERCHEURS IGNORANTS (dir.), *Les recherches-actions collaboratives. Une révolution de la connaissance*, Presses de l'EHESP, 2015, pp. 36-43 ; CORBET Alice, MICHALON Bénédicte, « Collaborer avec des organismes non gouvernementaux pour enquêter sur les camps de migrants et de déplacés. Le savoir comme enjeu professionnel », *Migrations Société*, 2017/1, n°167 pp. 53-62 ; LE MARCIS Frédéric, MORELLE Marie, « Entendre les voix de la prison ? », *Politique africaine*, 2019/3, n°155, pp. 153-155 et s.

avant que l'enquête puisse être déployée d'abord dans une phase exploratoire, puis à l'échelle des dix maisons d'arrêt et de correction cibles. Il faut néanmoins relever que cette phase de collecte des données a nécessité un fort travail de sensibilisation aux logiques d'enquête de la part des chefs d'équipe en raison de la potentielle perte de motivation suscitée par cette activité qui ne se situe pas au cœur de l'engagement militant. Par ailleurs, si la phase de construction de la base de données fut à l'initiative exclusive de l'équipe universitaire, le dépassement de la temporalité de projet a néanmoins engendré une dynamique incrémentale de laquelle résulte le partage d'outils permettant d'asseoir la co-construction aussi de cette étape de recherche dans le cadre de la réalisation d'une nouvelle étude centrée sur les conditions de détention des femmes et des personnes mineures. Le traitement des données ainsi que la rédaction de l'analyse ont enfin été le fruit d'un processus conjoint entre les équipes.

Sans la mise en place d'une telle démarche de recherche collaborative, le choix de posture épistémologique réalisé n'aurait donc pas pu trouver de substance et aurait, de surcroît, risqué de prolonger un positionnement de recherche rejeté *ab initio*, aboutissant à consacrer les logiques d'extranéité afin de parler « pour », voire « à la place de ». Sans cette démarche, l'objectif assigné clairement à la recherche par l'équipe de l'ACAT CI de produire un savoir pour l'action n'aurait pas trouvé à se concrétiser puisque la recherche aurait finalement conduit à la dépossession d'un savoir et la publicisation de celle-ci auprès des autorités partenaires. Il n'empêche pas par ailleurs que cette recherche nourrisse aussi un savoir sur l'action par le cumul des terrains spécifiques autorisé par la collaboration, permettant aux militants d'affirmer encore leur expertise auprès des protagonistes.

Evidemment, la dimension même de faisabilité de la recherche ne doit pas être occultée derrière cette réflexion. Sans démarche collaborative, les données n'auraient en effet pas pu être collectées, ce qui souligne bien que la dimension méthodologique influe autant sur la posture épistémologique que le contraire. Dans le même temps, si cette dynamique peut, certes, s'avérer chronophage par rapport à des cadres d'expertise internationale de court terme, ce caractère s'efface toutefois rapidement au profit du renforcement sur le long terme des capacités des organisations de la société civile engagées dans une telle démarche. Enfin, le caractère heuristique des données collectées prouve par l'exemple l'intérêt de sa promotion et même son caractère indispensable dans une entreprise de « refondation » du droit. L'analyse juridique se trouve en effet grandement nourrie des connaissances apportées par ces données empiriques, dans le même temps où, cependant, les juristes formés dans la tradition française ne sont pas familiers de cette approche et, y sont potentiellement, encore moins formés. En ce sens, Jacques Caillosse, cherchant à interroger la contradiction entre la légitimation de la Révision Générale des Politiques Publiques (RGPP) française par la considération de l'usager et ses conséquences sur l'exercice des missions de service public, interroge les types de réponse en ces termes : « Le premier prend appui sur ce que l'on peut appeler le point de vue de l'usager. [...] Reste que, pour le juriste universitaire, pareil *retournement* du sujet n'est guère facile à accomplir. Cette opération suppose, pour être crédible, tout un travail d'enquête auprès des intéressés. Il faut recueillir des témoignages, secteur par secteur, les recouper, les traiter. Le juriste n'est guère armé pour mener à bien pareil programme. C'est bien pourquoi il fera sans doute le choix d'une autre méthode, moins éloignée des pratiques en cours dans son champ disciplinaire »[1].

Le champ de la criminologie semble néanmoins plus ouvert au recueil empirique de données[2], mais, à l'inverse de la parole d'autres acteurs du procès pénal, comme les victimes ou bien des personnels, celle des personnes mises en cause par la justice est inaudible, et même rejetée, qu'elle soit considérée comme n'étant pas légitime à s'exprimer ou non valide car condamnant inéluctablement le processus pénal[3]. Les données collectées à l'appui de la réalisation de cette recherche démontrent à ce stade aussi leur caractère heuristique pour qui souhaite décentrer le regard des institutions étatiques telles qu'elles se donnent à voir. Dans une démarche collaborative poussée à son terme néanmoins, la recherche pourrait idéalement engager une démarche de co-construction avec les personnes privées de liberté, qui s'engageraient alors dans une dynamique réflexive permettant potentiellement de bousculer encore la posture épistémologique et demandant, une nouvelle fois, à repenser le protocole méthodologique, au profit notamment de la production de davantage de données qualitatives.

---

[1] CAILLOSSE Jacques, *L'Etat du droit administratif*, LGDJ, 2ème éd., 2017, p. 97.

[2] Relativement à la place accordée dans la recherche à la parole de personnes condamnées, voir par exemple SCALIA Damien, RAUSCHENBACH Mina, STAERKLE Christian, « Paroles d'accusés sur la légitimité de la justice pénale internationale », *Revue de science criminelle*, juillet/septembre 2012, 19 p. ; MARY Philippe, *Histoires, normes, pratiques*, Bruylant, 2015, 176 p. ; RAZAC Olivier, FERRAND Jérôme, GOURIOU Fabien, *Eprouver le sens de la peine. Les probationnaires face à l'éclectisme pénal*, GIP Mission de recherche Droit et Justice, 2019, 192 p.

[3] Voir notamment à ce propos SCALIA Damien, *Génocidaire(s)*, Dalloz, 2022 (à paraître).

Fragmentation et contrôle de l'autorité à la prison civile de Niamey : entre « super-détenus » et hyper-présence de l'État

Carole BERRIH, Doctorante
Univ. Grenoble Alpes, Sciences Po Grenoble*,
CERDAP², F-38000 Grenoble France
*School of Political Studies Univ Grenoble Alpes
Directrice du bureau d'étude Synergies Coopération, France

Les établissements pénitentiaires nigériens, de même que ceux de nombreux pays africains, sont traditionnellement appréhendés via leurs insuffisances et leurs excès[1]. La surpopulation carcérale, le grand nombre de personnes en attente de leur jugement (personnes en détention préventive, ou « prévenu.es »), le pourcentage élevé de décès en prison, la faiblesse des rations alimentaires, ou encore l'absence de séparation entre catégories de détenu.es dans les prisons nigériennes sont fréquemment pointés du doigt par les mécanismes de protection des droits humains et par les organisations non-gouvernementales (ONG) nationales et internationales[2]. En 2019, le Comité contre la torture des Nations Unies, à l'occasion de l'examen du Niger, faisait état de sa préoccupation face aux conditions de détention « assimilables à des mauvais traitements » dans de nombreux établissements pénitentiaires du pays, et exhortait l'État à « prendre promptement toutes les mesures qui s'imposent afin de rendre les conditions de détention en prison [...] conformes à l'Ensemble des règles minima des Nations Unies pour le traitement des détenus (Règles Nelson Mandela) », notamment en matière d'amélioration des conditions matérielles, de renforcement de l'offre de soins et de réduction de la surpopulation[3]. La même année, le Comité des Droits de l'Homme exprimait sa préoccupation « quant aux conditions de détention inadéquates qui semblent prévaloir dans la quasi-totalité des établissements pénitentiaires de l'État partie »[4]. Si ces mécanismes de protection des droits humains portent

---

[1] MARTIN Tomas Max, « The importation of human rights by Ugandan prison staff », *Prison Service Journal,* n° 212, 2014, p. 47. MORELLE Marie, LE MARCIS Frédéric, « Que nous apprennent les prisons africaines ? », *Mouvements,* vol. 4, n° 88, 2016, p. 42.

[2] COMITE CONTRE LA TORTURE, *Observations finales concernant le rapport initial du Niger*, CAT/C/NER/CO/1, 2019, paras 21-22. COMITE DES DROITS DE L'HOMME, *Observations finales concernant le deuxième rapport périodique eu Niger,* CCPR/C/NER/CO/2, 2019, para 32. ACAT-NIGER, FIACAT, CONICOPEM, SYNAFEN, REPRODEVH et WCADP, *Rapport alternatif à l'occasion de l'examen du 15ème rapport périodique de la République du Niger sur la mise en œuvre de la Charte africaine des droits de l'Homme et des peuples*, 2021, paras 47 et suivants.

[3] COMITE CONTRE LA TORTURE, *op. cit.*

[4] COMITE DES DROITS DE L'HOMME, *op. cit.*

une attention très soutenue à certains critères, ils négligent un élément qui influence de manière fondamentale les conditions de vie des personnes détenues : l'existence d'une organisation hiérarchique composée de détenu.es, en charge de la gouvernance quotidienne de la prison.

Les prisons africaines ont longtemps été caractérisées par leur absence du débat académique[1]. Au cours de la dernière décennie, cette situation a changé, et de multiples études ont été menées sur le continent. En s'intéressant non pas à la prison « telle qu'elle devrait être » selon une approche normative, mais à la prison « telle qu'elle est »[2], ces travaux de recherche ont mis en lumière des modes d'exercice du pouvoir particuliers et en ont étudié les rouages. Le dynamisme des recherches sur le milieu carcéral en Afrique et au-delà a révélé l'existence de formes de participation de personnes détenues à l'organisation des prisons dans de nombreux pays[3]. Ainsi, l'existence d'un « gouvernement de détenus »[4] extrêmement structuré a été mis en lumière par Frédéric Le Marcis dans la principale prison de Côte d'Ivoire, la Maison d'arrêt et de Correction d'Abidjan (MACA). En Sierra Leone, les recherches ont révélé une gouvernance des bâtiments des prisons par les « bandes rouges » (*red bands*), tandis que les gardiens restent la plupart du temps à l'extérieur[5]. Au Ghana, des détenus en charge de la sécurité sont appelés « manteaux noirs » (*black coats*), portent des uniformes et ont à leur tête un

[1] MORELLE Marie, « Power, Control and Money in Prison: the Informal Governance of the Yaoundé Central Prison », *Prison Service Journal,* n° 212, 2014. LE MARCIS Frédéric, « L'impossible gouvernement de la santé en prison ? Réflexions à partir de la MACA (Côte d'Ivoire) », *Ciência and Saúde Coletiva,* 21(7), 2016, pp. 2013-2014.

[2] Ces travaux de recherche visaient à « sentir les climats de prisons » (sensing prison climates) : MARTIN Tomas Max, JEFFERSON Andrew M., BANDYOPADHYAY Mahuya, « Sensing prison climates. Governance, survival and transition », *Focaal-Journal of Global and Historical Anthropology,* n° 68, 2014, pp. 3-17.

[3] Dans la zone francophone, le programme « Economie de la Peine et de la Prison en Afrique » coordonné par Marie MORELLE et Frédéric LE MARCIS de 2015 à 2019 a contribué à dynamiser la recherche dans les prisons africaines. Une « littérature grise » se multiplie également hors du domaine académique, notamment avec les travaux menés par Avocats sans Frontières-Belgique ou Ensemble contre la peine de mort. Notons qu'il est possible de retrouver des modes de participation des détenus à la vie de la prison dans plusieurs pays occidentaux, mais ces « comités de détenus » ont développés en conformité avec les normes internationales, et n'ont qu'un pouvoir consultatif, contrairement aux « gouvernements de détenus » objets de cet article. Voir sur ce thème BISHOP Norman, « La participation des personnes détenues à l'organisation de la vie en détention », *Champ pénal/Penal field,* Vol. III, 2006. KAKULE KINOMBE Charles, *La surveillance partagée et capitalisée. Ethnographie d'une prison en RD Congo,* Thèse de Doctorat, sous la direction de KAMINSKI Dan, Université de Louvain, 2019, p. 159.

[4] LE MARCIS Frédéric, « Le destin de Yacou "Le Chinois". Carrière criminelle et devenir de la Côte d'Ivoire au prisme de la prison », *Afrique contemporaine,* n° 263-264, 2017.

[5] SCHNEIDER Luisa, « Degrees of Permeability. Confinement, Power and Resistance in Freetown's Central Prison », *The Cambridge Journal of Anthropology,* vol. 38, n° 1, 2020, pp. 90-91.

détenu, responsable de la hiérarchie des prisonniers de l'ensemble du pays[1]. A la prison d'Amsinéné au Tchad, un groupe de détenus assure la discipline dans les chambres, le nettoyage ou la distribution de vivres[2]. Les prisons de République démocratique du Congo (RDC) sont dirigées par le « Capita général » et son équipe de « capitas », qui gèrent les prisons au quotidien et mettent en œuvre un système de sanctions disciplinaires en marge des normes officielles[3]. Dans ce pays, l'utilisation de détenus comme personnel de surveillance a fait l'objet de débats au plus haut niveau de l'État[4]. Les organisations de personnes détenues ont été également attestées en dehors du continent africain, en Amérique latine, notamment au Brésil, ou en Asie, par exemple en Inde ou au Liban[5].

Au Niger, les rares études réalisées au cours des trente dernières années dans le domaine carcéral ont majoritairement appréhendé les prisons sous un angle historique[6]. Ces recherches ne sont par ailleurs pas spécifiquement intéressées à la prison civile de Niamey[7], prison aujourd'hui la plus peuplée du Niger et l'une des plus surpeuplées du pays. Construite pendant la période coloniale, elle accueillait, en mai 2022, 1974 personnes détenues pour une capacité d'accueil de 455 places, ce qui représentait un taux d'occupation de

[1] AKOENSI Thomas D., « Governance through power sharing in Ghanian prisons: a symbiotic relationship between officers and inmates », *Prison Service Journal*, n° 212, 2014, p, 34.

[2] BERRIH Carole, « Enjeux et conséquences de la détention sur la population carcérale et la société tchadienne », *Avocats sans Frontières-Belgique*, 2016.

[3] KAKULE KINOMBE Charles, 2019, *op. cit.* AYIMPAM Sylvie, BISA KIBUL Michel, « Une gouvernance informelle dans la prison de Makala à Kinshasa », *Socio,* vol. 14, 2020, pp. 87-107. BERRIH Carole, NGONDJI Liévin, « Vers une mort en silence. Conditions de détention des condamnés à mort en République Démocratique du Congo », *Ensemble contre la peine de mort,* 2019, pp. 112-114.

[4] MINISTERE DE LA JUSTICE ET DES DROITS HUMAINS, *Rapport général des Etats généraux de la justice en République démocratique du Congo*, 2015, p. 48.

[5] Voir par exemple, en Asie, les travaux sur l'Inde : BANDYOPADHYAY Mahuya, *Everyday Life in a Prison: Confinement, Surveillance, Resistance,* Orient Black Swan, 2010; en Amérique latine, sur le Brésil : DARKE Sacha, « Managing without guards in a Brazilian police lockup », *Focaal – Journal of Global and Historical Anthropology*, 68, 2014. Voir également le phénomène des *shawishs* dans les prisons du Liban, BERRIH Carole, EL MUFTI Karim, « Vivants sans l'être : mission d'enquête au Liban », *Ensemble contre la peine de mort*, 2021, pp. 110-111.

[6] Relevons néanmoins qu'une étude sur la corruption du secteur de la justice au Niger mentionne l'existence de stratégies corruptives à la prison de Niamey : TIDJANI ALOU Mahaman, « Niger : La corruption dans la justice », in BLUNDO Giorgio et OLIVIER DE SARDAN Jean-Pierre, *La corruption au quotidien en Afrique de l'Ouest. Approche socio-anthropologique comparative : Bénin, Niger et Sénégal,* 2001, p. 136.

[7] A l'exception du document ci-dessus. BERNAULT Florence, « De l'Afrique ouverte à l'Afrique fermée : comprendre l'histoire des réclusions continentales » in BERNAULT Florence (dir.), *Enfermement, prison et châtiments en Afrique : Du 19e siècle à nos jours*, Paris, Karthala, 1999, pp. 15-64.

434%[1]. La prison comprend trois quartiers distincts : le quartier des hommes, le quartier des femmes et le quartier des enfants[2]. Les recherches menées à la prison dans le cadre de travaux de doctorat – en cours – ont révélé que le pouvoir n'était pas exercé par un État totalisant, dans lequel les détenu.es dépendraient exclusivement des autorités officielles pour gérer la discipline, la fourniture de ressources ou de services au sein des établissements pénitentiaires[3]. Au sein des murs de la prison de Niamey, la « gouvernance au quotidien »[4] est au contraire régie par les personnes détenues, dans des conditions très éloignées des textes juridiques, selon une organisation hiérarchique qui s'exerce avec l'assentiment des autorités pénitentiaires étatiques. La notion de gouvernance permet ici d'envisager le mode d'exercice du pouvoir au sein de la prison au-delà de l'autorité étatique, et en dehors du cadre formel de l'État. Nous mobiliserons ainsi une approche pluraliste, dans sa vocation explicative et descriptive. La prise de distance avec le normativisme juridique permet, en partant des pratiques, de dépasser le constat d'un écart entre textes et pratiques, et de dévoiler l'effectivité d'un système de normes hors des normes formelles inscrites dans les textes[5]. Il ne s'agit ici nullement d'approuver ou de désapprouver l'existence de cette pluralité de systèmes normatifs, mais de la décrire « simplement comme une réalité, ni bonne ni mauvaise, ni désirable ni indésirable »[6].

En décentrant le regard au-delà de l'État, la prison de Niamey peut être envisagée comme un système dans lequel interagissent plusieurs grandes catégories d'acteurs. Les acteurs étatiques, en premier lieu, sont représentés par les fonctionnaires affectés à la prison, dont le rôle officiel est dévolu par l'État. Si un corps de fonctionnaires civils est en cours de formation dans le

[1] Données officielles du ministère de la Justice, mai 2022. Si ces données doivent être prises avec précaution, car elles ne sont pas nécessairement fiables au regard des ressources allouées à la collecte d'information en prison, elles donnent néanmoins une idée générale de la situation.

[2] Nous n'utilisons pas la terminologie de « mineur.e », souvent associée à la délinquance, mais la notion neutre d' « enfant », qui s'applique à tout individu de moins de 18 ans, conformément à la Convention relative aux droits de l'enfant.

[3] Ce modèle se rapproche du concept idéal-typique de l'institution totale, décrit par Erving Goffman, caractérisé notamment par sa soumission à une institution contraignante et par l'application à l'homme d'un « *traitement collectif conforme à un système d'organisation bureaucratique qui prend en charge tous ses besoins* ». GOFFMAN Erving, *Asiles. Études sur la condition sociale des malades mentaux*, 1968, p. 48.

[4] BLUNDO Giorgio, LE MEUR Pierre-Yves, « An Anthropology of Everyday Governance: Collective Service Delivery and Subject-Making », in BLUNDO Giorgio, LE MEUR Pierre-Yves (dir.), *The Governance of Daily Life in Africa*, Brill, 2009.

[5] Une telle approche a été appliquée par Diana Villegas à un ordre violent, arbitraire et illégal dans les travaux relatifs à la mafia colombienne : VILLEGAS Diana, *L'ordre juridique mafieux*, vol. 180, Dalloz, 2018, p. 11 et suivantes.

[6] Notre traduction de « simply a reality, neither good nor bad, neither desirable nor undesirable » : BERMAN Paul Schiff, « Understanding Global Legal Pluralism. From Local to Global, from Descriptive to Normative », in BERMAN Paul Schiff (ed.), *The Oxford Handbook of Global Legal Pluralism*, Oxford University Press, Kindle Edition, 2020, p. 483.

cadre d'une vaste réforme, les fonctionnaires effectivement déployés à la prison sont les forces militaires de la Garde Nationale du Niger (GNN, également appelée « la Garde »), dépendant du ministère de l'Intérieur[1]. Les acteurs non étatiques[2], ensuite, jouent un rôle majeur en prison : bien qu'il n'y ait pas de définition universellement acceptée de ce concept, la littérature y place classiquement des groupes plus ou moins organisés, constitués autour d'intérêts collectifs, tels que des mouvements issus de la société civile[3]. Sera mobilisée ici une acception large de ce concept : au-delà des ONG et organisations humanitaires qui interviennent dans la prison pour assister les détenu.es – et qui ne seront pas spécifiquement abordées bien qu'elles jouent un rôle important de légitimation du système en place –, nous nous intéresserons à l'organisation hiérarchique informelle de détenu.es, au sein de laquelle agissent des « super-détenu.es »[4], dont les compétences réelles outrepassent les dispositions des textes juridiques nationaux en vigueur[5]. Enfin, une dernière catégorie est constituée des détenu.es qui ne sont pas membres de l'équipe des super-détenu.es, et qui représentent la majorité des individus incarcérés à la prison : nous les appellerons détenu.es « ordinaires ». Ce système concerne l'ensemble des personnes détenues dans la prison, les hommes, les femmes et les enfants, les personnes condamnées comme les personnes en attente de jugement. Ces dernières, qui représentent 84% des personnes incarcérées à la prison de Niamey, sont en effet mélangées sans distinction avec les autres, et partagent les mêmes conditions de détention, malgré l'absence de condamnation. Nous nous concentrerons dans cet article sur les mécanismes de pouvoir en place dans le quartier des hommes adultes incarcérés, qui sont plus complexes et hiérarchisés que ceux du quartier des femmes et du quartier des enfants.

Analyser l'autorité dans les prisons nigériennes nécessite de s'intéresser à ce que les organisations composées de détenus représentent pour l'État.

---

[1] Il existe en effet une dualité de tutelle dans les prisons, le ministère de la Justice disposant des moyens financiers pour gérer les détenus, alors que le personnel affecté relève de la GNN. Au jour de l'écriture de cet article en 2021, le processus de formation des nouveaux agents civils était encore en cours.

[2] L'utilisation de la terminologie d'« acteurs non étatiques » a été utilisée à plusieurs reprises pour définir les groupes de personnes assurant des fonctions de sécurité privée (vigilantes) sur le continent africain. Voir par exemple BAGAYOKO-PENONE Niagalé, HUTCHFUL Eboe, LUCKMAN Robin, « Hybridité et gouvernance de la sécurité en Afrique », *Afrique contemporaine,* vol. 4, n° 260, 2016, pp. 93-109.

[3] HASSENTEUFEL Patrick, *Sociologie politique : l'action publique,* Armand Colin, 2ème édition, 2011, pp. 187-212.

[4] La terminologie de « super-détenu », utilisée au Cameroun, est empruntée à Régine Ngono Bounoungou. Elle peut s'appliquer sans difficulté au contexte nigérien. NGONO BOUNOUNGOU Régine, *La réforme du système pénitentiaire camerounais : entre héritage colonial et traditions culturelles,* Thèse de Doctorat, sous la direction de FROMENT Jean-Charles, Université de Grenoble, 2012, p. 318 et suivants.

[5] La responsabilité de certaines activités peut en effet être confiée à des détenus, sous condition. Voir *infra.*

L'existence d'un mode de gouvernance partagé entre acteurs étatiques et acteurs non étatiques en prison est-elle la manifestation de défaillances de l'État, comme le proposerait une analyse rationnelle-légale de l'État, ou l'État s'est-il simplement redéployé, en étant « toujours là, mais autrement »[1] ? La réalisation d'entretiens et de groupes de discussions avec des personnes détenues ou anciennement détenues à la prison de Niamey[2], des autorités institutionnelles, des ONG et organisations humanitaires, couplée à l'observation de la vie quotidienne de la prison lors de plusieurs missions réalisées au sein de la prison entre 2018 et 2022, établit en effet la participation de détenus à la gouvernance de la prison, suivant des normes informelles (1.). Dès lors, il est nécessaire de repenser le cadre d'analyse de l'exercice de l'autorité en prison, la prison pouvant être analysée comme une institution hybride, au sein de laquelle les super-détenus exercent des formes d'autorité (2.). Néanmoins, l'État y conserve une place absolument centrale : bien que peu visible au sein du quartier, il est en réalité « hyper-présent » (3.).

1. La gouvernance de la prison de Niamey, dominee par les normes informelles

La prison de Niamey est loin d'être organisée par les textes législatifs et règlementaires, et connait en pratique un système complexe de gouvernance. Alors que les règles formelles disposent que l'exercice de l'autorité en prison est assuré par les agents de l'État, un groupe de détenus y organise la vie au quotidien, et exerce un certain pouvoir disciplinaire, selon des normes informelles.

1.1. Des normes formelles théoriques plaçant les agents de l'État au centre de la gouvernance

Le droit pénitentiaire nigérien a fait l'objet d'une réforme d'ampleur au cours des cinq dernières années. Alors que les prisons étaient régies depuis 1999 par un simple décret[3], deux nouveaux textes ont été adoptés : la loi n° 2017-08 du 31 mars 2017 et son décret d'application, le décret n° 2019-609

[1] MASSARDIER Gilles, *Politiques et actions publiques,* Armand Colin, 2003, p. 90.

[2] Environ 200 personnes ont été interrogées. La majorité des entretiens avec les personnes détenues a été réalisée au sein-même de la prison de Niamey au Niger, dans les chambres. Une attention soutenue a été portée à la protection et à la sécurité des personnes interrogées et à la confidentialité des propos de l'ensemble des acteurs de la prison. Aucun nom n'est ainsi mentionné dans cet article. Les entretiens menés avec les super-détenus ont été réalisés hors de la présence des autorités formelles de la prison. Les entretiens individuels ou groupes de discussion avec les détenus ordinaires ont été réalisés hors de la présence des super-détenus et des autorités formelles. Les citations présentées ne sont volontairement pas altérées.

[3] Décret n° 99-368/PCR/MJ/DH du 3 septembre 1999, déterminant l'organisation et le régime intérieur des établissements pénitentiaires.

du 25 octobre 2019[1]. La loi de 2017 ne détaille pas avec précision les mesures applicables en matière de surveillance et de discipline, mais dispose qu'un règlement intérieur doit être élaboré dans chaque établissement, conformément à un règlement intérieur-type[2]. Le décret d'application de 2019 place, quant à lui, les agents de l'État au cœur du maintien de l'ordre et de la discipline, et dispose : « La sécurité intérieure des établissements pénitentiaires incombe au personnel de l'administration pénitentiaire »[3]. Il interdit également à tout détenu d'« exercer un emploi comportant un pouvoir d'autorité et de discipline pendant le temps de la détention »[4]. Si la responsabilité de certaines activités peut être confiée à des détenus, ces activités doivent être menées sous le contrôle effectif du personnel affecté à la prison et doivent être précisées dans le règlement intérieur[5] - règlement qui, en pratique, n'existe ni au niveau national ni dans les prisons. Le décret interdit par ailleurs tout don, trafic ou échange entre les détenus, quel que soit leur statut[6].

Le fonctionnement réel des prisons est très éloigné de ces normes formelles. Bien que le personnel de surveillance de la GNN soit effectivement déployé dans la prison de Niamey[7], la vie quotidienne de la prison est gérée par les détenus. Les responsabilités réelles des super-détenus excèdent le périmètre de dispositions règlementaires. Pour autant, les établissements pénitentiaires ne sont pas de simples espaces de chaos et de violence arbitraire : ils ont leur propre rationalité et sont soumis à un ensemble de normes informelles, non écrites, qui régulent les pratiques[8]. Comme le relevaient Frédéric Le Marcis et Sylvain Landry Birane Faye, la prison africaine, « loin d'être anomique, se caractérise plutôt par un excès de

---

[1] Loi n° 2017-08 du 31 mars 2017 déterminant les principes fondamentaux du régime pénitentiaire au Niger. Décret n° 2019-609/PNR/MJ du 25 octobre 2019, portant modalités d'application de la loi n° 2017-08 du 31 mars 2017.

[2] Articles 20 et 21, Loi n° 2017-08.

[3] Article 35, Décret n° 2019-609/PNR/MJ.

[4] Article 32. *Ibid.*

[5] *Ibid.*

[6] Article 34, *Ibid.*

[7] Des données récentes mentionnent le détachement d'une trentaine de personnels pour la surveillance et la sécurité par jour à la prison, soit 1 surveillant pour 55 personnes détenues : INTERNATIONAL CONSULTING EXPERTISE, *Mission d'évaluation. Evaluation des besoins en personnel pénitentiaire et la conception d'une carte pénitentiaire,* 2019, p. 12. Relevons que ces données ne signifient pas que tous les personnels sont physiquement déployés à la prison, certains pouvant être affectés à l'accompagnement de détenus pour les audiences au tribunal, des soins à l'hôpital, etc. Ces données révèlent une capacité d'encadrement très inférieure à celle de pays européens. A titre comparatif, le ratio était de 1/2,8 en France en 2018 : AEBI Marcelo F., TIAGO Mélanie M., *SPACE I - 2018 – Council of Europe Annual Penal Statistics* : *Prison populations*, Council of Europe, 2018. Les nouvelles normes nationales fixent un ratio d'1/5 après la mise en œuvre de la réforme : article 11, Arrêté n° 214/MJ/GS/SG/DGASP du 20 décembre 2018.

[8] MARTIN Tomas Max, « The importation of human rights by Ugandan prison staff », *art. cit.*

normes »[1]. A Niamey, l'analyse de la vie quotidienne de la prison reflète l'existence d'un ensemble de « normes pratiques »[2].

1.2. Des normes pratiques effectives plaçant les super-détenus au cœur de la gouvernance

Le quartier « hommes » de la prison civile de Niamey est organisé au quotidien par un détenu, communément appelé le *Sarkin kassou* – communément appelé *Sarki* –, ce qui signifie « Chef de la prison » en haoussa[3]. Entre 2017 et 2021, quatre *Sarkis* se sont succédé : deux *Sarkis* ont été libérés, un a été transféré vers une autre prison, le quatrième exerce ses tâches depuis 2019. Les discours au sein de la prison font état d'une organisation informelle hiérarchiquement structurée et composée d'« éléments » répartis selon leurs tâches et responsabilités. Les « chefs de cour » et leurs adjoints, placés sous la responsabilité du *Sarki*, sont en charge de l'organisation des différents quartiers (également appelés « cours ») qui composent le quartier « hommes ». Ils sont notamment en charge de l'allocation des chambres conjointement avec le *Sarki*. Les « chefs de chambre » et leurs adjoints sont sous la responsabilité des chefs de cour et sont responsables de l'organisation et de l'ordre au sein des chambres. Le « chef de fouille » est en charge de la « fouille de l'arrivée », autrement dit la fouille initiale des nouveaux détenus. Il est également « chef portier », responsable de plusieurs « petits » : les « portiers », les « faux appelés » et les « appelés ». Les « portiers » sont chargés de l'ouverture et de la fermeture de la porte du quartier des hommes ; les « faux appelés », à l'intérieur de la prison, préviennent les détenus des visites ou de la réception d'un panier repas amené par leurs proches, et ont à ce titre une connaissance fine de la localisation de chaque détenu au sein des quartiers ; les « appelés », localisés à l'extérieur du quartier hommes, ont pour tâche de prévenir les « faux appelés » à l'arrivée d'un visiteur ou d'un panier repas. La cuisine fonctionne sur le même système, un « chef cuisine » étant responsable d'une équipe comprenant notamment un « chef bois » et un « chef tamis ». De leur côté, les personnels de surveillance, représentants de l'autorité étatique, restent à l'extérieur des quartiers de la prison : ils ne rentrent généralement qu'une fois par jour, à l'occasion du

---

[1] LE MARCIS Frédéric, FAYE Sylvain Landry Birane, « Pour une économie de la valeur en prison », *Politique africaine,* n° 155, vol. 3, 2019, p. 80.

[2] OLIVIER DE SARDAN Jean-Pierre, « A la recherche des normes pratiques de la gouvernance réelle en Afrique », Discussion Paper Afrique : pouvoir et politique, *DFID et Irish Aid*, n° 5, décembre 2008. Ce concept a été à plusieurs reprises appliqué au contexte des prisons africaines. Voir notamment DESLAURIER Christine, « Penser la prison politique en Afrique », *Politique africaine,* n° 155, vol. 3, 2019, p. 47. LE MARCIS Frédéric, FAYE Sylvain Landry Birane, *art. cit.*, pp. 74-75. La notion de « normes pratiques » peut néanmoins être discutée ici car les normes applicables ne sont pas implicites, ce qui est l'un des critères fondamentaux du concept.

[3] Le haoussa est l'une des langues nationales.

comptage des détenus. Le reste de la journée, la vie de la prison est gérée en leur absence.

Dès l'arrivée à la prison, la fouille intégrale, rituel d'admission, informe le nouveau détenu du système en place, et du rôle joué par les autres détenus dans la gouvernance de la prison. Cette première fouille à nu, qui inclut un examen physique de l'anus, est réalisée par le « chef de fouille ». C'est une « technique de mortification »[1], marquant dans les corps la rupture avec la vie d'avant la prison. Elle est considérée comme particulièrement dégradante par les détenus, et ne peut être évitée que par ceux en qui les super-détenus ont « confiance ». Le degré d'humiliation subi et, au-delà, l'accès aux ressources, biens et services de la prison dépendent en effet de la « confiance »[2] que les super-détenus ont en leurs codétenus, cette notion étant fondée sur le capital économique de chacun, dans une logique de marchandisation, sur le capital social – le réseau relationnel à l'intérieur et à l'extérieur de la prison ou le statut social –, et sur les informations qu'un détenu est susceptible de partager sur les agissements de ses codétenus une fois qu'il est suffisamment installé dans la prison.

L'allocation des chambres à chaque nouvelle arrivée est un moment de transaction et de négociation important entre le nouveau détenu et les super-détenus. Les détenus capables de donner une certaine somme d'argent, ou qui connaissent le *Sarki* ou un membre de son équipe, ont le droit de dormir dans des conditions plus dignes : ces détenus peuvent être dotés d'un couchage à l'extérieur des chambres, à l'air libre dans la cour, ou dans des « bonnes chambres » relativement peu peuplées, dans des conditions très éloignées des « mauvaises chambres » où sont placés les détenus ordinaires. Comme cela a été démontré dans d'autres contextes, les pratiques « corruptives » engendrent des mécanismes d'inégalité et d'exclusion dans l'accès aux ressources[3], ici en matière de couchage. Les détenus ordinaires dorment ainsi sur le côté, « en sardine », sur des nattes posées sur une dalle en béton, collés aux autres détenus pour prendre le moins de place possible, ou pour les plus démunis, accroupis par terre – quatre à cinq personnes partageant un espace de moins de 90 centimètres de large. Les détenus les plus démunis sont, plus que les autres, susceptibles de développer des pathologies liées à la promiscuité, comme la tuberculose, la gale, les poux, les furoncles ou les maladies diarrhéiques, sans compter la détresse psychologique. Il arrive fréquemment qu'ils soient piétinés pendant la nuit par ceux qui se lèvent pour se soulager.

---

[1] GOFFMAN Ervin, 1968, *op. cit.*

[2] Selon la terminologie employée par les super-détenus interrogés. Entretiens avec des super-détenus, février 2021.

[3] BLUNDO Giorgio, OLIVIER DE SARDAN Jean-Pierre, « Introduction. Étudier la corruption quotidienne : pourquoi et comment ? », in BLUNDO Giorgio (dir.), *État et corruption en Afrique. Une anthropologie comparative des relations entre fonctionnaires et usagers (Benin, Niger, Sénégal),* Karthala, 2007, pp. 5-28.

L'équipe du *Sarki* est en charge du maintien de l'ordre dans l'enceinte du quartier. La distribution des repas, qui a lieu une fois par jour, est particulièrement sensible car la quantité de repas disponibles est très inférieure aux besoins. Bien qu'une partie des détenus reçoive des paniers repas de la part de leurs familles une ou plusieurs fois par semaine, et que certains aient des ressources financières leur permettant d'acheter des produits au sein de la prison, des dizaines de détenus n'arrivent pas à obtenir un repas quotidien. Un circuit a été mis en place devant la cuisine pour éviter les heurts, mais les plus forts tentent de passer devant les autres dans la file. Pour maintenir l'ordre, l'équipe du *Sarki* utilise des tuyaux de plastique découpés, armes de fortune détournées du nettoyage de la cuisine, pour remettre dans la queue ceux qui sont à l'origine des bousculades. Ces tuyaux sont également fournis aux chefs de chambres, pour « faire peur » aux détenus, afin qu'ils se tiennent tranquilles dans les chambres. Les super-détenus exercent par ailleurs un pouvoir disciplinaire certain, bien que limité : la décision de placement en cellule d'isolement ne fait ainsi pas partie de ses prérogatives[1]. Néanmoins, l'équipe du *Sarki* peut infliger des sanctions qui sont considérées comme avilissantes en cas d'infraction aux règles de la prison, par exemple en cas de bagarres, de vols ou de manque de respect aux super-détenus. Les super-détenus peuvent imposer des corvées, en particulier le nettoyage des toilettes, à mains nues, ou des changements de chambres. Un détenu qui aurait eu l'autorisation de dormir à l'air libre peut être ainsi transféré dans une chambre surpeuplée dans laquelle il dormira accroupi au sol, pour quelques jours ou quelques semaines. Des violences physiques directes ont également été signalées par les détenus ordinaires.

Les pouvoirs des super-détenus s'étendent au-delà des frontières du quartier : ils filtrent les sorties des détenus qui désirent participer à des activités sportives, ils régissent l'utilisation des téléphones – autorisée moyennant paiement – et contrôlent l'accès à l'infirmerie qui se situe hors du quartier. Les super-détenus décident ainsi de ceux qui ont l'autorisation de recevoir des soins. Seule une vingtaine de détenus ayant l'autorisation d'aller à l'infirmerie chaque jour, la plupart des malades n'y accède pas. Pour contourner les limitations d'accès à l'infirmerie, des détenus ont indiqué feindre un état grave ou simuler un évanouissement. Ces modes de contournement des normes de la prison reflètent une créativité, qui s'apparente à une certaine capacité d'action tactique de ces acteurs[2]. Le

[1] Comme nous le verrons *infra*, ceci illustre que l'Etat reste maître du jeu.

[2] Sur la distinction entre pouvoir tactique et stratégique, lire DE CERTEAU Michel, *L'invention du quotidien. Arts de faire*, Gallimard, 1990, p. XLVI : « J'appelle « stratégie » le calcul des rapports de forces qui devient possible à partir du moment où un sujet de vouloir et de pouvoir est isolable d'un « environnement ». [...] J'appelle au contraire « tactique » un calcul qui ne peut pas compter sur un propre [...] La tactique n'a pour lieu que celui de l'autre ». Cette distinction a été notamment appliquée à la prison par KAKULE KINOMBE Charles, *op. cit.*, p. 356 et suivants. Sur la notion de « capacité d'action tactique », lire HONWANA Alcinda.

positionnement des détenus ordinaires est en effet plus complexe qu'une simple subordination ou passivité face au système régi par les autres acteurs[1]. Le passage de « détenu ordinaire » à « super-détenu » est possible, s'il parvient à devenir un détenu de confiance. Cependant, l'existence de marges de manœuvre ne remet pas en cause de manière fondamentale les mécanismes de pouvoir au sein de la prison, qui peuvent être analysés comme un signe de fragmentation de l'autorité. Une telle démarche nécessite néanmoins de repenser le cadre d'analyse de l'exercice de l'autorité en prison.

2. La gouvernance au quotidien, invitation a repenser le cadre d'analyse de l'exercice de l'autorite en prison

La prison est une manifestation symbolique du pouvoir des États. L'existence d'organisations de détenus exerçant des techniques de gouvernance et de répression à l'encontre de leurs codétenus s'inscrit difficilement dans une analyse classique. Le paradigme dominant est en effet le modèle d'État wébérien, caractérisé par le monopole de la violence légitime, l'affirmation d'une autorité publique effective et des normes et institutions légales-rationnelles[2]. Si ce modèle est encore souvent considéré comme un cadre de référence universel, il ne permet pas de comprendre la complexité du phénomène de l'organisation de super-détenus. Il ne permet pas, en particulier, d'analyser la place particulière de cette organisation dans les prisons nigériennes, et plus globalement son lien avec l'État. Pour cela, l'ensemble des acteurs, étatiques et non étatiques, doivent être pris en considération.

2.1. S'éloigner du modèle d'analyse de l'État légal-rationnel

Bien que le modèle légal-rationnel soit un modèle idéal-typique – donc utopique – de la bureaucratie étatique[3], il reste un cadre théorique d'analyse de référence[4]. Tout écart est interprété comme une déviance, alors même

---

« Innocents et coupables. Les enfants-soldats comme acteurs tactiques », *Politique africaine*, vol. 80, n° 4, 2000.

[1] Voir en particulier les travaux relatifs aux acteurs faibles : PAYET Jean-Paul, LAFORGUE Denis, « Introduction. Qu'est-ce qu'un acteur faible ? Contributions à une sociologie morale et pragmatique de la reconnaissance », *in* PAYET Jean-Paul, GUILIANI Frédérique, LAFORGUE Denis (dir.), *De l'indignité à la reconnaissance. Enquête sur la voix des acteurs faibles*. Presses Universitaires de Rennes, 2008.

[2] BAGAYOKO Nyagale, HUTCHFUL Eboe, LUCKHAM Robin, « Hybrid Security Governance in Africa. Rethinking the Foundations of Security, Justice and Legitimate Public Authority », *Conflict, Security & Development*, vol. 16, n° 1, 2016, p. 2.

[3] L'existence de formes de pouvoir informel dans les bureaucraties, de « zones d'incertitudes » non couvertes par l'organisation formelle, est étudiée de longue date : CROZIER Michel, *Le phénomène bureaucratique*, 1963.

[4] JOURDE Cédric, « Les grilles d'analyse de la politique africaine : la problématique de l'Etat », in GAZIBO Mamoudou et *al.*, *La politique en Afrique*, Editions Karthala, 2009, p. 44.

qu'une abondante littérature académique a relevé que les écarts entre le modèle et les pratiques quotidiennes dans les prisons occidentales étaient nécessaires au maintien de l'ordre en prison[1]. Sur le continent africain, ce paradigme est également utilisé de manière plus générale dans les analyses des administrations publiques, qui, comme le relevaient Dominique Darbon et Ivan Crouzel, « tendent à évaluer leur fonctionnement à l'aune de l'idéal type wébérien, devenu un modèle prescriptif »[2].

Les normes formelles de la prison au Niger s'inscrivent dans un tel modèle : l'État doit être l'unique détenteur de l'autorité sur les personnes incarcérées et aucun détenu ne peut avoir un pouvoir d'autorité ou disciplinaire sur un autre, même si la responsabilité de certaines activités organisées au sein de la prison peut être confiée à des détenus, sous le contrôle effectif du personnel étatique[3]. Ces textes font écho à l'une des règles internationales de *soft law* relatives au traitement des personnes détenues : en vertu de l'article 40 alinéa 1 de l'Ensemble de règles minima des Nations Unies pour le traitement des détenus (Règles Nelson Mandela), « Aucun détenu ne pourra occuper dans la prison un emploi qui lui confère des pouvoirs disciplinaires ».

Dès lors, la littérature envisage fréquemment l'autorité des détenus dans les prisons comme un dysfonctionnement d'un pouvoir bureaucratique *top-down*, au sein d'un système dans lequel détenus et fonctionnaires se positionnent en « opposition normative »[4]. La plupart des typologies réalisées en matière pénitentiaire, visant à distinguer les modes de gouvernance et de répartition des pouvoirs entre personnes détenues et autorités officielles, confortent l'hypothèse d'une érosion de la puissance des États dès que ceux-ci ne détiennent pas le monopole exclusif de l'autorité[5]. Autrement dit, le partage de la gouvernance entre acteurs étatiques représentant l'institution formelle – les fonctionnaires de la prison – et acteurs non étatiques représentant l'institution informelle – les super-détenus – révèlerait des insuffisances de l'État ; les super-détenus n'auraient pris une telle place que

---

[1] SPARKS Richard, BOTTOMS Tony, HAY Will, *Prisons and the problem of order*. Oxford. Clarendon Press, 1996. BENGUIGUI Georges, CHAUVENET Antoinette, ORLIC Françoise, « Les surveillants de prison et la règle », *Déviance et Société*, 1996, vol. 18, n° 3, p. 283.

[2] DARBON Dominique, CROUZEL Ivan, « Administration publiques et politiques publiques des Afriques », *in* GAZIBO Mamoudou et *al.* (dir.), *Le politique en Afrique*, Editions Karthala, 2009, p. 90.

[3] Chapitre V, Décret n° 2019-609 du 25 octobre 2019.

[4] CREWE Ben, *The Prisoner Society: Power, Adaptation and Social Life in an English Prison*, Oxford University Press, 2009, p. 152. Crewe se réfère notamment aux travaux de Sykes : SYKES Gresham M., *The Society of Captives : A Study of a Maximum Security Prison*, 1958, Princeton University Press, p. 82.

[5] Pour une analyse des principales typologies développées, voir COMBESSIE Philippe, *Sociologie de la prison*, 2018, pp. 71-87. La première typologie développée sur ce thème est celle de Israel. L. Barak-Glantz : BARAK-GLANTZ Israel L., « Towards a Conceptual Schema of Prison Management Styles », *The Prison Journal*, vol. 61, n° 2, 1981.

parce qu'il y a dysfonctionnement de l'État. David Skarbek écrit ainsi, au sujet des institutions de gouvernance des détenus dans les prisons latino-américaines : « Je soutiens que ces systèmes pénitentiaires ont tendance à disposer de relativement peu de ressources, que leurs administrations sont inefficaces, débordées ou simplement absentes, et qu'ils font un mauvais travail de gestion de la communauté carcérale. En conséquence, les prisonniers investissent massivement dans des institutions de gouvernance extralégales »[1].

Ces clefs de compréhension ne semblent pas adaptées aux réalités des prisons au Niger. Loin d'une analyse basée sur des défaillances des États, une partie croissante de la littérature s'intéresse à une approche non-normative de l'autorité, selon laquelle l'autorité apparait fragmentée entre les types d'acteurs, au sein d'institutions « hybrides ».

2.2. Prendre en considération l'ensemble des acteurs de la prison : la prison, institution hybride

Le cadre d'analyse des institutions africaines, en particulier dans le secteur du maintien de l'ordre et de la sécurité, fait depuis une quinzaine d'années l'objet d'un renouvellement, par la prise en compte de formes non étatiques d'autorité[2]. Si l'on considère que l'autorité peut exister hors du contrôle de l'État, il est alors possible d'identifier des modes de gouvernance mobilisant une pluralité d'acteurs, étatiques et non étatiques, se partageant l'exercice du pouvoir. Cette rupture épistémologique permet de mettre en lumière des modes originaux d'exercice du pouvoir, à travers les concepts tels que ceux « d'institutions crépusculaires » (*twilight institutions)*[3], « d'institutions hybrides »[4], ou de « gouvernance réelle »[5].

Pour Christian Lund, qui est à l'origine du concept d'institutions crépusculaires, l'autorité publique en Afrique est le résultat combiné de

---

[1] Notre traduction : « *I argue that these prison systems tend to have relatively few resources, their administrations are ineffective, overwhelmed, or simply absent, and they do a poor job of governing the prison community. As a result, prisoners invest heavily in extralegal governance institution* ». SKARBEK David, *The puzzle of prison order: Why Life Behind Bars Varies Around the World*, Oxford University Press, 2020, p. 22.

[2] Voir par exemple BAGAYOKO-PENONE Niagalé, HUTCHFUL Eboe, LUCKMAN Robin, *art. cit.*, pp. 93-109. FOURCHARD Laurent, « Le vigilantisme contemporain. Violence et légitimité d'une action policière bon marché », *Critique internationale*, vol. 1, n° 78, 2018, pp. 169-186. Ces modes de gouvernance « hybride » ont été documentés depuis la période coloniale.

[3] LUND Christian, « Twilight Institutions: Public Authority and Local Politics in Africa », *Development and Change*, 37(4), 2006. L'expression « twilight institutions » apparaît parfois traduite dans la littérature francophone comme « institutions claires-obscures ».

[4] BOEGE Volker, BROWN M. Anne, CLEMENTS Kevin P., « Hybrid Political Orders, Not Fragile States », *Peace Review: A Journal of Social Justice*, 21, 2009.

[5] TITECA Kristof, DE HERDT Tom, « Real Governance Beyond the "Failed State" : Negotiating Education in the Democratic Republic of the Congo », *African Affairs*, 110, 2011, pp. 213-231.

l'exercice du pouvoir par une variété d'institutions locales et par des institutions extérieures. Dans ces institutions, la distinction analytique entre l'État et les acteurs non étatiques perd de son sens : les institutions opèrent « dans le crépuscule entre l'État et la société, entre le public et le privé »[1] et les frontières ne sont pas clairement définies. Si cette grille d'analyse aurait sa place dans l'analyse de la prison, le concept d'« institutions hybrides », notamment analysé par Volker Boege, nous semble à privilégier, car il met davantage l'accent sur le fait que les différentes structures ne peuvent exister de manière indépendante, qu'elles s'imprègnent l'une de l'autre, donnant naissance à des ordres différents de leurs sources initiales[2]. En effet, l'hypothèse est ici celle de l'existence d'un ordre, au sein duquel l'organisation de détenus est liée de manière fondamentale à l'autorité formelle de la prison, la présence de cette dernière étant essentielle à la gouvernance de la prison, bien qu'elle soit moins visible.

Dans nombre de prisons non-occidentales, la vie quotidienne n'est pas gérée par la seule action des institutions bureaucratiques administratives, mais est le fruit d'interactions impliquant structures formelles et informelles[3]. Au sujet des prisons brésiliennes, Sacha Darke relève : « contrairement aux prisons du Nord qui sont relativement bien financées, l'interaction entre le personnel et les détenus [...] n'est pas une aberration, mais fait plutôt partie intégrante de la vie carcérale dans le Sud »[4]. Comme cela a été relevé ci-dessus, les super-détenus jouent un rôle majeur dans le quartier homme de la prison de Niamey : ils sont notamment responsables de l'allocation des chambres, de l'organisation de la distribution de nourriture, de l'accès à l'offre de soins, du maintien de l'ordre et de la discipline[5]. Les frontières entre autorités formelles et équipe du *Sarki* semblent brouillées, le pouvoir est partagé. Les membres de l'équipe du *Sarki* appartiennent à la fois à la vie de la prison et à la vie de l'administration : ce sont des intermédiaires, des courtiers, des passerelles entre les deux mondes[6]. Ce positionnement s'inscrit

---

[1] *Ibid.*, p. 686.

[2] BOEGE Volker, BROWN M. Anne, CLEMENTS Kevin P., *art. cit.*, p. 17. Nous rejoignons ici les travaux menés sur le secteur de la sécurité, qui privilégient cette notion pour les mêmes raisons. BAGAYOKO-PENONE Niagalé, HUTCHFUL Eboe, LUCKMAN Robin, *art. cit.*, p. 94.

[3] Ces formes de gouvernance existent par ailleurs bien au-delà de la prison, celle-ci n'étant qu'un des éléments du parcours répressif. La fragmentation de l'autorité de l'Etat doit s'envisager dans le reste dans la société, y compris dans le reste de la chaîne pénale.

[4] Notre traduction : « in contrast to the relatively well-resourced prisons of the North, staff-inmate interaction [...] is not an aberration, but rather an integral feature of prison life in the South ». DARKE Sacha, « Entangled staff-inmate relations », *Prison Service Journal*, 207, 2013.

[5] Pour plus de détails, voir Partie I, *supra*.

[6] Ces acteurs multi-niveaux ont reçu de nombreuses qualifications par la littérature scientifique. Voir par exemple DARBON Dominique, NAKANABO DIALLO Rozenn, PROVINI Olivier, SCHLIMMER Sina, « Un état de la littérature sur l'analyse des politiques publiques en Afrique », *Papiers de Recherche AFD*, n° 98, 2019, pp. 13-14.

nettement dans les discours des acteurs de la prison. Pour l'un des super-détenus : « On n'est pas des militaires, mais ici on est comme des militaires »[1]. La place particulière des super-détenus s'illustre dans l'espace. Le *Sarki* reste ainsi la majeure partie de ses journées dans un espace « entre deux », entre la porte principale du quartier hommes et la grille donnant accès à la section où se trouvent les fonctionnaires : cette place particulière, matérialisée par une chaise sur laquelle seul le *Sarki* est habilité à s'asseoir, lui permet de contrôler les mouvements des uns et des autres et est visible aux yeux de tous.

Néanmoins, les nombreuses manifestations du pouvoir des super-détenus ne doivent pas occulter le fait que leur autorité est limitée. L'État a une place déterminante dans la gouvernance de la prison de Niamey et reste au centre du jeu.

3. L'HYPER-PRESENCE DE L'ÉTAT DANS LA GOUVERNANCE DE LA PRISON DE NIAMEY

Pour certains auteurs analysant la gouvernance hybride des institutions africaines, les acteurs non étatiques opèrent « au même niveau et dans le même espace mondial » que l'État[2]. Toutefois, dans le contexte de la prison de Niamey, l'État conserve une place absolument essentielle. Loin de s'opposer à l'autorité formelle, l'organisation des super-détenus s'insère dans les réseaux de l'État, et ce dernier contrôle la prison à travers de multiples mécanismes. Face à l'autorité informelle composée de super-détenus, l'État, peu visible dans le quartier, apparaît hyper-présent dans la prison.

3.1. Des super-détenus s'insérant dans les réseaux de l'État

L'équipe du *Sarki* ne se revendique aucunement en dehors de l'État, contrairement à d'autres pays, comme la Côte d'Ivoire, où les super-détenus utilisent un langage mafieux pour s'en distinguer[3]. Au contraire, les discours des acteurs de la prison inscrivent les super-détenus sous la responsabilité directe des autorités formelles. Autorité formelle et autorité informelle ne sont pas des modalités séparées de l'exercice du pouvoir : acteurs étatiques et

---

[1] Entretien avec un super-détenu, février 2021. Les fonctionnaires déployés à la prison civile sont en effet des forces militaires de la GNN, dépendant du ministère de l'Intérieur. Voir introduction *supra*.

[2] Notre traduction : « *In this optic, it might make sense to think of the new organizations [...] not as challenger pressing up against the state from below but as horizontal contemporaries of the organs of the state – sometimes rivals, sometimes servants, sometimes watchdogs, sometime parasites, but in every case operating on the same level and in the same global space* ». FERGUSON James, *Global Shadows : Africa in the Neoliberal World Order*, Duke university press, 2006, p. 103.

[3] A la MACA, le gouvernement des détenus était appelé la *Camorra* et son chef *El Capo*, en référence à la mafia italienne. LE MARCIS Frédéric, « Le destin de Yacou "Le Chinois". Carrière criminelle et devenir de la Côte d'Ivoire au prisme de la prison », *art. cit.*

super-détenus sont mêlés au sein d'un système dont l'organisation est hybride mais maîtrisée par l'État. Les super-détenus indiquent ainsi : « Mes petits et moi, on travaille pour le régisseur »[1] ; ou encore : « Le *Sarki* reçoit des ordres du Surveillant-Chef et transmet au niveau des prisonniers. [...] C'est le Surveillant-Chef qui commande »[2]. Les autorités étatiques le relèvent également : « Le *Sarki*, c'est lui qui représente les gardes à l'intérieur »[3]. L'utilisation-même de la terminologie « *Sarki* » est disputée par certains éléments de la GNN. L'un de ses membres explique : « On préfère utiliser "chef de cour principal". C'est un problème si on l'appelle *Sarki*. Dans son titre, c'est comme s'il avait des prérogatives qui veulent dépasser le régisseur »[4]. Ceci n'exclut néanmoins pas que ces autorités formelles utilisent cette terminologie dans leurs pratiques quotidiennes.

Les super-détenus s'insèrent ainsi dans les réseaux de l'État, au sein d'une organisation se présentant comme quasi-militaire. L'un des membres de la GNN l'illustre avec clarté en expliquant le mécanisme informel hiérarchique théorique si un détenu présente une demande : « Si un détenu a un souci, il va voir le chef de chambre. Lui, il rapporte au chef de cour. S'il peut gérer, il gère à son niveau. S'il ne peut pas gérer, il rencontre le chef de cour principal. Lui, il essaie de gérer. S'il gère, tant mieux, il me dit. S'il ne peut pas, il remonte [au niveau de la Garde] ». Ce discours illustrant le fonctionnement d'une organisation hiérarchique très structurée, vise officiellement à répondre aux sollicitations des détenus, mais se traduit dans la pratique par l'existence de couches successives de filtres qui empêchent les détenus ordinaires d'être entendus par les autorités formelles. L'autorité formelle, intouchable pour les détenus ordinaires, reste à la tête de la prison. Plus encore, le pouvoir dont bénéficient les super-détenus est un pouvoir limité, dont le contrôle est la prérogative exclusive de l'autorité formelle.

3.2. Des super-détenus au pouvoir limité et contrôlé par l'État

A la prison de Niamey, le contrôle de l'État se traduit par un ensemble de mécanismes de surveillance mis en place par les autorités formelles. Le choix des représentants des super-détenus est loin d'être laissé au hasard. Le *Sarki* est désigné directement par les autorités formelles de la prison[5]. Bien que le *Sarki* soit théoriquement libre de choisir ses éléments, ceux-ci doivent ensuite être confirmés par les agents étatiques, qui peuvent en refuser certains. L'un des acteurs explique le processus : « Je donne [au *Sarki*] la latitude pour

---

[1] Entretien avec un super-détenu, février 2021.
[2] Entretien avec un super-détenu, juin 2021.
[3] Entretien avec un élément de la GNN affecté à la prison, février 2021.
[4] Entretien avec un élément de la GNN affecté à la prison, février 2021.
[5] Ce mode de désignation par les autorités officielles se retrouve dans d'autres pays, par exemple en RDC : KAKULE KINOMBE Charles, *op. cit.*, p. 172, au Ghana : AKOENSI Thomas D., *op. cit.*, p. 35, ou au Tchad : BERRIH Carole, « Enjeux et conséquences de la détention sur la population carcérale et la société tchadienne », *art. cit.*, p. 26.

choisir de prendre ses éléments. Il va voir celui qu'il pense qui peut faire l'affaire. [...] Je me renseigne. Si je vois qu'il n'y a pas de problème, je concilie avec la liste »[1]. Par ailleurs, le libre choix des éléments par le *Sarki* n'est pas absolu. Certains éléments sont directement nommés par l'autorité formelle, sans que le *Sarki* ne puisse les déplacer. D'autres personnes, hors de l'équipe du *Sarki,* sont également en lien direct avec la GNN. Ces personnes, chargées de renseigner l'autorité formelle, remettent en cause en permanence le pouvoir du *Sarki,* et l'empêchent de prendre un pouvoir trop important au sein de la prison. L'équilibre des pouvoirs est ainsi constamment renégocié. Les autorités formelles peuvent également exclure des super-détenus si elles estiment que les limites implicites du transfert de compétence opéré ont été outrepassées. C'est ainsi que plusieurs super-détenus ont été exclus de l'équipe du *Sarki* par les autorités formelles, avec ou sans l'assentiment du *Sarki,* soit parce que les super-détenus ne respectaient pas eux-mêmes les règles de la prison qu'ils étaient censés faire respecter, par exemple en ayant été à l'origine de bagarres, de vols ou de trafic, soit parce que la confiance a été définitivement rompue, en cas de tentative d'évasion.

En outre, l'exercice du pouvoir disciplinaire s'inscrit dans une délégation informelle, au périmètre circonscrit par les autorités étatiques, loin d'une « décharge » sans orientation de l'État[2]. Bien que le *Sarki* et son équipe aient le pouvoir de punir avec des corvées et des changements de chambre les détenus qui commettraient des infractions aux « règles » de la prison, ce pouvoir ne se limite qu'à quelques infractions. L'équipe du *Sarki* saisit les autorités formelles « dès que le sang coule »[3], ou pour certaines conduites estimées particulièrement répréhensibles, telles que les rapports sexuels entre hommes, le trafic de cigarettes ou le trafic de drogue, ou les désobéissances répétées, reflets d'une remise en cause de l'autorité. Seules les autorités formelles sont habilitées à sanctionner ces conduites. Les autorités formelles disposent également du pouvoir exclusif de placer les détenus à l'isolement cellulaire, ou du pouvoir de transférer vers d'autres établissements pénitentiaires les détenus jugés les plus récalcitrants. Le transfèrement de détenus est considéré comme une sanction très sévère, car un déplacement vers une prison éloignée complique les visites des familles aux détenus, voire les empêche, lorsqu'il s'agit de détenus dont les familles ne disposant pas de

---

[1] Entretien avec un élément de la GNN affecté à la prison, février 2021.

[2] Le concept de « décharge », inspiré des travaux de Weber, a notamment été mobilisé pour souligner le recours à des acteurs non étatiques dans l'exercice du pouvoir dans le cadre des prisons africaines. WEBER Max, *Histoire économique. Esquisse d'une histoire universelle de l'économie et de la société,* Bibliothèque des sciences humaines, Gallimard, 1981, p. 87. MORELLE Marie, LE MARCIS Frédéric, « Pour une pensée pluridisciplinaire de la prison en Afrique », *Afrique contemporaine*, vol. 253, n° 1, 2015, pp. 117-129. Pour Laurent Fourchard, la décharge se distingue de la délégation : « La décharge suggère, à la différence de la délégation, que des fonctions relevant de l'État ont pu être assumées par des acteurs privés sans ordre ni directive en ce sens de l'État ». FOURCHARD Laurent, *art. cit.*, p. 176.

[3] Entretien avec un super-détenu, février 2021.

ressources leur permettant de voyager. Or pour nombre de détenus ces visites représentent la seule perspective d'obtenir une nourriture décente ou de l'argent qui leur permettra d'éviter de se retrouver dans une situation d'humiliation ou de violence. Par ailleurs, pour les détenus en attente de jugement, un transfèrement vers une prison hors du ressort du tribunal en charge de leur dossier entrainera des délais supplémentaires de traitement, dans un contexte où les durées de détention préventive atteignent parfois dix ans[1]. En octobre 2021, dix-sept prévenus ont été transférés de la prison de Niamey vers d'autres prisons. Comme l'indique un détenu rencontré à la prison : « Transférer sans jugement, c'est un problème. Les prisons où ils ont été transférés, c'est des prisons où on oublie les gens »[2]. Ce pouvoir considérable de la GNN révèle que le champ étatique reste l'« espace central de concurrence »[3].

Conclusion

La distance prise vis-à-vis du modèle idéal-typique rationnel-légal a permis d'illustrer que les super-détenus, acteurs non étatiques, prennent part à l'autorité en prison, tout en restant dans le cadre d'un transfert de compétence limité, mis en place par l'État. Remettant en cause les travaux qui envisagent le pouvoir de ces acteurs comme le reflet d'un État absent, notre analyse démontre que la fragmentation de l'autorité en prison ne renvoie pas à une situation de défaillance de l'État. A Niamey, la prison est caractéristique des modes d'exercice hybrides du pouvoir et de l'« informalisation » des services que l'on retrouve dans de nombreuses institutions africaines[4]. Néanmoins, bien que le pouvoir soit fragmenté entre l'État et les super-détenus, il reste totalement maîtrisé par l'autorité étatique.

Les super-détenus tirent parti de leur positionnement en bénéficiant d'une rente de situation, à travers la captation des ressources des autres détenus et en profitant de la confiance, relative, accordée par les autorités formelles. Ceci leur permet d'éviter de multiples situations de violence physique et psychologique qui accompagnent les conditions de détention. Néanmoins, insérés dans une situation de déséquilibre constant et dans un système encourageant la méfiance, ils ne disposent que d'une marge d'autonomie très limitée. Les détenus ordinaires font de leur côté face à un accès inégalitaire aux ressources, aux services ou à l'espace, fait de contraintes, limitations et sanctions, dont les conséquences sur la santé physique et mentale peuvent être sérieuses. Pour ceux qui n'ont que peu de ressources financières, l'un des rares

---

[1] En novembre 2021, le plus ancien prévenu de la prison de Niamey avait été incarcéré en 2011.

[2] Entretien avec un détenu ordinaire, novembre 2021.

[3] GRAJALES Jacobo, « Privatisation et fragmentation de la violence en Colombie. L'État au centre du jeu », *Revue française de science politique*, vol. 67, n° 2, 2017, p. 330.

[4] BLUNDO Giorgio, OLIVIER DE SARDAN Jean-Pierre, « La corruption quotidienne en Afrique de l'Ouest », in BLUNDO Giorgio (dir.), *op.cit.*

moyens d'échapper à cette situation est de devenir un élément de l'équipe du *Sarki,* et ainsi de participer au système de contrôle.

La domination de la gouvernance de la prison par les normes informelles ne signifie pas absence de l'État. A la prison de Niamey, elle révèle un autre mécanisme d'exercice du pouvoir, qui peut être envisagé comme la manifestation du redéploiement de l'État : un État qui encourage le fonctionnement d'une organisation informelle tout en créant simultanément ses contre-pouvoirs, dans une logique de contrôle de la population carcérale.

PARTIE 2 : (DE)PASSER LES MODELES PENAUX

Dans un second temps, c'est la circulation même des modèles de réforme qui est questionnée, invitant à dépasser des modèles transposés sous influence(s). Zoumana DIARRA interroge ainsi les réformes administratives en Afrique subsaharienne francophone à l'aune du *New Public Management*, invitant à s'intéresser au sort réservé à la justice et à l'administration pénitentiaire de deux États : le Mali et la Côte d'Ivoire. Les principes de la nouvelle gestion publique sont intégrés aux politiques publiques, notamment pénitentiaires, sans être véritablement questionnés.

L'influence de la nouvelle gestion publique est, elle aussi, questionnée par Robin TERRASSON, cette fois ci par rapport aux politiques d'aide au développement déployées dans le cadre pénitentiaire, plus particulièrement à travers l'Instrument Européen pour la Démocratie et les Droits de l'Homme (IEDDH), outil européen ayant permis le financement du projet de la FIACAT et de l'ACAT CI. L'analyse centrée sur les instruments offre ici un intérêt empirique, en prêtant attention aux acteurs, tout en ouvrant la voie à une repolitisation des politiques publiques en pointant le rôle des idées, idéologies et stratégies dans la fabrique des politiques.

Dans la même logique, Marie-Julie BERNARD se sert de la lutte contre la détention préventive injustifiée en Côte d'Ivoire comme d'un analyseur pour mettre en question(s) la transposition des modèles (pénaux). Les solutions pénales standardisées qui en découlent, pour des États n'ayant finalement pas d'autre choix que de les accepter, montrent globalement leurs limites, les contextes de réception n'étant pas pris en compte, et au final les réformes pénales ne pouvant être appliquées.

Pour clore cette analyse, Lionel GRASSY choisit de mettre en perspective l'impact de la circulation sur les organisations de la société civile chargées de mettre en œuvre les projets guidés par cette démarche. Il met ainsi à jour le dilemme cornélien des organisations de la société civile (OSC) des droits humains : candidater sur des appels à projets pour obtenir des financements et rentrer dans les standards imposés ou renoncer pour agir librement, sans moyens. Tenter de répondre dans tous les cas à un double enjeu : l'enjeu associatif de remplir l'objet social pour lequel l'OSC agit *versus* l'enjeu économique d'assurer sa survie en répondant aux exigences des bailleurs.

Les réformes administratives en Afrique subsaharienne francophone à l'orée du nouveau management public : cas des secteurs de la justice et du pénitentiaire

Zoumana DIARRA, Enseignant-Chercheur
à l'Université des Sciences Juridiques et Politiques de Bamako
Chercheur associé au CERDAP²
Univ. Grenoble Alpes, Sciences Po Grenoble*,
CERDAP², F-38000 Grenoble France
*School of Political Studies Univ Grenoble Alpes

L'administration publique, en Afrique subsaharienne francophone, connaît depuis plusieurs décennies des transformations de son système d'organisation : déconcentration, décentralisation, gouvernance, etc. Ces changements s'expliqueraient principalement par un triple souci d'adaptation aux nouveaux défis. En effet, au plan politique, les changements souhaités doivent répondre aux exigences d'une transition vers des systèmes démocratiques basés sur l'institution d'un État de droit et sur le respect des droits de l'Homme. D'un point de vue économique, les pressions pour une réforme sont alimentées par l'inquiétude, aussi croissante qu'incessante, du coût élevé des dépenses publiques. Et socialement, les attentes pressantes des populations, en constante croissance, revendiquent, parfois sans discrétion, la qualité et la performance des prestations fournies par les services publics.

Ces transformations affectent le fonctionnement de l'État, ainsi que ses missions, en raison notamment du rôle prééminent de l'appareil administratif de l'État dans la conduite des politiques publiques. De même, on se rend de plus en plus compte que les administrateurs publics ont besoin de compétence d'un autre ordre et non de la doctrine bureaucratique classique de type wébérien à laquelle ils sont accrochés. Or, l'administration publique a longtemps été perçue, à la fois par des analystes et des populations « comme inefficace et inefficiente, et comme devant être réformée »[1], voire refondue. Cette inefficacité doublée d'inefficience se manifeste à plusieurs niveaux : « dans la mauvaise qualité des services publics qui étaient offerts aux citoyens, dans l'indifférence des attitudes des bureaucrates qui étaient en contact avec les citoyens et les organisations non étatiques, dans l'incompétence des agents de l'État qui développaient les stratégies et mettaient en œuvre les programmes et les projets de l'État, dans le manque d'indépendance et de professionnalisme de la fonction publique, tenue de traiter tous les citoyens de manière égale et équitable sans redouter des pressions politiques quelconques,

[1] AWORTWI Nicholas, « Doter les administrateurs et gestionnaires publics de nouvelles compétences à l'époque des réformes du secteur public : le cas du Mozambique », *Revue Internationale de Sciences Administratives (R.I.S.A.)*, 2010, volume 76, n°4, p. 763.

et dans la malhonnêteté des gouvernements, qui ne respectaient pas les engagements pris en faveur des politiques et des programmes qu'ils ont établis dans le cadre d'une "participation publique" »[1].

A cela, il faut ajouter la prise en otage de l'administration par une minorité qui en fait un mécanisme de reproduction sociale à travers le jeu de népotisme donnant lieu à des comportements pervers et irresponsables.

Ces différentes manifestations décrivent le constat d'un État faible qui se repose, du sommet à la base, et dans tout son fonctionnement, sur une logique de défiance, elle-même source permanente de méfiance et de frustration, aussi bien pour les acteurs publics que pour les populations, en même temps obstacle majeur à la satisfaction de la société.

Face à cette situation se dessine une remise en cause de l'État et de son administration. Les soucis ainsi exprimés constituent une véritable quête en faveur des mutations, qui suscitent « la mise à l'agenda politique »[2] des réformes, voire des refontes des systèmes administratifs de la plupart des pays d'Afrique au sud du Sahara. Philippe BEZES énumère trois « modèles » d'organisation mobilisés par les États dans leurs politiques de réforme : « des solutions valorisant la redistribution territoriale des pouvoirs » que l'on appelle communément la décentralisation ; les « préconisations "classiquement" bureaucratiques, et des recettes issues du *New Public Management* »[3] (Nouveau Management Public, NMP). Si les deux premiers « modèles » touchent l'organisation et le fonctionnement de l'État dans sa globalité, le NMP affecte plus directement l'administration publique.

Les mesures afférentes au NMP constituent aujourd'hui l'insertion des notions d'efficacité, d'efficience, de résultats, d'indicateurs, à des degrés divers, dans le secteur public, y compris dans les domaines de souveraineté traditionnellement réservée à une logique de gestion soumise à des règles spécifiques. Parmi ces domaines, la justice et son pan, le pénitentiaire, préoccupent les analystes à plus d'un titre. Ces secteurs, dont les objectifs n'ont quasiment rien à avoir avec la logique du marché, à savoir la quête du profit, peuvent-ils s'accommoder des outils managériaux ? S'il n'y a pas de doute sur l'intrusion du nouveau management public dans l'administration publique africaine, l'autre question est celle de savoir à quel prix les secteurs judiciaire et pénitentiaire peuvent s'y adapter.

---

[1] *Ibid.*, p. 764.

[2] La « mise à l'agenda politique désigne l'étude et la mise en évidence de l'ensemble des processus qui conduisent des faits sociaux à acquérir un statut de "problème public", ne relevant plus de la fatalité ou de la sphère privée, et faisant l'objet de débats et de controverses médiatiques et politiques… », GARRAUD Philippe, « Agenda/Emergence », in BOUSSAGUET Laurie et autres, *Dictionnaire des politiques publiques*, Paris, Presses de la Fondation Nationale des Sciences Politiques, 2ème édition, 2006, p. 51 et s.

[3] BEZES Philippe, « Construire des bureaucraties wébériennes à l'ère du nouveau management public », *Critique internationale*, n°35, avril-juin 2007, p. 16.

Dans le cadre de la présente réflexion, les cas malien et ivoirien attireront notre attention, les autres seront cités à titre illustratif.

1. L'INTRUSION EN DENTS DE SCIE DES OUTILS ET PRINCIPES MANAGERIAUX DANS LES ADMINISTRATIONS PUBLIQUES AFRICAINES

La mondialisation a entraîné, entre autres conséquences, l'ouverture des fonctions publiques africaines des pays francophones, dites fonction publique de carrière, à des valeurs, normes et standards qui jusque-là leur étaient étrangers, faisant ainsi émerger une nouvelle conception de la gestion des ressources humaines de l'État. Les exigences, désormais plus pressantes d'éthique et de déontologie, de transparence et de lutte contre la corruption, de déconcentration, d'évaluation des performances, d'innovation et d'efficacité participent à cette nouvelle orientation des administrations publiques africaines. En d'autres termes, parmi les exigences les plus fréquemment adressées à l'administration ces dernières années, il apparaît clairement que celle-ci devrait être plus réactive, plus flexible et « orientée clients », moins chère, plus ouverte et transparente envers ses parties prenantes et plus responsable (« *accountable* »)[1] de ses activités et respectueuse des droits humains. Ce dernier volet fait partie des conditionnalités politiques, c'est-à-dire « le lien établi par un État ou une organisation internationale entre, d'un côté, l'octroi à un pays tiers d'une aide économique ou d'autres avantages économiques spécifiques (concessions ou préférences commerciales ou tarifaires, conclusions de nouveaux traités ou conventions, adhésion à des traités déjà existants ou à une organisation internationale, contacts réguliers avec les dirigeants politiques, etc.) et, de l'autre côté, l'accomplissement par le pays tiers de conditions relatives au respect et à la promotion des droits de l'Homme, à l'établissement ou au renforcement des institutions démocratiques et de l'État de droit »[2].

L'idée serait donc d'intégrer des éléments du management privé tout en cherchant à s'en différencier pour tenir compte de la particularité de l'administration publique. Le mouvement d'assimilation-différenciation présente un parallélisme évident avec les mécanismes d'identité sociale, organisationnelle, voire institutionnelle où il est question à la fois de se démarquer par rapport aux autres (individus, organisations, institutions) en

---

[1] Cf. FREUD Claude, « La Banque Mondiale n'a plus d'argent, mais elle a des idées », *Cahiers d'Études africaines*, 157, XL-1, 2000, pp. 135-139.

[2] STANGOS Pétros, « La conditionnalité politique, en termes de protection des Droits de l'homme, de démocratie et d'Etat de droit, des relations économiques extérieures de la C.E. et de l'U.E. », in RUIZ Fabri Hélène, SICILIANOS Linos-Alexandre ; SOREL Jean-Marc, (dir.), *L'effectivité des Organisations internationales : mécanismes de suivi et de contrôle*, A. Pédone, Paris 2000, p. 273.

soulignant ses spécificités tout en cherchant également les points communs pour montrer son appartenance à une même réalité sociale[1].

Dans ce contexte, une vague de réformes de l'administration publique a été lancée au début des années 80, lorsque les pays africains ont préconisé des réformes davantage basées sur le nouveau management public (NMP), « axées sur le renforcement des capacités et le développement afin de promouvoir les trois M (Marché, Managérialisme et Mesure) »[2].

Pour Nick Manning, « comme sa réussite n'a pas été aussi retentissante qu'escomptée, le NMP n'a guère été mis en pratique en dehors de sa niche d'origine à savoir les pays de l'Organisation pour la Coopération et le Développement Economique (O.C.D.E.) du Commonwealth. Sa mise en application est certainement moins fréquente que l'utilisation de l'appellation »[3]. Et pourtant, l'un des constats le plus frappant à propos de ces transformations précédemment énumérées, bien que celles-ci soient très variables d'un pays à l'autre, est assurément l'usage récurrent des nouvelles notions [4]. Ces concepts nouveaux, qui n'étaient d'ailleurs pas le langage habituellement utilisé dans le secteur public, sont empruntés au secteur privé. En d'autres termes, on assiste à une tendance à la transposition du vocabulaire managérial des entreprises privées : la « productivité », la « rentabilité », l'« efficacité » et l'« efficience », la « performance », la « compétence » et la « motivation », au champ ou au domaine de la réforme administrative.

Le renforcement des capacités des ressources humaines de l'État, à travers une gestion prévisionnelle des emplois, des effectifs et des compétences, la création de « passerelles secteur public/secteur privé », constitue entre autres les recommandations du Colloque sur la réforme de l'administration au Mali, tenu à Bamako en juillet 2006[5].

Dans le même ordre d'idées, Seriye SEZEN constate que « des réformes administratives s'observent aujourd'hui dans tous les pays ou presque, indépendamment du régime d'État, de leur culture politique et administrative

---

[1] GIAUQUE David, EMERY Yves, « L'Administration et les agents dans un environnement post-bureaucratique », in GIAUQUE David, EMERY Yves (dir.), *L'Acteur et la bureaucratie au XXIe siècle*, Montréal, Presses de l'Université de Laval, 2016, p. 34.

[2] OLOWU Dele, « La Réforme des salaires de la fonction publique en Afrique », *R.I.S.A.*, volume 76, numéro 4, décembre 2010, p. 670.

[3] MANNING Nick, « L'Héritage du nouveau management public dans les pays en développement », *R.I.S.A.*, volume 67, numéro 2, Juin 2001, p. 342.

[4] Une étude réalisée en 1994 par DIA Mamadou au compte de la Banque mondiale aurait eu pour but d'aider la Région Afrique à relever le défi de l'amélioration de l'efficacité et de la productivité des institutions de la fonction publique en Afrique au sud du Sahara.

[5] Cf. Rapport général du colloque international, « Quelle administration pour le Mali ? », tenu à Bamako à l'Hôtel Massaley le 22 juillet 2006, organisé par la Cellule de Prospection socio-politique, « Horizon 2025 ».

ou de leur niveau de développement »[1]. Même si elles « portent des appellations variables selon le contexte, le nouveau management public est une appellation générique qui englobe tous types d'activités de réforme », ajoute-t-elle[2].

« Appellation insaisissable », selon David P. DUNLEAVY[3], il n'est donc pas difficile, d'après Seriye SEZEN, « de découvrir des traces du NMP dans les activités de réforme de tous les pays [...] qui devient peu à peu une panacée et une prescription comprenant une série d'éléments soi-disant curatifs, [et] pour le moins extrêmement vague »[4].

Le NMP est défini par Christian ROUILLARD comme « un mouvement managériel et politique qui vise à réformer la pratique de l'administration publique en remplaçant les principes d'organisation bureaucratique du modèle wébérien par les préceptes et les enseignements du management prévalant dans le secteur privé »[5]. Pour Alain-Gérard COHEN, il est un « ensemble des moyens employés pour garantir la régularité, l'efficacité, la sécurité et la transparence dans la gestion des fonds publics et de l'administration en général »[6]. Il s'agirait de la globalité des réformes issues de l'adoption ou de l'adaptation des principes et normes « internationalement reconnus », à la gestion du secteur public, ainsi que le contrôle interne y compris l'audit interne, l'audit externe et enfin la lutte contre la fraude[7].

De ces propos ou éléments de définition, on peut aisément constater que le NMP s'infiltre dans le processus de réforme des administrations publiques tant dans les pays dits « développés » que dans ceux dits « en développement ». Pour paraphraser Carole SIGMAN, le NMP, depuis une trentaine d'années, se diffuse à travers le monde et s'impose tant bien que mal à tous les pays, qu'ils soient « avancés »[8], « sous ajustement structurel » ou

---

[1] SEZEN Seriye, « Les Explications internationales par opposition aux explications nationales des réformes administratives : le cas de la Turquie », *Revue Internationale des Sciences Administratives*, volume 77, n°2, juin 2011, p. 328.

[2] *Idem.*

[3] DUNLEAVY David P., MARGETTS Helen. et autres, « New public management is dead-long live Digital-Era Governance », *Journal of public Administration Research and Theory*, volume 59, n°6, 2006, p. 469.

[4] SEZEN Seiye, *op. cit.*, p. 328.

[5] ROUILLARD Christian, « Du Cynisme au désabusement organisationnel : le nouveau management public en tant que facteur de confusion », Montréal, *Choix*, n°9, volume 6, 2003, p. 22.

[6] COHEN Alain-Gerard, *La Nouvelle gestion publique. Concepts, outils, structures, bonnes et mauvaises pratiques. Contrôle interne et audits publics*, Paris, Gualino, 3ème édition, 2012, p. 199.

[7] *Idem.*

[8] Le 8 février 2008, à Paris, fut le début d'une longue série organisée par le Comité DRH et destinée à établir un dialogue entre la gestion des ressources humaines des administrations et celle des entreprises publiques et privées (Cf. PAULAY Anaïs, « Le Pari d'un nouveau management », Paris, *in Le Monde*, 7 février 2008, n°19608, p. VII).

« en transition », comme la référence majeure de leurs politiques publiques[1]. Selon Jean MERCIER, « C'est la doctrine selon laquelle l'amélioration de la gestion de l'État passe par l'importation et l'adaptation de concepts et pratiques de management du secteur privé au sein de l'Administration »[2]. Luc ROUBAN abonde dans le même sens, en affirmant que la réforme de l'État s'inscrit désormais dans la ligne des réformes inspirées par le NMP qui ont profondément modifié le paysage administratif en Europe et ailleurs depuis les années 1980[3].

Toutes ces approches nous apparaissent ainsi comme l'indice de l'emprunt des méthodes et pratiques du NMP dans les administrations publiques en Afrique subsaharienne francophone. Les secteurs judiciaire et pénitentiaire échappent-ils à cette mutation ?

2. Les administrations judiciaire et penitentiaire a l'epreuve du NMP

La justice, institution régalienne, est longtemps restée préservée des réformes managériales de l'État en Afrique. Depuis une dizaine d'années, elle est toutefois concernée, aussi bien que les autres services publics, par un mouvement de réformes inspirées par une perspective gestionnaire. Les moyens les plus utilisés à cet effet demeurent les moyens budgétaire et financier dans le cadre des politiques économiques communautaires (2.1), dans un environnement international fortement influencé par les organisations internationales (2.2).

2.1. Le basculement d'un budget de « moyens » à un budget de « résultats » suivant les directives communautaires de l'UEMOA : quel impact sur le pénitentiaire et la justice en Côte d'Ivoire ?

Les budgets de moyens ne se souciaient pas des résultats et de la performance de la dépense ; ils étaient seulement focalisés sur l'existence des moyens à ventiler sur des biens et services. La principale innovation du budget-programmes est de focaliser principalement l'attention sur les objectifs et les résultats des dépenses publiques, moyennant l'observation d'indicateurs de suivi de la performance budgétaire dans le temps. La

---

[1] SIGMAN Carole, *La Réforme de l'Etat en Russie ou les avatars du « nouveau management public »*, Grenoble, contribution au Congrès de l'Association Française de Science Politique, 7-9 septembre 2009.

[2] MERCIER Jean, *L'Administration publique. De l'Ecole classique au nouveau management public*, Québec, Les Presses de l'Université Laval, 2002, p. 373.

[3] ROUBAN Luc, « La Réforme de l'Etat et son contexte. Réformer l'Etat : pourquoi et pour quoi ? », *Cahiers français*, *La Réforme de l'Etat*, Paris, La Documentation Française, n°346, septembre-octobre 2008, p. 3.

budgétisation à base zéro ou justification au premier « Franc » met un terme aux services votés et permet d'avoir un œil sur tous les fonds.

En Afrique francophone, les efforts d'adaptation aux nouvelles pratiques de gestion axée sur les résultats et la performance datent des années 1990. Des réticences, sources de rigidités importantes, ont été notées dans plusieurs pays à cause des conjonctures socioéconomiques difficiles et intempestives. On peut citer, entre autres, les déficits internes et externes qui ont mené à l'ajustement structurel dans les années 1980, la dévaluation du FCFA en 1994, la crise de l'endettement public (d'où le programme Pays Pauvres Très Endettés - PPTE), la crise pétrolière des années 2000 et la crise des *subprimes* à compter de 2007. La plupart des États, surtout africains, ont vécu la crise de l'endettement et une hausse des charges publiques qui ont généré une lancinante instabilité budgétaire. A partir de 2008, le *Credit Crunch* ou pénurie de crédits a incité les États au recours onéreux aux marchés obligataires. Les pays de l'UEMOA, dont la plupart sont importateurs d'énergies et de denrées alimentaires, ont été plus que jamais exposés aux chocs exogènes et asymétriques. Le débat sur la réforme des finances publiques s'est enflé : il faut non seulement restreindre les dépenses mais aussi les arrimer à une logique de performance. Les administrations publiques des pays de l'UEMOA évoluent également dans un environnement budgétivore.

Les interférences politiques dans les sphères publiques des États ont créé un cancer politico-administratif qui phagocyte beaucoup de fonds publics et favorise d'importants chevauchements et d'autres conflits de compétences dans les administrations publiques. La persistance des contraintes financières et budgétaires, combinée aux interférences politiciennes sur les finances publiques, suscitent plusieurs détournements d'objectifs.

La productivité des services publics demeure faible. Les finances publiques sont caractérisées par divers *Slacks* (surcoûts dans les intrants et inefficacités dans les extrants) et *effets Averch-Johnson* (tendance au surinvestissement quand la productivité est faible).

Il y a aussi l'émergence de nouveaux fronts de dépenses telles que la lutte contre le terrorisme et les dépenses de stabilisation politique comme c'est le cas de l'ensemble des pays de l'UEMOA.

Les grandes réformes de l'État devraient créer de véritables patrons du service public et donner à ces gestionnaires une forte liberté de gestion assortie d'une stricte évaluation *ex post*. Mais, comme partout ailleurs, le changement de paradigme dans les finances publiques n'est pas sans obstacle dans les pays de l'UEMOA. Il faut surtout noter l'aversion au changement chez plusieurs administrateurs, qui brandissent souvent l'argumentaire de la mauvaise conjoncture socioéconomique. Néanmoins, de grandes réformes impulsées par les gouvernements ont été réussies dans de nombreux pays dans des conditions de conjoncture sévère et très hostile :

« Les réformes suédoises furent votées dans un contexte particulièrement difficile : à la suite de l'éclatement de la bulle financière et du renflouement des banques au début des années 1990 et malgré une dévaluation, le PNB régressa de 5% entre 1991 et 1994, le chômage passa de 1,5% à 8,2% et le déficit budgétaire atteignit 15% en 1994 »[1].

Certains États africains comme la Tunisie se sont bien accommodés de la Budgétisation-Programmes malgré des tensions socioéconomiques importantes.

Une des recommandations du rapport sur l'adoption du budget-programmes en Tunisie considère que « la crise économique et les attentes fortes des citoyens impliquent d'accélérer le rythme de la réforme et de produire de résultats à court terme »[2].

Ces expériences prouvent que la conjoncture difficile doit favoriser les réformes dans le service public et non décourager leur mise en œuvre.

L'UEMOA a adopté un certain nombre d'instruments juridiques incarnant l'utilisation des outils managériaux dans l'administration publique de ses pays membres. Il s'agit de :

- Directive N°1/2009/CM/UEMOA portant Code de Transparence dans la gestion des finances publiques au sein de l'UEMOA
- Directive N°6/2009/CM/UEMOA portant Loi de Finances au sein de l'UEMOA
- Directive N°7/2009/CM/UEMOA portant Règlement général sur la comptabilité publique au sein de l'UEMOA
- Directive N°08/2009/CM/UEMOA portant Nomenclature budgétaire de l'État au sein de l'UEMOA
- Directive N°09/2009/CM/UEMOA portant Plan comptable de l'État (PCE) au sein de l'UEMOA
- Directive N°10/2009/CM/UEMOA portant Tableau des opérations financières de l'État (TOFE) au sein de l'UEMOA.
- Directive N°01/2011/CM/UEMOA portant régime financier des collectivités territoriales au sein de l'UEMOA.

Ces directives développent les aspects juridiques, budgétaires, comptables et statistiques du nouveau paradigme financier de l'Union. Le cadre harmonisé, qu'il incarne, « devient ainsi, à la fois, le socle, sinon la passerelle, de l'introduction de la culture de résultats dans les Finances publiques des

---

[1] VIDAL Jean-François, « Crises et transformations du modèle social-démocrate suédois », *Revue de la régulation* [Online], 8, 2ème semestre, 2010, http://journals.openedition.org/regulation/8931

[2] Initiative Africaine Concertée sur la Réforme Budgétaire (CABRI), Le Budget-Programme axé sur les performances en Afrique, Rapport d'état d'avancement, 2013, https://www.cabri-sbo.org/uploads/files/Documents/Le-budget-programme-axe-sur-les-performances-en-Afrique-Un-rapport-detat-davancement_FR.pdf

États-membres de l'UEMOA […] et le lieu commun, ou la boussole des États de l'UEMOA en matière de gouvernance financière publique »[1].

Dans ce contexte, selon certains analystes ivoiriens, la Côte d'Ivoire, pays membre de l'UEMOA, devrait disposer d'un système financier qui n'ignore pas les principes du nouveau paradigme de la gouvernance financière publique[2].

Bien plus, il constitue, « la matrice du droit et de la gestion financière au service de la promotion économique et financière »[3] des États, voire « une contribution à la solution aux tensions budgétaires et au manque de résultats probants des politiques publiques »[4].

Les secteurs de la justice et du pénitentiaire n'échapperont guère à l'application desdits instruments juridiques qui ont d'ailleurs fait l'objet de transposition dans beaucoup de pays membres.

Les principes du NPM, selon Philip LANGBROEK, « œuvrent pour une réorganisation et une optimisation de la justice, une standardisation des procédures, le développement d'outils de contrôle de l'activité des juges et d'évaluation de l'activité, ainsi que ceux œuvrant pour une externalisation de celle-ci (arbitrage, médiation) et enfin pour une transparence renforcée de la justice envers les justiciables »[5].

Dans le cas malien, à titre d'illustration, tout cela se traduit par la répartition des dépenses par programmes. Chaque programme vise des objectifs assortis d'indicateurs de performance qu'on retrouve dans un document budgétaire appelé le Document de Programmation Pluri-annuelle des Dépenses et Projets Annuels de Performance (DPPD-PAD)[6].

Dans le DPPD-PAD 2020-2022, s'agissant du ministère de la Justice et des Droits de l'Homme, qui a en charge les questions de justice et pénitentiaire, le Programme (1.009) intitulé « Administration Générale, Coordination et Contrôle », dont l'un des objectifs est de « renforcer la lutte contre la corruption, la délinquance économique et financière, la drogue, le terrorisme,

---

[1] IPOU Kouamé Hervé, *Les Finances publiques de la Côte d'Ivoire et la logique de gestion axée sur les résultats (GAR)*, Mémoire de Master 2 Recherche en Droit, Option : Droit public, année 2015-2016, Université Félix Houphouët-Boigny de Côte d'Ivoire, p. 5.

[2] *Idem.*

[3] MÉDÉ Nicaise, *Réflexion sur le nouveau Cadre Harmonisé des Finances Publiques de l'espace UEMOA*, p. 3.
http://afrilex.u-bordeaux.fr/wp-content/uploads/2021/03/ARTICLE_REFLEXION_SUR_LE_CADRE_HARMONISE_DES_FINANCES_PUBLIQUES_UEMOA_BORDEAUX.pdf

[4] *Idem.*

[5] LANGBROEK Philip, « Quality management concerning judges, judgements and court services », in FABRI Marco, RIVERO-CABOUAT Noëlle, PAULIAT Hélène (dir.), *L'administration de la justice en Europe et l'évaluation de sa qualité*, Paris, Montchrestien, 2005, p. 70.

[6] Ce sont les documents annexes à la Loi de finances. https://budget.gouv.ml/sites/default/files/DPPD-PAP%202020-2022.pdf

le blanchiment des capitaux et le financement du terrorisme, l'extrémisme violent, la traite des personnes et le trafic illicite des migrants et les autres formes de criminalité transnationale organisée », a comme indicateurs :

- pourcentage de dossiers de corruption ayant reçu de suites judiciaires (nombre de dossiers ayant reçu de suites judiciaires/nombre de dossiers reçus)[1] ;
- pourcentage de dossiers de terrorisme, de drogue et de criminalité transnationale ayant reçu de suites judiciaires.

Peut-on évaluer la performance de la Justice sur la base des suites à donner aux dossiers de corruption, de terrorisme, etc., sachant leur complexité, leur subtilité ? Un dossier de corruption ou de terrorisme peut s'étendre sur plusieurs années.

Le Programme (2.019) « Politique Juridique et Judiciaire, Gestion de la Carrière et Formation », dont l'un des objectifs est d'« Améliorer l'efficacité des services judiciaires et l'accessibilité au droit et à la justice », a comme indicateurs :

- délai moyen de traitement des procédures (pénal, civiles, hors procédures sommaires)
- pourcentage des juridictions disposant de structure fonctionnelle d'accès au droit et à la justice.

Dans le domaine de l'Administration pénitentiaire, le Programme (2020) « Renforcement et Modernisation des Institutions Pénitentiaires et de l'Education Surveillée » ayant pour objectif (n°1) d'« Améliorer les conditions de détention et de travail du personnel » repose sur des indicateurs de performance suivants :

- pourcentage de centres de détention disposant de quartiers séparés (homme, femme, mineur) ;
- taux d'établissements pénitentiaires labellisés dans le processus de « prise en charge et d'accompagnement des personnes détenues » (nombre de centres de détention respectant les normes/nombre total des centres de détention).

On peut aisément constater toute la difficulté pour apprécier la performance de l'administration pénitentiaire en fonction des indicateurs suscités, sachant que le département ministériel de tutelle, le ministère de la Justice et des Droits de l'Homme n'a que 1,2% du budget national[2]. Si l'on veut lutter efficacement contre la surpopulation carcérale, qui est la principale caractéristique des lieux de privation de liberté, le meilleur indicateur de performance devait être le taux de réduction du sureffectif carcéral.

---

[1] Moyen de Vérification : Rapport d'activités des Pôles Economiques et Financiers.

[2] Cf. Ordonnance n°2020/013/PT-RM du 21/12/2020 portant loi de finance pour l'exercice 2021, p. 68.

Dans le cas de la Côte d'Ivoire, le Document de Programmation Pluri-annuelle des Dépenses et Projets Annuels de Performance (DPPD-PAD)[1], concernant le Ministère de la Justice et des Droits de l'Homme, le Programme (n°2) intitulé « Juridiction », dont le deuxième objectif est de « Renforcer la transparence, la crédibilité et la régulation des institutions judiciaires », a pour indicateurs de performance :

- application des textes légaux ;
- nombre de séances de formation continue dispensée.

Dans le domaine pénitentiaire, le Programme (n°3) « Établissements pénitentiaires, centres d'observation et de rééducation des mineurs », dont l'objectif (n°3) vise à « Améliorer les conditions de vie des détenus et leur réinsertion », a comme indicateurs de performance :

- pourcentage de détenus bénéficiant d'une formation en milieu carcéral ;
- rations alimentaires par détenu et par jour.

Ici, l'indicateur de performance ne porte pas sur le nombre de détenus ayant bénéficié d'une action de réinsertion sociale. Aucun n'intéresse le nombre de détenus ayant bénéficié, par exemple, des soins de santé.

En somme, à partir de ces deux exemples sur le Mali et la Côte d'Ivoire, on peut s'accorder à dire que les outils du NMP sont, à la faveur des réformes budgétaires impulsées par l'UEMOA, en train d'être appliqués aux secteurs judiciaire et pénitentiaire. Kouamé Hervé IPOU reconnaît, dans la conclusion de son étude, que « les germes, sinon l'idée, de la logique de gestion axée sur les résultats sont bien présents dans les Finances publiques ivoiriennes »[2].

Il convient de noter, à présent, que le basculement du « budget de moyens » au « budget de résultats » dans le cadre des politiques économiques communautaires, auquel les secteurs judiciaire et pénitentiaire n'échappent plus, s'inscrit dans une dynamique de circulation des modèles véhiculés par des organisations internationales.

2.2. Les réformes judiciaire et pénitentiaire à la croisée de la circulation des modèles internationaux sous une double influence des organisations internationales de défense des droits de l'Homme et des bailleurs de fonds

La diffusion internationale des valeurs et principes du Nouveau Management Public a longtemps été appréhendée comme le résultat d'une

[1] Annexe 4 de la Loi de Finances portant Budget de l'Etat pour l'année 2020 ; http://budget.gouv.ci/doc/loi/Document%20Pluriannuel%20de%20Programmation%20des%20D%C3%A9penses%20-%20Projets%20Annuels%20de%20Performances%202020-2022.pdf

[2] IPOU Kouamé Hervé, *Les Finances publiques de la Côte d'Ivoire et la logique de gestion axée sur les résultats (GAR), op. cit.*

séquence de mimétismes institutionnels se manifestant par des actions volontaristes des gouvernements réceptifs[1].

Les États africains en sont parmi les grands réceptacles. La Côte d'Ivoire, après la crise de 2011, est dans la visée des organisations internationales qui prétendent impulser les réformes de tout genre en contrepartie des aides financières et techniques.

Les réformes judiciaire et pénitentiaire, qui se trouvent au cœur de la problématique de l'état de droit et des droits de l'Homme, suscitent de plus en plus l'implication des partenaires techniques et financiers. Un État de droit ne peut être reconnu que si les conditions d'indépendance de la justice, de respect de la hiérarchie des normes et d'égalité des sujets devant le droit sont réunies. Si l'on examine cette troisième exigence axée sur la personne humaine, il en ressort que toute volonté étatique de mettre en place un tel modèle suppose l'application effective des principes de dignité humaine et d'égalité des sujets de droit devant la loi. En effet, selon Françoise SIMARD, « Ces droits fondamentaux universels et inaliénables énoncés dans la Déclaration Universelle des Droits de l'Homme (DUDH) de 1948 nous permettent aujourd'hui de justifier notre mobilisation pour la mise en place d'un système judiciaire qui assure pleinement la protection des personnes, tant en situation régulière qu'en situation de mobilité restreinte en vertu d'une mesure ou une peine privative de liberté »[2].

S'agissant de l'Union Européenne (UE), comme le soulignent Magdaléna HADJIISKY et Claire VISIER, « la période des années 1990-2000 a été marquée par la diffusion et l'institutionnalisation d'une expertise internationale sur l'administration étatique, accompagnée de réflexions et d'initiatives politiques justifiées par un discours global portant sur la "nécessaire réforme" de l'État. Le phénomène de l'internationalisation de l'expertise sur l'administration publique a en effet pris de l'ampleur depuis les années 1980, notamment à destination des pays en développement »[3]. Bien plus, « fortement intégrés dans les différentes structures institutionnelles régionales et internationales, les États européens participent à cette internationalisation, en servant d'exemple explicite ou implicite aux "bonnes pratiques" mises en avant par les organisations internationales, en déléguant

---

[1] Voir HADJIISKY Magdaléna, VISIER Claire, « Circulation internationale et fabrique européenne de l'administration publique », *Revue Française d'Administration Publique* (RFAP), 2017/1 (N°161), p. 5 à 18 et par ailleurs MENY Yves, *Les politiques du mimétisme institutionnel. La greffe et le rejet*, Paris, L'Harmattan, 1993 ; FISCHER Bénédicte, « La Consécration de l'Etat managérial », *in* FISCHER Bénédicte, *Les relations entre l'administration et les administrés au Mali. Contribution à l'étude du droit administratif des Etats d'Afrique subsaharienne de tradition juridique française*, Thèse de Doctorat en Droit public, soutenue le 2 décembre 2011, Université de Grenoble, p. 120 et suivantes.

[2] Discours de Mme SIMARD Françoise, Chef de la section Etat de Droit de l'ONUCI, *Actes de la Journée de réflexions sur la détention préventive*, 28 avril 2009, Sebroko, p. 4.

[3] HADJIISKY Magdaléna, VISIER Claire, « Circulation internationale et fabrique européenne de l'administration publique », *Revue française d'administration publique*, n° 161, 2017, p. 7.

des hauts-fonctionnaires nationaux dans les arènes et forums internationaux spécialisés dans ce domaine (notamment l'OCDE-GOV), mais aussi en reprenant certaines des productions expertes internationales dans leurs programmes de réforme, contribuant par là-même à augmenter leur crédit »[1].

Parce que l'UE a partiellement contribué à la diffusion internationale d'outils se recommandant du NMP, l'apport d'organisations comme la Banque mondiale ou l'OCDE (indépendamment de leurs différences) est fréquemment pensé en termes de promotion du « modèle ». Par « modèle », il faut entendre un référentiel d'action et d'organisation cohérent présenté comme exemplaire (modèle à suivre) et doté d'une forte charge normative (objectif à atteindre)[2].

Ainsi, on peut affirmer que le Projet d'Appui à la réforme et modernisation du système judiciaire et pénitentiaire en Côte d'Ivoire[3] , dont l'objectif global est de rendre les systèmes judiciaire et pénitentiaire ivoiriens efficaces et plus respectueux des droits de l'Homme[4], s'inscrit dans le cadre de la diffusion internationale d'outils de l'UE.

L'UE finance aussi le projet de lutte contre les détentions préventives abusives (DPA). Dans ce cadre, la mise en œuvre d'un programme de respect des garanties judiciaires vise à accompagner les États tiers à « adopter et mettre en œuvre des garanties législatives et procédurales contre la torture et les mauvais traitements afin de veiller à ce que les personnes privées de liberté soient déférées à une autorité judiciaire dès leur arrestation », à « améliorer les conditions de détention des personnes privées de liberté » et à « permettre à des représentants de la société civile suffisamment qualifiés de se rendre sur les lieux de détention des personnes privées de liberté »[5].

La Banque Mondiale, quant à elle, est fortement inspirée de l'économie d'entreprise, qui identifie les facteurs ayant un impact majeur sur la durée des procédures. Cette dernière est mesurée par un indicateur, le *clearance rate*[6], « qui met en relation les cas résolus dans l'année par les tribunaux, avec le nombre de cas entrant »[7].

Cette dynamique s'inscrit dans le cadre de la transparence et de la lutte contre la corruption par le biais du développement des nouvelles technologies

---

[1] *Ibid.*, p. 8.

[2] *Ibid.*, p. 9.

[3] Projet d'Appui à la réforme et modernisation du système judiciaire et pénitentiaire en Côte d'Ivoire (CRIS : 2009/021-384).

[4] https://ec.europa.eu/europeaid/documents/aap/2009/af_aap_2009_civ.pdf

[5] ACHOU Okia Arnold, BERNARD Marie-Julie, FISCHER Bénédicte, GRASSY Lionel (dir.), « L'Evolution des pratiques pénitentiaires en République de Côte d'Ivoire, entre circulation des modèles et réception incomplète des normes supranationales », *in Présumé.e innocente.e ? Étude sur la détention préventive en Côte d'Ivoire*, ACAT, FIACAT, CERDAP², janvier 2020, p. 115.

[6] Cf. BUSCAGLIA Edgardo et DAKOLIAS Maria, *Comparative International Study of Court Performance Indicators*, Washington DC, World Bank, 1999.

[7] HADJIISKY Magdaléna, VISIER Claire, *op. cit.*, p. 28.

de l'information et de la communication (NTIC). Elle peut être observée dans le domaine judiciaire. A titre d'illustration, en Côte d'Ivoire, le premier Président de la Cour d'appel d'Abidjan, M. François KOMOIN a déclaré : « Lors de la mise en place de la Cour (cette année) [...] la Banque Mondiale, qui nous demandait de la transparence, avait deux critères d'évaluation : les délais de procédure et la publication de toutes les décisions sans tri »[1]. C'est dans ce contexte que la Cour d'appel de Commerce d'Abidjan et la Société française Lexbase ont signé une convention pour la numérisation et la publication des décisions de justice afin notamment de lutter contre la corruption et d'assurer la sécurité juridique. « Avec cette convention, nous avons cette transparence »[2] a ajouté le premier Président de la Cour.

Aussi, l'objectif principal de l'approche « garanties judiciaires »[3] du CICR vise-t-il à attirer l'attention et à responsabiliser les autorités judiciaires et pénitentiaires sur l'une des causes principales de la surpopulation carcérale, en RCI, à savoir les longs délais dans le traitement des dossiers en matière pénale.

Dans une étude publiée en 2019, le Haut-Commissariat des Nations Unies aux Droits de l'Homme établit « les liens entre, d'une part, les obligations qu'impose le droit international des droits de l'Homme et, d'autre part, les politiques et processus budgétaires »[4] ; lesquels « sont de plus en plus reconnus par des organismes des Nations Unies, comme le Comité des droits économiques, sociaux et culturels et le Comité des droits de l'enfant, ainsi que des rapporteurs spéciaux et des experts indépendants »[5].

Ces liens cherchent à « sensibiliser les représentants des pouvoirs publics à leurs obligations en matière de droits de l'Homme afin qu'ils les comprennent mieux, dans la mesure où ce sont eux qui allouent les crédits budgétaires, engagent les dépenses prévues et évaluent l'incidence du budget sur la réalisation des droits de l'homme »[6].

Aussi, dans le domaine de l'évaluation de l'obligation des États en matière de droits de l'Homme, les mécanismes internationaux des droits de l'Homme

---

[1] Agence France Presse (AFP), « Côte d'Ivoire : numérisation et publication des décisions de justice pour lutter contre la corruption », Abidjan, le 5 juin 2018, consulté le 06/02/2021 sur le site https://www.actualitesdudroit.fr/browse/afrique/droits-nationaux/13941/cote-d-ivoire-numerisation-et-publication-des-decisions-de-justice-pour-lutter-contre-la-corruption

[2] *Idem.*

[3] GRASSY Lionel, Présentation du Projet P3/7 de PSF, Actes de la Journée sur la détention préventive en RCI, 28 avril 2009, p. 12.

[4] Haut-commissariat des Nations Unies aux Droits de l'Homme et International Budget Partenership, « Réaliser les droits de l'Homme grâce aux budgets publics », New York et Genève, 2019, HR/PUB/17/3, p. 7 ; https://www.ohchr.org/sites/default/files/Documents/Publications/RealizingHRThroughGovernmentBudgets_FR.pdf, consulté le 16/03/2022.

[5] *Ibid.*, p. 12.

[6] *Ibid.*, p. 7.

révèlent-ils les liens étroits entre les budgets publics et les droits de l'Homme[1]. Ainsi, « des acteurs de la société civile et des défenseurs des droits de l'Homme, entre autres, comptent sur les audits sociaux, les systèmes de suivi des dépenses et des résultats budgétaires et d'autres outils d'évaluation des budgets pour recueillir des données essentielles sur les efforts faits en matière de droits de l'Homme, et pour appeler à prendre les mesures budgétaires nécessaires pour améliorer l'exercice des droits de l'Homme »[2].

En effet, « un budget soigneusement conçu, exécuté et contrôlé est essentiel à la réalisation des droits de l'Homme »[3]. A titre d'illustration, « un système judiciaire efficace est primordial pour que chacun ait accès à la justice. Un tel système nécessite des ressources financières pour rémunérer des juges et des avocats de la défense très compétents, et garantir aux accusés des procédures équitables, dans un délai raisonnable, conformément à l'article 9 du Pacte international relatif aux droits civils et politiques »[4].

On peut observer, toutefois, les tensions internes et la relative diversité des forums internationaux. Ainsi, dans le domaine de la justice, *la clearance rate*[5] est un indicateur issu de la boîte à outils labellisée « NPM » et mis au point par la Banque mondiale. Le modèle véhiculé par celle-là et l'UE « renvoie à la structuration d'un modèle de l'administration de la justice qui ne se limite plus à considérer son efficacité dans le cadre de l'État de droit, mais qui intègre à sa logique d'évaluation le modèle de l'efficacité du marché »[6]. Un tel modèle pourrait-il efficacement lutter contre la détention préventive abusive, qui est une situation juridique d'une personne préventivement maintenue en prison au-delà des délais légaux et constitue une atteinte grave au droit à la liberté des personnes présumées innocentes ?

Deux choses doivent retenir notre attention ici, allant dans le sens des résultats du rapport de la CEPEJ[7]. La première renvoie au principe selon lequel « la justice est un service public, [qui] promeut un dispositif qui associe l'évaluation quantitative à une finalité qualitative, descriptive et analytique. Si les indicateurs managériaux de performance sont intégrés au dispositif, celui-ci n'est pas pensé comme prescriptif d'un modèle spécifique de réforme »[8]. La deuxième, « s'appuyant sur le dispositif et le modèle européen, développe un instrument de *benchmarking* de la justice qui vise aussi les acteurs

---

[1] *Ibid.*, p. 12.
[2] *Ibid.*, p. 7.
[3] *Ibid.*, p. 11.
[4] *Ibid.*, p. 11.
[5] CAPPELLINA Bartolomeo, « Evaluer l'administration de la justice dans les pays européens. Une co-construction entre union européenne et conseil de l'Europe », *Revue française d'administration publique,* n° 161, 2017, pp. 59-72.
[6] *Idem*, p.70.
[7] Cf. Commission européenne pour l'Efficacité de la Justice (CEPEJ), Rapport sur les systèmes judiciaires européens - Edition 2014 (2012) : efficacité et qualité de la justice, Strasbourg, Conseil de l'Europe, 2014.
[8] CAPPELINA Bartolomeo, *op. cit.*, p. 70.

économiques et qui intègre pleinement le motif cognitif de la performance économique à l'intérêt pour l'État de droit »[1]. Ce sont alors « deux dynamiques conjointes et concurrentielles »[2] qui doivent structurer les politiques de réforme judiciaire et pénitentiaire. A ce niveau, à l'instar du Mali, « la Côte d'Ivoire représente un parfait laboratoire d'analyse des évolutions et des tensions autour de l'intégration et de la circulation des modèles »[3].

CONCLUSION

Si on s'accorde sur le fait que les réformes administratives en Afrique francophone subsaharienne connaissent l'influence des prescriptions du NMP, à travers notamment les politiques économiques communautaires et les organisations internationales, « l'approche techniciste et a-territoriale, décontextualisée par rapport au système politico-juridique, souvent adoptée par certains acteurs, a suscité de nombreuses critiques, y compris au sein de certaines grandes organisations internationales »[4]. Va-t-on octroyer les crédits ou évaluer les juges en fonction du délai de traitement des dossiers en matière pénale ? Va-t-on imposer comme indicateur de performance le nombre de traitements de dossiers en matière pénale ? Peut-on mesurer le risque d'une action de traitement accéléré et systématique des dossiers judiciaires, notamment quand il s'agit de la corruption et du terrorisme ?

Il est important de chercher nécessairement un équilibre entre les nouveaux outils managériaux véhiculés à travers les canaux précédemment décrits et les spécificités du secteur public, en particulier les secteurs judiciaire et pénitentiaire. Par exemple, il est impératif de trouver une harmonie entre les exigences de délais et celles relatives à la qualité de la procédure et à la décision. Cela implique des mesures compréhensibles par tous les acteurs, fondées sur les pratiques plus que sur les théories dérivées d'autres secteurs. D'autres défis restent à surmonter, notamment celui de concilier les outils de management avec les particularités des administrations judiciaire et pénitentiaire et la mise en œuvre effective de la logique de résultats dans la gestion financière publique en Afrique subsaharienne francophone.

---

[1] *Idem.*

[2] *Idem.*

[3] ACHOU Okia Arnold, BERNARD Marie-Julie, FISCHER Bénédicte, GRASSY Lionel, *op. cit.*, p. 116.

[4] HADJIISKY Magdaléna, VISIER Claire, *op. cit.*, p.16.

La logique néo-managériale dans les politiques d'aide au développement. Le cas de l'Instrument Européen pour la Démocratie et les Droits de l'Homme (IEDDH).

Robin TERRASSON[1]
Diplômé de l'Institut d'Études Politiques de Grenoble

L'étude des instruments a connu un essor remarquable depuis une vingtaine d'années dans les recherches en sciences sociales, aussi bien en science politique[2] qu'en sciences de gestion[3] ou encore en sociologie économique sous l'influence de Michel Callon[4].

Un tel succès s'explique par les usages analytiques fertiles et forts divers qu'offre ce concept. L'instrument est ainsi un carrefour des interactions sociales où il est possible de comprendre les idées, intérêts et stratégies de ceux qui ont choisi ou fabriqué l'instrument[5] aussi bien que les résistances, réappropriations et détournements de ceux qui subissent celui-ci[6]. Ainsi, l'analyse centrée sur les instruments offre un intérêt empirique, en prêtant attention aux acteurs, tout en ouvrant la voie à une repolitisation des politiques publiques en pointant le rôle des idées, idéologies et stratégies dans la fabrique des politiques.

Ce dernier point est important. Loin d'être réductible à un outil, la technicité de l'instrument et la légitimation par la raison qu'ils permettent sont affaire de choix et sont le fruit d'idées, de compromis, d'affrontements[7].

Cette critique d'une technicité apolitique, facette clé des approches par les instruments, est à mettre en lien avec des traits majeurs de l'évolution de l'action publique depuis plusieurs décennies. L'avènement du néolibéralisme

---

[1] *Je tiens à remercier mon camarade M. Florent Frasque pour son soutien et ses précieux conseils dans l'écriture de cet article.*

[2] LE GALES Patrick, LASCOUMES Pierre (dir), *Gouverner par les instruments*, Paris, Presses de Sciences Po, 2005 ; HALPERN Charlotte, LASCOUMES Pierre, LE GALES Patrick (dir), *L'instrumentation de l'action publique*, Paris, Presses de Sciences Po, 2014.

[3] CHIAPELLO Eve, GILBERT Patrick, *Sociologie des outils de gestion*, Paris, La Découverte, 2013.

[4] CALLON Michel, MILLO Yuval, Muniesa Fabian, *Market devices*, Oxford, Blackwell Publications, 2007.

[5] EPSTEIN Renaud, *La rénovation urbaine*, Paris, Presses de Sciences Po, 2013.

[6] POUPEAU François-Mathieu, « L'émergence d'un Etat régional pilote. La recomposition des jeux administratifs autour du Ministère de l'Environnement et du Développement durable dans une région française », *Gouvernement et action publique*, 2013/2, pp. 268-269 ; DE LARMINAT Xavier, « L'informatisation des services de probation. Une mise en abyme des réformes de modernisation », *in* HALPERN Charlotte, LASCOUMES Pierre, *op. cit.*, pp. 445-464.

[7] LASCOUMES Pierre, LE GALES Patrick, « Introduction », *op. cit.*, pp. 11-44.

dans les années 1980-1990 et l'influence croissante du *New Public Management* ont profondément modifié la forme comme le fond des politiques publiques : présentation des problèmes publics sous un angle technique plutôt que politique, mise en concurrence, conditionnement des budgets à des objectifs de performance, responsabilisation des acteurs par la contractualisation[1].

Il a découlé de ces mutations une modification des relations de pouvoir entre les acteurs de l'action publique. Ainsi, Renaud Epstein[2] a montré comment le recours, dans la politique de rénovation urbaine, par des hauts fonctionnaires, à une mise en concurrence des communes pour les financements est caractéristique d'une tendance à la recentralisation du pouvoir. Dans le même temps, viennent s'ajouter à la maitrise des financements et à la mise en concurrence la délégation de la mise en œuvre des politiques aux communes, l'État central se réservant le suivi (grâce aux techniques de *reporting*) et l'évaluation des réalisations. Tout cela contribue à une nouvelle concentration du pouvoir par l'État, le reste des acteurs étant contraint à une position de subordination.

Ces nouvelles tendances ne sont pas pour autant sans susciter des problèmes nouveaux : excès de formalisme, priorités aux objectifs plutôt qu'à l'analyse de la mise en œuvre, manque d'autonomie pour les travailleurs de terrain de l'action publique, homogénéisation et conformisme des objectifs et projets, résultats décevants. A trop fétichiser et exalter les promesses des instruments néomanagériaux, on risque d'aboutir à de cruelles déconvenues[3].

Le succès de ces nouveaux instruments d'action publique (*reporting*, mise en concurrence, gestion de projet, contractualisation) est loin de se limiter aux États. Ainsi, Véronique Dimier[4] a mis en lumière le processus historique de conversion de la DG VIII (politique de coopération) de la Commission européenne à une identité et des pratiques gestionnaires et managériales. Une telle évolution des administrations et politiques européennes est loin d'être

---

[1] BEZES Philippe, *Réinventer l'État. Les réformes de l'administration française (1962-2008)*, Presses Universitaires de France, 2009 ; FAUCHER-KING Florence, LE GALES Patrick, *Les gouvernements New Labour. Le bilan de Tony Blair et Gordon Brown,* Paris, Presses de Sciences Po, 2010, pp. 9-29.

[2] EPSTEIN Renaud, *op. cit.*

[3] LE GALES Patrick, « Contrôle et surveillance. La restructuration de l'Etat en Grande-Bretagne » *in* LASCOUMES Pierre, LE GALES Patrick, *op. cit.*, pp. 237-271 ; FAUCHER-KING Florence, *op. cit.* ; BEZES Philippe « Le nouveau phénomène bureaucratique. Le gouvernement par la performance entre bureaucratisation, marché et politique », *Revue française de science politique*, 2020/1, pp. 21-47.

[4] DIMIER Véronique, « "Adieu les artistes, here are the managers" : les réformes managériales au sein de la DG Développement de la Commission européenne », *Sociologie du travail*, 52/2, avril-juin 2010, pp. 234-254.

marginale et de se réduire à la DG VIII (désormais DevCo). C'est ainsi également le cas des fonds européens au tournant des années 1990[1].

Dans le cas de la politique de coopération de l'UE, ce tournant gestionnaire a perduré pour devenir un élément clé de l'identité des fonctionnaires de DevCo[2]. En parallèle de cela, la politique de soutien à la démocratie s'est dotée de mesures actives avec la création de l'IEDDH en 1994 (Initiative européenne pour la démocratie et les droits de l'Homme[3]) laquelle en permettant de financer des projets dans d'autres pays offre des possibilités nouvelles par rapport à la période précédente, marquée par des moyens diplomatiques le plus souvent non utilisés[4].

Dès lors, il est légitime de se poser la question suivante : Quels sont les effets des instruments gestionnaires sur la mise en œuvre de la politique de démocratisation et sur les ONG bénéficiaires en charge de mener cette politique ?

Afin de répondre à cette problématique, nous avons décidé de réaliser une étude de cas centrée sur un projet financé dans le cadre de l'IEDDH. Intitulé « Améliorer les conditions de détention dans 10 maisons d'arrêt et de correction en Côte d'Ivoire », ce projet s'inscrit dans le cadre de l'appel à projets nommé « Contribuer à la démocratie et à l'État de droit par la promotion et la protection des droits des personnes et groupes vulnérables en Côte d'Ivoire », émis dans le contexte de l'Instrument Européen pour la Démocratie et les Droits de l'Homme (IEDDH).

Le projet étudié émane d'un constat alarmant quant à la surpopulation carcérale en Côte d'Ivoire. Le taux d'occupation des prisons ivoiriennes, au moment de l'appel à projets, atteignait 151%. Une telle situation résulte notamment de nombreux cas de détention préventive abusive.

En conséquence, l'objectif de ce projet est de lutter contre la pratique abusive de la détention préventive, dans le but de diminuer le taux d'occupation des prisons et de prévenir ainsi, a priori, les actes de torture et les mauvais traitements.

---

[1] Commissariat général à l'égalité des territoires, Les fonds européens structurels et d'investissement 2014-2020. Histoire, mise en œuvre et projets, 2018, p.17 (téléchargeable en ligne sur le site du CGET).

[2] MOUHIB Leïla, *L'Union européenne et la promotion de la démocratie. Les pratiques au Maroc et en Tunisie*, Bruxelles, Editions de l'Université de Bruxelles, 2017, 252 p.

[3] Devenu « Instrument européen pour la démocratie et les droits de l'Homme » avec la réforme de 2006. Depuis 2021, l'UE souhaitant intégrer ses différentes politiques extérieures, il a été créé un « Instrument de voisinage, de coopération au développement et de coopération internationale » (NDICI) dans lequel l'IEDDH existe désormais sous la forme d'un programme thématique « Droits de l'Homme et démocratie ». L'article portant sur une période antérieure, nous utilisons le sigle IEDDH.

[4] TIBERGHIEN Christine, « La politique des droits de l'homme de l'Union européenne » in Damien HELLY Damien, PETITEVILLE Franck (dir.), *L'Union européenne, acteur international*, Paris, L'Harmattan, 2005, pp. 105-118.

Pour ce faire, le projet entend mener des ateliers à destination de la société civile, du personnel judiciaire et pénitentiaire et des autorités publiques dans le but de former la population, et surtout les acteurs de la chaîne pénale, au respect des garanties judiciaires. Plus concrètement, le projet inclut également de nombreuses visites de prison afin d'identifier les cas de détention abusive, qui seront ensuite confiés à des avocats référents. Un troisième volet réside dans le travail de publicisation de cette problématique, à destination des organismes internationaux, à travers la réalisation de plaidoyers et de rapports, mais aussi à destination de la population, grâce à des interventions médiatiques visant à sensibiliser quant aux droits des détenus. Ce dernier point favoriserait la réinsertion des prévenus libérés.

Ce projet est principalement porté par la Fédération Internationale de l'Action des Chrétiens pour l'Abolition de la Torture (FIACAT). Le consortium inclut l'Action des Chrétiens pour l'Abolition de la Torture en Côte d'Ivoire (ACAT-CI), au titre de co-demandeur. Ces deux entités se partagent les responsabilités de telle sorte que la FIACAT répond de la bonne gouvernance du projet et de sa représentation internationale tandis que l'ACAT-CI est chargée d'exécuter le projet en faisant fructifier son expérience du terrain et ses contacts locaux.

Ce projet s'inscrit au sein d'un programme plus large puisque la FIACAT mène des actions similaires dans d'autres pays d'Afrique et qu'elle avait déjà initié certaines activités en Côte d'Ivoire grâce à des appuis financiers divers. Cela témoigne de la capacité de l'organisation à intégrer une démarche de cofinancement, chère à l'Union Européenne, bien que cette étape soit ici moins décisive qu'à l'accoutumée, en raison du taux de couverture élevé (75%, voire 90% pour les associations ivoiriennes) admis par l'Union Européenne.

Ce projet de la FIACAT a donc été financé dans le cadre de l'Instrument européen pour la démocratie et les droits de l'homme (IEDDH). Cet instrument est caractéristique d'une tendance des politiques d'aide au développement de l'UE à cibler de plus en plus la société civile pour porter les projets. L'IEDDH fonctionne selon les règles de l'appel à projets, du marché public et de la gestion de projet mais il semble, tout autant que d'autres financements européens, faire l'objet de procédures et d'une formalisation importantes et complexes[1].

L'étude de cas que nous menons permet donc d'illustrer et d'appuyer notre réponse à la problématique précédemment formulée, en éclairant tout d'abord les mécanismes présidant à une professionnalisation et une formalisation croissantes puis en se penchant sur leurs effets sur les ONG et donc *in fine* sur l'adéquation entre ces effets et les objectifs affichés par l'UE au sein de ces appels à projets, à savoir agir en touchant directement la société civile.

[1] TORDJMAN Simon, « La paix par la démocratie », in BAZIN Anne, TENENBAUM Charles (dir), *L'Union européenne et la paix*, Paris, Presses de Sciences Po, 2017, pp. 87-112.

En résulte la mise en lumière de logiques contradictoires inhérentes à l'IEDDH entre une stratégie d'action mettant l'accent sur une mise en œuvre portée par des ONG locales, et un processus de rationalisation gestionnaire charriant des dispositifs de contrôle et d'évaluation poussés.

Dans un premier temps nous nous pencherons sur la complexification de la gestion de projet, dont l'obsession de l'évaluation est un des avatars, et ses conséquences sur la pratique de la gestion de projet. Puis, la politique européenne mettant l'accent sur l'importance à accorder à la société civile des pays en voie de développement comme porteur des projets, nous nous pencherons sur les problèmes que pose la formalisation pour atteindre cet objectif. Ces problèmes sont révélateurs d'une problématique plus générale : celle de l'adéquation des règles formelles avec la mise en œuvre et ses enjeux.

1. La formalisation et la professionnalisation croissantes de la gestion de projet

1.1. La sacralisation de l'évaluation

La prévision d'évaluations fait partie des exigences imposées par l'UE pour toute demande de subventions. Dans le cadre du projet étudié, la FIACAT a réalisé deux types d'évaluations distinctes : une évaluation interne et une évaluation externe.

L'évaluation interne se caractérise par un phénomène de contractualisation. Les différents partenaires du projet signent en effet un contrat qui formalise les différents éléments du projet. Les parties prenantes sont donc liées par contrat et ne peuvent ainsi se soustraire à leurs obligations. La conduite d'audits financiers réguliers complète cette procédure d'évaluation interne.

Cette évaluation s'incarne également dans la remise d'un rapport final exigé par l'UE. Grâce à celui-ci, l'administration européenne entend contrôler les actions effectivement menées mais aussi les dépenses budgétaires. Elle se réserve le droit de rejeter un rapport incomplet. Cela implique donc la mise en œuvre d'une procédure d'évaluation particulièrement rigoureuse pour les porteurs de projets.

La FIACAT procède alors à l'évaluation systématique de tous les résultats obtenus à travers l'analyse des indicateurs préalablement définis dès le dépôt de la demande de subvention. La mise à jour du cadre logique du projet témoigne de cet effort. Les éléments à évaluer indiqués par l'UE sont très divers : les porteurs de projets doivent notamment expliciter la manière avec laquelle ils ont respecté et rempli tous les principes et objectifs fondamentaux contenus dans l'appel à projets. Il leur est également demandé d'évaluer les relations entre les membres du consortium. Au final, chaque point du projet, jusque dans les relations humaines et professionnelles qu'il suscite, est soumis à une évaluation formelle.

A cette évaluation interne, s'ajoute une évaluation externe confiée à deux consultantes indépendantes qui ont obtenu le contrat dans le cadre d'un marché public. Cette évaluation s'appuie sur une méthode rigoureuse, amplement détaillée dans le rapport d'évaluation. Le graphique ci-dessous résume la méthodologie appliquée :

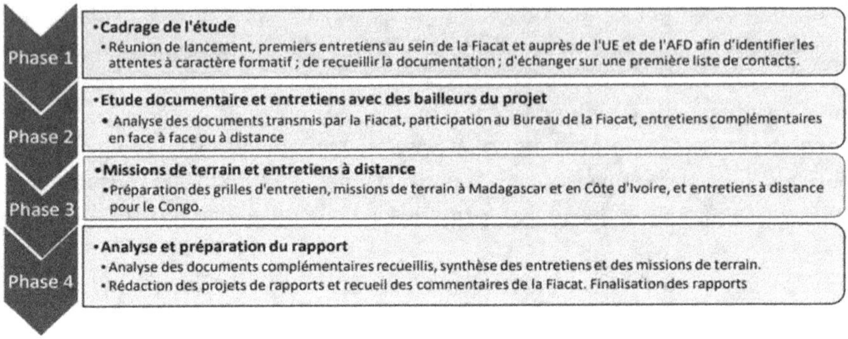

Méthodologie de l'évaluation externe appliquée au projet étudié[1].

A partir de celle-ci, les évaluatrices jugent de la pertinence, de l'efficacité, de l'efficience, de l'impact et de la durabilité du projet et émettent des recommandations. La présence d'une analyse de type SWOT au sein de l'évaluation illustre une fois de plus la formalisation croissante des procédés d'évaluation mis en œuvre dans le cadre de la gestion de projet.

La place fondamentale de l'évaluation observée ici, dans le contexte de la gestion de projet, n'est pas sans rappeler l'essor de l'évaluation des politiques publiques[2]. Cet essor de l'évaluation renvoie en effet à une culture du résultat et pousse les responsables de politiques publiques, tout comme les responsables de projet, à professionnaliser leurs pratiques afin de remplir les objectifs définis en vue d'éviter une évaluation négative[3].

Le processus de contractualisation observé dans le cadre de notre étude de cas fait lui aussi écho à de nombreux constats effectués dans le contexte des politiques publiques. Cette tendance à la contractualisation, inspirée du *New Public Management*[4], se retrouve dans de nombreux secteurs de politiques publiques. L'instrument contractuel est par exemple employé dans le champ de la lutte contre l'insécurité et de la prévention de la délinquance, à travers le

---

[1] GUILLET Stéphanie, MATRAS Corinne, « Améliorer les conditions de détention dans 10 maisons d'arrêt et de correction de Côte d'Ivoire » [Rapport final d'évaluation externe du projet], 2020, p. 13.

[2] BEZES Philippe, *Réinventer l'État, op. cit.*

[3] PERRET Bernard, « L'évaluation des politiques publiques », *Esprit*, Décembre (12), 2008, pp. 142-159.

[4] BEZES Philippe et *al.* , « New Public Management et professions dans l'État : Au-delà des oppositions, quelles recompositions ? », *Sociologie du travail,* 53/3, juil-sept. 2011, pp. 293-348.

développement de contrats locaux de sécurité[1]. Ce phénomène participe lui aussi d'un processus de formalisation et impose aux acteurs une professionnalisation croissante afin de respecter leurs engagements contractuels et de s'adapter aux nouveaux instruments gestionnaires : montage de projet, candidature à un appel à projets, maîtrise du *reporting*...

Il s'agit là de nouvelles compétences par rapport au passé. Celles-ci viennent s'ajouter à la spécialisation déjà impliquée par la mise en œuvre du projet, soit une augmentation en termes de coûts (personnel spécialisé) qui tend à restreindre l'accès compte tenu des écarts de culture et formalisation gestionnaires et juridiques entre les pays Nord et Sud.

1.2. La lourdeur des exigences administratives et le rôle de l'expérience : favoriser les *repeat players*

Le poids des procédures et des attentes gestionnaires impacte les ONG et leurs actions en différents points.

Tout d'abord, la logique d'appel à projets oblige à l'élaboration, la rédaction et la transmission de documents, tâches occupant une part importante du travail et ce, au détriment du temps consacré au projet lui-même. C'est ensuite la rédaction de documents de suivi et d'évaluation qui pèse lourdement sur les ONG.

Ces nouvelles missions se différencient de celles relevant de la mise en œuvre du projet. Les ONG sont donc amenées à s'adapter à cette évolution impliquant de nouvelles compétences (montage de projet, connaissance des procédures, suivi, évaluation) et donc possiblement du personnel supplémentaire.

Ainsi, dans le cas étudié, l'UE fournit une liste de plus de dix documents techniques. Certes, l'UE, consciente de la complexité, s'efforce de fournir des documents pédagogiques et des modèles. Cependant, la complexité demeure.

Simultanément, la lourdeur peut avoir des conséquences remarquables sur le travail. Les contraintes formelles, parfois contradictoires, peuvent nuire à la capacité d'action et d'analyse des acteurs et donner l'impression d'être submergés par les contraintes, celles-ci devenant un frein à une bonne compréhension de la mise en œuvre du projet. C'est notamment le cas du *reporting*. Le fait de devoir réaliser un suivi permanent et de préparer des évaluations internes prend du temps, des moyens humains au détriment du projet.

Outre ces conséquences sur la mise en œuvre de la politique, cette nécessaire spécialisation conduit à hiérarchiser les ONG en fonction de leurs moyens (financiers, humains, expérience et expertise), au détriment des ONG du Sud. Pour un certain nombre d'ONG, il n'est pas possible de disposer de

[1] LE GOFF Tanguy, « Les contrats locaux de sécurité à l'épreuve du terrain : Réflexions sur l'action publique locale en matière de sécurité », *Politiques et Management Public*, 20 (1), 2002, pp. 105-119.

professionnels et de services spécialisés dans la gestion des contraintes procédurales. A cela s'ajoutent la connaissance et l'expérience des appels à projets européens dont l'accumulation par une ONG favorise ses chances d'obtenir de nouveaux contrats.

Ainsi, les critères de sélection des projets favorisent donc des porteurs de projets professionnalisés, ayant les moyens humains, techniques et financiers pour répondre aux exigences administratives des appels à projets et disposant d'une expérience conséquente en la matière. La notion de *repeat player*, notamment théorisée dans le champ de la sociologie du droit[1], aide à la compréhension d'un tel phénomène. Celle-ci désigne des acteurs qui interviennent de manière régulière et répétée au sein d'un champ spécifique. Ils en connaissent donc les codes, les pratiques et les habitudes et possèdent en cela un avantage sur les *one shot player* ou joueurs occasionnels, c'est-à-dire sur ceux qui ne pénètrent que rarement dans ce champ. Ainsi, en gestion de projet européen, tout comme dans le champ juridique, la nécessité de l'expérience, de la professionnalisation, de la connaissance des codes et pratiques, explique que ce sont toujours les mêmes qui gardent l'avantage[2].

La formalisation de l'IEDDH tend donc à rendre difficile l'accès aux ONG des pays Sud et à favoriser les acteurs les plus professionnalisés pour l'obtention de subventions européennes, soit le fruit d'une contradiction entre l'attente de partenaires aux structures solides et avec des moyens et l'objectif de soutenir les ONG locales. Cette contradiction au cœur de l'IEDDH se retrouve dans d'autres points dont les critères pour pouvoir candidater aux offres.

2. L'APPEL A PROJETS A L'EPREUVE DES FAITS : CONTRADICTIONS DE L'INSTRUMENT ET ATTITUDE OPPORTUNISTE DES ONG

2.1. Une contradiction entre des critères restrictifs et une volonté de cibler la société civile

L'appel à projets européen auquel a répondu la FIACAT imposait un budget total compris entre 500000 et 700000 euros. Cela induit nécessairement que le porteur de projet soit une ONG conséquente, capable de monter un projet d'une telle ampleur. L'appel à projets pose également d'autres conditions encore plus difficiles à remplir pour une ONG locale. C'est également le cas des critères d'expérience.

L'UE exige en effet que le demandeur ait géré sur les trois années précédentes au moins un projet d'un montant similaire à celui auquel il

[1] Voir notamment BINGHAM Lisa B., « Employment Arbitration: The Repeat Player Effect », in *Employee Rights and Employment Policy Journal*, vol. 1, 1997, p. 189.

[2] GALANTER Marc, « Why the "Haves" Come out Ahead: Speculations on the Limits of Legal Change », *Law & Society Review*, 1974, 9 (1), pp. 95-160.

postule. Une telle exigence tend à favoriser nettement les organisations avec lesquelles l'UE travaille depuis longtemps. De plus, compte tenu de leur taille, beaucoup d'ONG locales ne peuvent prétendre à une telle expérience antérieure, d'autant plus qu'au regard des projets passés de la FIACAT et de l'ACAT-CI, il est possible de remarquer que l'Agence française de développement et l'UE sont les seuls bailleurs de fonds qui proposent de financer des projets si importants. Les montants issus des autres sources de financement sont beaucoup plus limités. Il apparaît alors paradoxal que l'UE exige une expérience passée sur un même montant alors même qu'elle est presque le seul acteur à émettre de tels appels à projets.

Avant la réforme de 2006 de l'IEDDH, Christine Tiberghien remarquait que l'IEDDH faisait l'objet de critiques en raison d'une tendance à la dispersion des financements[1]. La réorientation de la stratégie de l'UE vers un ciblage d'ONG importantes en résulte sans doute.

Cependant, il est possible à de grandes ONG transnationales de porter le projet, se chargeant de l'appel à projets tout en intégrant des ONG plus petites. Dès lors, s'il y a bien relation de dépendance, il est malgré tout possible, en dépit des limites intrinsèques à l'IEDDH, de soutenir les sociétés civiles locales.

Il semble toutefois que l'UE prenne conscience de cela. Elle indique en effet que ces exigences valent seulement pour le coordinateur, la tête de liste du consortium. On peut supposer que ce choix vise à concilier la présence des ONG locales (la « société civile ») et les exigences administratives et comptables. Il reste qu'on peut se demander si de telles règles n'impliquent pas systématiquement de cantonner les ONG locales dans des rôles de partenaires dépendants. Une telle asymétrie de pouvoir n'est pas forcément sans conséquence sur la maîtrise des projets (définition des objectifs ou hiérarchisation de ces objectifs) et leur mise en œuvre.

Au final, l'objectif de l'appel à projet étudié n'est donc évidemment pas de financer un grand nombre de petits projets et de contribuer ainsi à la consolidation d'un tissu micro-associatif en Côte d'Ivoire. Au contraire, l'objectif est bel et bien d'installer et de légitimer une organisation non gouvernementale intermédiaire et de la doter des moyens nécessaires au développement de politiques publiques spécifiques à destination de la société civile.

Si la société civile constitue bien la cible du projet étudié, notamment à travers la mise en place d'ateliers de formation à sa destination, il s'agit en réalité d'une société civile restreinte, tant en termes de nombre, que de catégories sociales. Les cibles prioritaires de ces ateliers sont avant tout les acteurs de la chaîne pénale : avocats, magistrats, directeurs de prison.

---

[1] TIBERGHIEN Christine, *op. cit.*

2.2. Une volonté d'optimisation par l'imposition d'objectifs nombreux mais parfois détachés de la réalité et de la faisabilité des projets ?

Les porteurs de projets souhaitant obtenir des subventions européennes sont contraints de se conformer aux objectifs imposés par l'UE. Il est d'ailleurs judicieux de remarquer que cette dernière réussit ainsi à imposer des objectifs de politiques publiques dans des États non membres de l'Union, en contournant les gouvernements locaux.

Les objectifs sont des éléments tout sauf négligeables dès lors qu'afin de rationaliser l'attribution des subventions, l'UE recourt à un barème de notation précis.

En raison de la logique de compétition pour l'obtention de ces fonds (système de notation avec un barème par objectif) et de la rareté des bailleurs de fonds si importants, les porteurs de projets sont donc incités à adapter leurs objectifs et promesses d'action.

A la lecture des documents de cadrage de l'appel d'offres IEDDH étudié, il apparaît une contradiction entre différentes logiques à l'œuvre. L'appel d'offres s'organise autour d'une pluralité de « priorités », laquelle permet d'être ouvert à un large éventail d'ONG et de projets (logique d'ouverture). Cependant, le barème de notation incite à complaire aux attentes des bailleurs, en affichant le plus de « priorités » possibles (logique d'efficience).

Il se pose alors la question des effets pervers de cette logique d'optimisation par la concurrence et les objectifs et en particulier l'incitation à prétendre remplir le plus de priorités, quitte à ce que cela ait une dimension partiellement cosmétique.

L'appel à projets auquel a répondu la FIACAT incluait notamment l'objectif de « parvenir à l'égalité des sexes et autonomiser toutes les femmes et les filles ». Cet objectif transversal étant difficilement traitable dans le cadre du projet proposé, le porteur de projet argumente avoir rempli cet objectif en prêtant une « une attention particulière à la représentativité équitable des genres [...] parmi les participants aux ateliers, lors du recrutement des coordinateurs, lors du recrutement des avocats référents et lors de la constitution des équipes de bénévoles pour les visites des prisons cibles ».

Il est donc possible d'émettre l'hypothèse que la logique mixte derrière les objectifs des appels à projets de l'IEDDH conduit les ONG à l'alternative entre l'affirmation d'un projet spécifique au risque d'un refus ou bien une posture stratégique visant à maximiser les chances de réussite au risque d'un manque de sincérité du projet.

Si cette dimension de l'IEDDH apparaît comme moins déterminante que les critères d'accessibilité restrictifs étudiés précédemment, elle n'en affecte pas moins le comportement des ONG, tendant à favoriser des attitudes stratégiques et opportunistes et nuisant à des rapports véritablement transparents entre bailleurs et porteurs de projet.

CONCLUSION

L'étude du projet IEDDH de la FIACAT met en lumière le poids croissant des procédures, contraintes formelles et de leurs effets. Au point que se pose la question de la cohérence entre moyens et fins.

Ainsi, les contraintes du *reporting* imposent un temps important passé à la rédaction de rendus, à la transmission de documents. Toutes ces activités nécessitent une masse de travail non négligeable et se font au détriment de la mise en œuvre de la politique.

D'autre part, la constitution progressive de modèles de « bonne gestion », l'établissement de « profils types », de règles filtres visant à garantir la viabilité des projets, l'assurance de l'efficacité et d'une bonne gestion comptable, tendent à exclure une grande partie des ONG des pays du Sud alors même que celles-ci existent et cherchent à conduire de nombreux projets et sont les partenaires visés par l'UE.

L'application systématique de principes, doctrines et techniques d'inspiration gestionnaire à une politique publique sans vraiment examiner et intégrer les spécificités (terrain, caractéristiques des acteurs, problématiques rencontrées dans la mise en œuvre de projets...) conduit à un instrument rigide et aux effets pervers, manquant, logiquement, une partie de ses objectifs.

Ce constat est, semble-t-il, loin de valoir seulement pour le cas étudié. En effet, Simon Tordjman, dans son article cité en introduction, renvoyant à une recherche qu'il avait faite auparavant dans d'autres zones géographiques (Ouzbékistan, Birmanie), et à propos du même instrument de l'UE, aboutit à un constat similaire[1].

De tels constats suscitent des interrogations sur la manière dont est élaborée et mise en œuvre l'IEDDH. Ce dernier est en effet le fruit d'interactions entre différentes institutions dont Leila Mouhib a montré les différences d'identités, de pratiques et de vues[2]. Simultanément, elle remarque la dimension fortement consensuelle des documents de préparations de l'IEDDH[3]. Or, ce fait est loin d'être anecdotique compte tenu de ce que l'on sait des différences culturelles entre institutions et des difficultés qu'elles créent pour aboutir à un accord.

Dès lors, il serait judicieux de savoir ce que le déséquilibre entre une dimension gestionnaire très développée et une dimension stratégique dépolitisée par excès de consensus doit à aux difficultés culturelles dans l'élaboration de l'IEDDH. La dépolitisation par des documents stratégiques consensuels est-elle le fruit de l'évitement des conflits afin d'aboutir à un accord ?

---

[1] TORDJMAN Simon, « La paix par la démocratie », *in* BAZIN Anne, TENENBAUM Charles, *op. cit.*, p. 100.

[2] MOUHIB Leïla, *op. cit.* chapitre 3.

[3] *Ibid.*, p.156

La dissolution depuis 2021 de l'IEDDH dans un organisme plus large, l'Instrument de voisinage, de coopération au développement et de coopération internationale (NDICI), vient encore souligner l'importance d'étudier empiriquement le poids des identités professionnelles et leurs effets sur l'action publique : interactions entre les différents services et politiques fusionnés, relation de concurrence, négociation ou transversalité de l'action publique, etc.

Néanmoins, il semble réducteur d'expliquer l'excès de formalisme gestionnaire uniquement par le jeu des institutions européennes. En effet, l'essor des instruments néomanagériaux, ainsi que les effets pervers et autres dysfonctionnements auxquels il donne lieu, est un phénomène plus large qui renvoie à de nouvelles manières de concevoir les rapports administration/administrés et les logiques de l'action publique.

Les travaux de recherche ont montré l'infléchissement, au cours des dernières décennies, des administrations centrales s'efforçant de déléguer la mise en œuvre de l'action publique à d'autres acteurs (par exemple, les collectivités) dans une logique de gestion par projet. Simultanément, les administrations centrales se replient sur la détermination de stratégies, d'objectifs et sur le suivi et les évaluations. Et cela non sans risques : priorité des règles sur le projet lui-même, absence de réflexion stratégique, aphasie[1].

Cette difficulté, si ce n'est absence, de stratégie d'action précise ainsi que la rigidité procédurale et managériale ne manquent pas de susciter l'interrogation. L'action publique et la réflexion stratégique sont ainsi délaissées au profit de mécanismes de concurrence et gestionnaires censés amener à la sélection des meilleurs projets. En résulte de fait la réduction des ONG porteuses à des candidats/bénéficiaires à soutenir et contrôler.

---

[1] BEZES Philippe, *Réinventer l'État, op. cit.* ; EPSTEIN Renaud, *La Rénovation urbaine, op. cit.* ; BEZES Philippe, « Le nouveau phénomène bureaucratique. Le gouvernement par la performance entre bureaucratisation, marché et politique », *op. cit.*

Du standard à la standardisation, la transposition des modèles (pénaux) en question(s) : la lutte contre la détention préventive injustifiée en Côte d'Ivoire

Marie-Julie BERNARD, Maîtresse de conférences en droit public
Univ. Grenoble Alpes, Sciences Po Grenoble*,
CERDAP[2], F-38000 Grenoble France
*School of Political Studies Univ Grenoble Alpes

La liberté est un droit fondamental consacré par tous les textes internationaux de protection des droits humains. Le Pacte International relatif aux Droits civils et politiques dispose ainsi en son article 9 alinéa premier que « tout individu a droit à la liberté et à la sécurité de sa personne. Nul ne peut faire l'objet d'une arrestation ou d'une détention arbitraire. Nul ne peut être privé de sa liberté, si ce n'est pour des motifs et conformément à la procédure prévue par la loi. »

Ce principe est réaffirmé dans la Charte africaine des droits de l'homme et des peuples à travers son article 6 reconnaissant « le droit à tout individu à la liberté et à la sécurité de sa personne. Nul ne peut être privé de sa liberté sauf pour des motifs et dans des conditions préalablement déterminées par la loi ; en particulier nul ne peut être arrêté ou détenu arbitrairement. »

La Commission Africaine des Droits de l'Homme et des Peuples (CADHP), réunie lors de sa 55ème Session Ordinaire du 28 avril au 12 mai 2014 à Luanda[1], Angola, se disait, en préambule, préoccupée « par le recours arbitraire, excessif et parfois abusif à la garde à vue et à la détention provisoire répandu dans plusieurs États parties à la Charte Africaine des Droits de l'Homme et des Peuples, caractérisés par des systèmes de justice pénale faibles », tout en « reconnaissant que, dans de nombreux pays africains, les personnes en garde à vue ou en détention provisoire souffrent des limitations arbitraires de leurs droits, de mauvaises conditions de santé et subissent la torture, des punitions ou des traitements inhumains et dégradants ». Elle poursuivait : « Prenant note que la détention provisoire impacte de façon disproportionnée les personnes vulnérables et marginalisées qui n'ont probablement pas les moyens de payer une représentation ou une assistance juridique ou de respecter les conditions de caution, et qui, dans certains cas, peuvent être détenues par le système judiciaire dans des hôpitaux, des départements ou des institutions psychiatriques dans, et en dehors, des prisons et des centres de détention ».

---

[1] Lignes directrices sur les conditions d'arrestation, de garde à vue et de détention provisoire en Afrique, adoptées par la Commission Africaine des Droits de l'Homme et des Peuples (la Commission) au cours de sa 55ème Session Ordinaire à Luanda, Angola du 28 avril au 12 mai 2014.

La République de Côte d'Ivoire (RCI) a intégré dans son droit interne un grand nombre des dispositifs de la protection internationale des droits humains et de l'état de droit. Il ne s'agit pas de nier les évolutions positives concernant la volonté affichée d'améliorer les conditions de détention. Elles sont d'ailleurs remarquées par les instances supranationales, notamment la CADHP. Mais si les évolutions normatives ont lieu, la réalité de la situation des personnes détenues est encore toute autre et le recours à la détention préventive toujours aussi problématique, ce que l'étude « Présumé-e innocent-e ? Étude sur la détention préventive en Côte d'Ivoire » a montré[1].

Le Préambule de la Constitution ivoirienne[2] précise bien : « Nous, Peuple de Côte d'Ivoire ; [...] Réaffirmons notre détermination à bâtir un État de droit dans lequel les droits de l'Homme, les libertés publiques, la dignité de la personne humaine, la justice et la bonne gouvernance tels que définis dans les instruments juridiques internationaux auxquels la Côte d'Ivoire est partie, notamment la Charte des Nations unies de 1945, la Déclaration universelle des droits de l'Homme de 1948[3], la Charte africaine des droits de l'Homme et des Peuples de 1981 et ses protocoles additionnels, l'Acte constitutif de l'Union africaine de 2001, sont promus, protégés et garantis ».

La RCI a également adhéré le 18 décembre 1995 à la Convention contre la torture et autres peines ou traitements cruels, inhumains ou dégradants[4]. Et le droit africain des droits de l'Homme occupe une place particulière dans le droit positif ivoirien. Le titre VII de la Constitution est consacré à l'association, la coopération et l'intégration entre États africains, avec un chapitre consacré à l'intégration africaine[5]. Ainsi, la Charte africaine des droits de l'homme et des peuples[6] prévoit dans son article 5 que « Tout

[1] ACHOU Arnold, BERNARD Marie-Julie, FISCHER Bénédicte, GRASSY Lionel Grassy (dir.), CERDAP[2] - ACAT- FIACAT, « Présumé-e innocent-e ? Étude sur la détention préventive en Côte d'Ivoire », 2020, http://fiacat.org/publications/guides/2809-etude-presume-e-innocent-e-etude-sur-la-detention-preventive-en-cote-d-ivoire

[2] Préambule de la Constitution ivoirienne de 2016, Loi n° 2016-886 du 8 novembre 2016 portant Constitution de la République de Côte d'Ivoire, *JORCI*, 9 novembre 2016.

[3] Il est d'ailleurs intéressant de noter avec Sarah Hanffou Nana que « assez paradoxalement, la DUDH fixe "un standard minimum" applicable à "tous les membres de la famille humaine" et proclame son attachement au "respect universel et effectif des droits de l'Homme et des libertés fondamentales" (...) alors qu'en même temps, des peuples entiers sont encore sous domination coloniale, et n'ont, par conséquent, pas la possibilité de jouir librement de toutes ces libertés proclamées », ce qui est alors le cas de la RCI. HANFFOU NANA Sarah, *La Cour africaine des droits de l'homme et des peuples, étude à la lumière de l'expérience européenne*, Paris, Connaissances et Savoirs, 2016, « Droit et sciences politiques », p. 49.

[4] Convention contre la torture et autres peines ou traitements cruels, inhumains ou dégradants adoptée et ouverte à la signature, à la ratification et à l'adhésion par l'Assemblée générale dans sa résolution 39/46 du 10 décembre 1984, entrée en vigueur le 26 juin 1987, conformément aux dispositions de l'article 27.

[5] Constitution ivoirienne de 2016, Loi n° 2016-886 du 8 novembre 2016 portant Constitution de la République de Côte d'Ivoire, *JO RCI*, 9 novembre 2016.

[6] Charte africaine des droits de l'homme et des peuples adoptée le 27 juin 1981. La RCI a ratifié la Charte africaine ainsi que le protocole additionnel créant la Cour africaine le 7 janvier 2003

individu a droit au respect de la dignité inhérente à la personne humaine et à la reconnaissance de sa personnalité juridique » et dans son article 7 que « toute personne a droit à ce que sa cause soit entendue. Ce droit comprend : (...) le droit à la présomption d'innocence, jusqu'à ce que sa culpabilité soit établie par une juridiction compétente ; le droit à la défense, y compris celui de se faire assister par un défenseur de son choix ; le droit d'être jugé dans un délai raisonnable par une juridiction impartiale (...) ».

L'étude de la lutte contre la détention préventive injustifiée en RCI nous a donné l'occasion de questionner la circulation de modèles pénaux, de standards normatifs, voire techniques, au final inadaptés à leur contexte de transposition, de réception. La réforme pénale en RCI peut ainsi être envisagée comme analyseur[1] de l'inadaptation de la standardisation pénale, l'inadaptation des transpositions de modèles sous influence(s) européenne, internationale, dans les pays tiers.

Jacques Chevallier[2] rappelle que « la norme peut sans doute avoir une portée différente selon la manière dont elle est posée » : « Les recommandations se présentent comme des instruments juridiques non prescriptifs, se bornant à inviter les destinataires à adopter certains comportements. (...) Les standards constituent un simple « étalon » servant à mesurer les comportements et les situations en termes de normalité ». Marthe Fatin-Rouge Stefanini, pour qui « le droit international en général, et le droit de la Convention EDH en particulier se prêtent par nature aux standards », indique ainsi que « dans sa tentative de définition de la notion de standard, Stéphane Rials souligne lui aussi la polysémie du terme et la pluralité des définitions données à cette notion. Il identifie toutefois un dénominateur commun à tous les standards : "l'idée de normalité" »[3].

Cette idée de normalité est particulièrement intéressante à analyser dans le contexte ivoirien. En effet, la RCI intègre ces standards dans son droit positif, alors même que les contextes de réception sont totalement différents de ce qu'ils sont ou ont pu être dans les pays à l'origine de ces consensus. Plus

---

et a accepté la saisine directe de la Cour aux individus et aux ONG par une Déclaration spéciale octroyant cette possibilité.

[1] « L'analyseur n'est pas ce qui décode ou décrypte la situation, mais ce qui la parle, la révèle, la met – littéralement – en question. » LOURAU René, *L'instituant contre l'institué*, Paris, Anthropos, 1969, p. VIII.

[2] CHEVALLIER Jacques, « L'internormativité », in HACHEZ Isabelle, CARTUYVELS Yves, DUMONT Hugues, GERARD Philippe, OST François, Van de KERCHOVE Michel (dir.), *Les sources du droit revisitées* - Vol. 4, Bruxelles, Presse de l'Université St Louis-Arthémis, 2012, pp. 689-711.

[3] RIALS Stéphane, *Le juge administratif et la technique du standard*, Paris, LGDJ, 1980, p. 61, cité par FATIN-ROUGE STEFANINI Marthe, « Standards européens et exceptions nationales : Étude dans le cadre de la Convention européenne des droits de l'Homme », in FATIN-ROUGE STEFANINI Marthe, VIDAL-NAQUET Ariane (dir.), *La norme et ses exceptions, Quels défis pour la règle de droit ?*, Bruxelles, Bruylant, 2014, « A la croisée des droits », pp. 157-178, ⟨halshs-01464325⟩.

encore, la notion de standard tend à faire glisser la normativité vers la technicité, à tel point que rien n'est plus questionné, puisqu'il ne s'agit plus désormais que de penser la mise en œuvre pratique de solutions validées internationalement. Ce que Awalou Ouedraogo nous amène à questionner : « La juridicisation croissante de la technicité se traduit par l'apparition d'une normativité de plus en plus variable à travers un développement tous azimuts des standards internationaux »[1]. Il parle ainsi de « matrice de la standardisation »[2]. « L'ordre juridique contemporain est désormais caractérisé par la reconnaissance progressive d'une "communauté internationale à activité normative" dont le rôle consiste à élaborer des normes techniques internationales appelées standards »[3]. Pour lui, il convient de prendre en compte « les dimensions nouvelles de la standardisation qui (...) vise à fournir une direction – jusqu'aux moindres détails – pour l'action. Le standard dans le processus de normalisation constitue non pas une simple mesure mais un véritable outil de tracé »[4].

Il s'agira donc dans cette étude de montrer que la transposition des standards internationaux a abouti à la proposition de solutions pénales standardisées, pour des États n'ayant finalement pas d'autre choix que de les accepter (1.). Ceci, alors même que cette standardisation montre globalement ses limites, les contextes de réception n'étant pas pris en compte, et au final les réformes pénales ne pouvant être appliquées (2.).

1. De la transposition des standards a la standardisation des solutions : reduire la detention preventive en RCI

La République de Côte d'Ivoire est un État qui a transposé dans son droit interne nombre de textes supranationaux, à valeur plus ou moins contraignante ; de même les standards internationaux relatifs à la détention sont désormais présents dans son corpus normatif (1.1). De là découlent des réponses pénales proposées à et par la RCI totalement standardisées (1.2).

1.1. De la transposition des standards pénaux dans le droit ivoirien

Depuis la fin de la crise post-électorale, la RCI répond aux injonctions supranationales, notamment dans le cadre du Plan National de Développement (PND) 2016-2020 et la mise en place de programmes spécifiques dans l'optique de l'amélioration des conditions de détention en Côte d'Ivoire, transposant ainsi les standards internationaux en matière de détention pour

[1] OUEDRAOGO Awalou, « Standard et standardisation : la normativité variable en droit international », *Revue québécoise de droit international*, 2013, n°26-1, p. 156.

[2] *Ibid.*, p. 158.

[3] *Ibid.*, p. 162.

[4] *Ibid.*, p. 170.

répondre aux demandes – injonctions, des bailleurs et organisations internationaux.

La recherche que nous avons menée sur la RCI[1] s'est déroulée dans le cadre de la mise en œuvre du projet de lutte contre la détention préventive injustifiée soutenu par la délégation européenne en RCI. Conformément au plan d'action de l'Union européenne sur la démocratie et le respect des droits de l'homme, la mise en œuvre d'un programme de respect des garanties judiciaires vise à accompagner les États tiers à « adopter et mettre en œuvre des garanties législatives et procédurales contre la torture et les mauvais traitements afin de veiller à ce que les personnes privées de liberté soient déférées à une autorité judiciaire dès leur arrestation », à « améliorer les conditions de détention des personnes privées de liberté » et à « permettre à des représentants de la société civile suffisamment qualifiés de se rendre sur les lieux de détention des personnes privées de liberté »[2].

Le cadre conceptuel d'analyse et de proposition est bien celui des standards internationaux, plus particulièrement européens, en matière de détention. De ce point de vue, l'Union européenne a précisément établi un programme destiné à « promouvoir la démocratie et les droits de l'Homme dans le monde entier par un soutien aux initiatives de la Société Civile à devenir une force effective de réforme politique et de défense des droits de l'Homme » : l'Instrument Européen pour la Démocratie et les Droits de l'Homme (IEDDH)[3], adopté par le Parlement européen et le Conseil en mars 2014 pour la période 2014 à 2020[4].

Le règlement de l'IEDDH a ainsi pu définir cinq objectifs principaux[5] :
1) Soutenir les droits de l'homme et les défenseurs des droits de l'homme dans les situations où ils sont le plus en danger ;
2) Soutien aux autres priorités de l'Union dans le domaine des droits de l'homme : Les actions entreprises dans le cadre du présent objectif défendront, entre autres, la dignité humaine (en particulier la lutte contre la peine de mort, la torture et autres traitements ou châtiments cruels, inhumains ou dégradants), les droits économiques, sociaux et culturels ; la lutte contre l'impunité, la lutte contre la discrimination sous toutes ses formes ; les droits des femmes et l'égalité entre les femmes et les hommes ;

---

[1] ACHOU Arnold, BERNARD Marie-Julie, FISCHER Bénédicte, GRASSY Lionel Grassy (dir.), *op. cit.*

[2] *Ibid.*, p. 114.

[3] Voir dans cet ouvrage, l'article de TERRASSON Robin, « La logique néo-managériale dans les politiques d'aide au développement. Le cas de l'Instrument Européen pour la Démocratie et les Droits de l'Homme (IEDDH) ».

[4] Règlement (UE) n°235/2014 du Parlement européen et du Conseil du 11 mars 2014 instituant un instrument financier pour la démocratie et les droits de l'homme dans le monde, *JOUE*, 15 mars 2014. Pour la période de programmation 2021-2027, l'Instrument européen pour la démocratie et les droits de l'homme est désormais intégré à l'instrument européen pour le voisinage, le développement et la coopération internationale (NDICI).

[5] Annexe « Objectifs spécifiques et priorités de l'IEDDH », *Ibid.*

3) Soutien de la démocratie ;
4) Missions d'observation électorale de l'Union ;
5) Soutien à des acteurs et processus clés ciblés, y compris des instruments et mécanismes internationaux et régionaux dans le domaine des droits de l'Homme (afin de renforcer les cadres internationaux et régionaux pour la promotion et la protection des droits de l'homme, la justice, l'État de droit et la démocratie, conformément aux priorités stratégiques de l'Union).

Si l'on se reporte aux documents de cadrage de la Commission européenne comme les lignes directrices à l'intention des demandeurs de subventions portées par la Commission européenne[1], il est possible d'avoir une vision assez claire de ce que doivent être les standards à diffuser dans les pays en développement. Par exemple, les lignes directrices à l'intention des demandeurs de subvention pour l'année 2019[2] vont réaffirmer, dans le programme d'appui à la Côte d'Ivoire visant à « Contribuer à la gouvernance démocratique et à l'État de droit en Côte d'Ivoire », les priorités suivantes : (...)

- « Actions visant à l'amélioration des droits des détenus, en particulier des personnes vulnérables comme les femmes et les jeunes : Ces actions appuieront le renforcement de l'assistance juridique et psychologique aux détenus, la lutte contre l'abus de la détention préventive, la réinsertion sociale des détenus les plus vulnérables, notamment des détenus femmes et mineurs, la lutte contre la torture et les traitements cruels, inhumains et dégradants et la promotion de la ratification du "Protocole facultatif se rapportant à la Convention contre la torture et autres peines ou traitements cruels, inhumains ou dégradants des Nations Unies" et création du dit "mécanisme national de prévention". »

Ce programme s'inscrit dans le cadre du Consensus Européen pour le Développement[3], la réponse de l'Union au programme des Nations unies pour le développement durable à l'horizon 2030, visant à guider « l'approche adoptée par l'Union et les États membres dans leur coopération avec les pays en développement au cours des 15 prochaines années. Il définit également une stratégie en vue de la réalisation des objectifs de développement durable

---

[1] COMMISSION EUROPEENNE, Lignes directrices à l'intention des demandeurs de subventions - Ligne budgétaire : BGUE-B2019-21.040100-C1-DEVCO, EuropeAid/166151/DH/ACT/Multi, 2019.

[2] COMMISSION EUROPEENNE, Instrument Européen pour la Démocratie et les Droits de l'Homme (IEDDH) – Lot 1, Programme d'appui pays (CBSS) Côte d'Ivoire, Appel à propositions sur le thème : Contribuer à la gouvernance démocratique et à l'Etat de droit en Côte d'Ivoire, Lignes budgétaires : BGUE-B2019-21.040100-C1-DEVCO (LOT 1) / BGUE-B2019-21.020801-C1-DEVCO (LOT 2), Référence : EuropeAid/162882/DD/ACT/CI.

[3] COMMISSION EUROPEENNE, Direction générale de la coopération internationale et du développement, *Le nouveau consensus européen pour le Développement : « notre monde, notre dignité, notre avenir »*, Publications Office, 2018, https://data.europa.eu/doi/10.2841/533082

(ODD) »[1]. L'on retrouve une référence expresse aux principes de démocratie, d'état de droit, d'universalité et d'indivisibilité des droits de l'Homme et des libertés fondamentales, de respect de la dignité humaine, des principes d'égalité et de solidarité et de respect des principes de la charte des Nations unies et du droit international. Ce programme s'inscrivant « dans le cadre de l'appui à la mise en œuvre de la "Stratégie Pays Droits de l'Homme et Démocratie" 2016-2020 ancrée sur ses 5 priorités stratégiques, à savoir: a) la promotion de l'accès aux services sociaux de base et du respect des droits sociaux ; b) la promotion et la défense des droits des femmes ; c) le droit à la sécurité et la justice ; d) la promotion et la défense des droits des enfants ; e) le renforcement de la culture et de la gouvernance démocratiques »[2].

Dans l'appel mondial lancé en 2020 par la Commission européenne, le lot 2 relatif à la lutte contre la torture et autres mauvais traitements[3], il est rappelé que : « Les orientations pour la politique de l'UE à l'égard des pays tiers en ce qui concerne la torture et autres peines ou traitements cruels, inhumains ou dégradants[4] fournissent le cadre général du soutien de l'IEDDH en la matière. Aux fins du présent appel à propositions, les termes "torture" et "mauvais traitements" désignent tout acte défini comme tel en vertu des normes internationales des droits de l'homme et de la jurisprudence existante. » Les standards promus dans le lot 2 renvoient à des types d'activités présentés de manière non exhaustive et à titre indicatif[5].

En l'occurrence, l'ancrage conceptuel est bien celui des standards européens, notamment diffusés par la Cour européenne des Droits de l'Homme dans sa jurisprudence en constante évolution et pour laquelle le surpeuplement carcéral est devenu en lui-même une atteinte susceptible de

---

[1] COMMISSION EUROPEENNE, Instrument Européen pour la Démocratie et les Droits de l'Homme (IEDDH) – Lot 1, *op. cit.*

[2] *Ibid.*

[3] COMMISSION EUROPEENNE, Soutien des priorités dans le domaine des droits de l'homme – appels lancés au niveau mondial au titre de l'instrument européen pour la démocratie et les droits de l'homme (IEDDH), Lignes directrices à l'intention des demandeurs de subventions, janvier 2020.

[4] https://www.consilium.europa.eu/media/40644/guidelines-st12107-en19.pdf

[5] « (...) ; suivi de la situation là où les personnes sont privées de liberté et où elles peuvent faire l'objet de torture et de mauvais traitements afin de prévenir les mauvais traitements (cellules surpeuplées, manque de soins médicaux ou violation d'autres droits, refus d'autoriser les détenus à entrer en contact avec leur famille ou leur avocat, emprisonnement prolongé sans jugement, mineurs emprisonnés avec des adultes, etc.) ; (...) fourniture d'une aide au renforcement des capacités des OSC ou des réseaux d'ONG en dehors de l'UE, ainsi que des mécanismes nationaux de prévention, afin qu'ils puissent mener des activités de lutte contre la torture et l'impunité, contre leurs causes profondes et/ou leurs conséquences, par exemple le suivi et le signalement de cas de torture, l'identification et la protection de groupes vulnérables qui risquent davantage d'être victimes de torture et de mauvais traitements et la présentation de rapports non officiels aux Nations unies et aux mécanismes régionaux pertinents, etc. »

soulever un problème sous l'angle de l'interdiction de la torture et des traitements inhumains ou dégradants[1].

Cette action européenne se déroule d'ailleurs dans une stratégie plus globale, pour suivre Hélène Colineau. « Soit les textes européens des projets font mention, de manière générale, des standards européens ou des bonnes pratiques que les États bénéficiaires devront tendre à appliquer, soit ces textes mentionnent explicitement les normes du Conseil de l'Europe ou de l'ONU – quand les États partenaires font partie de ces organisations »[2]. S'appuyant sur la stratégie européenne de sécurité, qui rappelle que « Propager la bonne gouvernance, soutenir les réformes sociales et politiques, lutter contre la corruption et l'abus de pouvoir, instaurer l'État de droit et protéger les droits de l'homme : ce sont là les meilleurs moyens de renforcer l'ordre international », Hélène Colineau montre que c'est dans ce cadre qu'intervient « le soutien aux réformes pénitentiaires, la plupart du temps à la suite d'un premier projet centré sur la réforme du système judiciaire »[3].

Ce que nous constatons dans les projets portés par la Commission européenne pour la RCI : les standards européens sont ici déclinés autour de la lutte contre la surpopulation carcérale, l'emprisonnement prolongé sans jugement, l'assistance juridique aux victimes de la torture, la mise en place de mécanismes nationaux de prévention de la torture. Ce qui aboutit à des solutions pénales standardisées, répondant à ces préconisations des bailleurs.

1.2. De la standardisation des réponses pénales

Cette transposition des standards ne se fait pas sans interventions plus ou moins contraignantes, ce que nous venons d'évoquer. Jean-Pierre Olivier de Sardan utilise la notion d'« intervention standardisée » à la place de « modèle voyageur », centrant son analyse « sur les mécanismes et dispositifs standardisés issus de l'ingénierie sociale typique de l'aide au développement »[4]. C'est bien de cela dont il s'agit ici : des réponses pénales

---

[1] « Les différentes questions relatives aux conditions de détention – en particulier celle du surpeuplement carcéral – ont fait l'objet de procédures d'arrêt pilote à l'égard des États suivants : Bulgarie (Neshkov et autres c. Bulgarie, 2015), Hongrie (Varga et autres c. Hongrie, 2015), Italie (Torreggiani et autres c. Italie, 2013), Pologne (Orchowski c. Pologne, 2009 ; Norbert Sikorski c. Pologne, 2009), Roumanie (Rezmiveș et autres c. Roumanie, 2017), Russie (Ananyev et autres c. Russie, 2012) et Ukraine (Sukachov c. Ukraine, 2020) ». COUR EUROPEENNE DES DROITS DE L'HOMME, *Guide sur la jurisprudence de la Cour européenne des droits de l'homme – Droits des détenus*, mis à jour au 31 décembre 2021, p. 10. https://www.echr.coe.int/Documents/Guide_Prisoners_rights_FRA.pdf

[2] COLINEAU Hélène, « La réforme soutenue par la coopération de l'Union européenne : peut-on parler de diffusion d'un modèle pénitentiaire ? », in FROMENT Jean-Charles, MATHIEU Martial (dir.), *Droit et politique. La circulation internationale des modèles en question*, Fontaine, PUG, « Droit et action publique », 2014, p. 345.

[3] *Ibid.*, p. 341.

[4] OLIVIER DE SARDAN Jean-Pierre, *La revanche des contextes : des mésaventures de l'ingénierie sociale, en Afrique et au-delà*, coll. « hommes et sociétés », Paris, Éditions Karthala, 2021, p. 14.

standardisées transposées dans un État considéré en développement, la RCI, par le truchement de programmes et mécanismes indépassables. Cette standardisation passe concrètement par des outils très efficaces, les appels d'offres, les termes de référence. « Les politiques publiques et les programmes de développement introduits en Afrique depuis les indépendances sont pour la plupart des interventions standardisées élaborées par des experts internationaux, financées et diffusées par les institutions de l'aide, et censées avoir une efficacité intrinsèque dans des contextes variés »[1].

La RCI, respectueuse de ses engagements internationaux, a consacré dans le titre I de la Constitution promulguée le 8 novembre 2016[2], les principes fondamentaux en matière de liberté, de sécurité et de garanties judiciaires de la personne détenue et les a réaffirmés, par extension, dans l'article 153 du nouveau Code de procédure pénale[3], selon lequel « la liberté est de droit, le contrôle judiciaire et la détention préventive des mesures exceptionnelles ».

De nombreuses recommandations ont été suivies, notamment dans le cadre de la réforme du Code de procédure pénale[4], cherchant ainsi à répondre aux exigences internationales d'élévation des standards en matière de droit, justice, d'exécution des peines et de consécration de l'état de droit, en tout cas dans le droit positif interne de la RCI. Par exemple, le nouveau Code pénal – paru au *JORCI* 10 juillet 2019[5] – consacre aux articles 399, 400 et 401 une définition de la torture, des traitements inhumains ou des traitements dégradants[6], en s'appuyant en fait sur les interprétations désormais établies au niveau international, notamment de la Cour européenne des Droits de l'Homme ou désormais de l'Union européenne[7].

La RCI a été examinée par les experts du Comité des droits de l'Homme (CDH) lors de sa 113ème session en mars 2015, 21 ans après la soumission de son rapport initial. Les recommandations du CDH reprennent celles contenues dans le rapport alternatif de la FIACAT et de l'ACAT-CI[8]. Ainsi, dans son

---

[1] *Ibid.*, p.16.

[2] Loi n° 2016-886 du 8 novembre 2016 portant Constitution de la République de Côte d'Ivoire, *JORCI*, 9 novembre 2016.

[3] Loi n° 2018-975 portant Code de procédure pénale, adoptée le 27 décembre 2018, *JORCI*, 13 mars 2019.

[4] *Supra* dans cet ouvrage, ASSOHOU Wenceslas, « Les difficultés d'application du nouveau code de procédure pénale ivoirien : obstacles administratifs et fonctionnels » et KOUADIO Paul Koffi, « Du caractère exceptionnel de la détention préventive en Côte d'Ivoire ».

[5] Loi n° 2019-574 portant Code pénal du 26 juin 2019, *JORCI*, 10 juillet 2019.

[6] Cette définition était réclamée par les associations de protection des droits de l'homme, notamment la FIACAT, comme élément indispensable de l'amélioration des conditions de détention.

[7] Guidelines on EU Policy Towards Third Countries on Torture and Other Cruel, Inhuman or Degrading Treatment or Punishment – 2019 Revision of the Guidelines adopted by the Council at its 3712, meeting held on 16 September 2019.

[8] Rapport alternatif de la FIACAT et de l'ACAT Côte d'Ivoire en réponse aux rapports initial et périodiques cumulés du gouvernement ivoirien sur la mise en œuvre du Pacte international

rapport annuel présenté le 10 août 2015 devant le Conseil des droits de l'Homme des Nations Unies, le Haut-Commissaire aux droits de l'Homme a rappelé que « la surpopulation est considérée comme une forme grave de mauvais traitement, de traitement inhumain ou dégradant, voire de torture. Cette situation [...] vient augmenter le risque de mauvais traitements ».

En 2014, le Commissaire à la CADHP et Rapporteur Spécial des Prisons et Conditions de Détention en Afrique établissait ce constat : « Les détenus en provisoire sont souvent dans l'ombre du système de justice pénale car leur détention et leur traitement ne sont pas soumis aux mêmes niveaux de surveillance que les prisonniers condamnés. Des taux élevés de détention provisoire contribuent à la surpopulation des installations de détention. Les garanties et les conditions procédurales qui ne sont pas conformes aux normes minimales convenues et qui portent atteinte à l'État de droit, ont un impact significatif sur le reste de la chaine de la justice pénale, gaspillent les ressources publiques et mettent en danger la vie des détenus »[1].

Les autorités ivoiriennes sont donc confrontées à cette transposition des standards internationaux, les amenant à penser les réformes pénales dans le cadre proposé par les bailleurs. Concernant les conditions de détention, la CADHP a ainsi pu remarquer en 2018 « des efforts consentis par le Gouvernement pour réhabiliter les prisons et les centres de détention ; des efforts consentis pour résoudre le problème des longues procédures pénales en faisant de la Cour d'Assises une juridiction permanente ; des mesures prises afin de remédier à la surpopulation carcérale dans les centres de détention, notamment le recours aux peines de substitution, comme le Service communautaire pour les infractions mineures, ainsi que la construction de nouvelles prisons ; la création de la première ferme pénitentiaire agro-pastorale à Saliakro »[2].

Les recommandations de la CADHP mettent à jour des situations problématiques au regard des standards internationaux, mettant en évidence la

---

relatif aux droits civils et politiques devant le Comité des droits de l'homme des Nations Unies, Comité des droits de l'homme des Nations Unies, 113ème session, mars 2015.

[1] Avant-propos de l'Honorable Med SK Kaggwa, Commissaire à la Commission Africaine des Droits de l'Homme et des Peuples et Rapporteur Spécial des Prisons et Conditions de Détention en Afrique, Commission africaine des droits de l'homme et des peuples, Lignes directrices sur les conditions d'arrestation, de garde à vue et de détention provisoire en Afrique, adoptées par la Commission Africaine des Droits de l'Homme et des Peuples (la Commission) au cours de sa 55ème Session Ordinaire à Luanda, *op. cit.*

[2] Cette prison forme les détenus appelés apprenants aux métiers de la couture, de la mécanique et des techniques agro pastorales. Les objectifs poursuivis par ce projet original sont d'une part de produire pour améliorer la ration alimentaire de tous les détenus, réduire la délinquance par la réinsertion et de l'autre, d'alléger les dépenses de l'Etat dans ce secteur. UNION AFRICAINE, COMMISSION AFRICAINE DES DROITS DE L'HOMME ET DES PEUPLES, *Observations conclusives et Recommandations relatives au Rapport périodique de la République de Côte d'Ivoire sur la mise en œuvre de la Charte africaine des droits de l'homme et des peuples (2012-2015)*, 23ème Session extraordinaire 13-22 février 2018, Banjul, République de Gambie, p. 5.

nécessité de « réduire la surpopulation en milieu carcéral, notamment [par] l'adoption d'une politique de peines de substitution et de peines non – privatives de liberté telles que le service d'intérêt général ; La capacité d'accueil des 34 prisons est estimée à 3369 détenus sur la base d'un espace de 5 m^2 par individus. Sur cette base on note une surpopulation carcérale de 185% sur l'ensemble du territoire »[1].

Des annonces ont ainsi été faites par le Gouvernement ivoirien : « réhabilitation des maisons d'arrêt et de correction, ainsi que la construction de dix (10) nouvelles prisons d'une capacité d'accueil allant de trois cents (300) à cinq cents (500) places [afin] de mettre les bâtiments accueillant des détenus aux normes de sécurité requises, de réduire ainsi au maximum les risques d'évasions, tout en garantissant les droits et la dignité des personnes incarcérées.[2] »

Concrètement, ce sont donc la construction de nouvelles prisons à San-Pedro, Guiglo et Korogho (prison de haute sécurité) et la mise en œuvre de plusieurs actions comme le recrutement de personnels qualifiés dans le secteur pénitentiaire, la construction de l'école du personnel pénitentiaire au sein de l'INFJ à Yamoussoukro et l'équipement des maisons d'arrêt et de correction en matériel bureautique et roulant. Ce que l'étude « Présumé-e innocent-e ? Étude sur la détention préventive en Côte d'Ivoire » avait déjà montré : « au-delà des questions d'infrastructures, l'État ivoirien collabore avec certaines organisations de la société civile pour aider à améliorer les conditions de détention : visite de certains lieux de détention, préparation à la réinsertion sociale avec des activités de resocialisation, accompagnement dans les procédures judiciaires en faveur des détenu.es en attente de jugement en vue du respect des garanties judiciaires des détenus »[3].

Constructions de centres pénitentiaires pour répondre à la surpopulation carcérale, intégration de la société civile pour favoriser l'État de droit, évolutions du droit des personnes en attente de jugement : on retrouve les priorités des programmes européens portés dans le cadre de l'IEDDH. A la lumière des récentes évolutions du Code pénal et du Code de procédure pénale[4], il est évident que la Côte d'Ivoire est en phase active d'intégration des standards internationaux, comme le démontre l'évolution du régime juridique de la détention préventive.

Cependant, si elle est envisagée de manière isolée et déconnectée des contraintes matérielles et sociales susceptibles de peser sur elle, la réforme du cadre normatif s'avèrera impuissante à régler les problématiques identifiées relativement à la détention préventive. Si la transposition des standards dans

---

[1] *Ibid.*, p. 21.

[2] *Ibid.*

[3] ACHOU Arnold, BERNARD Marie-Julie, FISCHER Bénédicte, GRASSY Lionel Grassy (dir.), *op. cit.*, p. 114.

[4] *Supra* dans cet ouvrage, ASSOHOU Wenceslas, *op. cit* et KOUADIO Paul Koffi, *op. cit.*

le droit positif ivoirien est bien une réalité, la mise en œuvre des solutions standardisées est, à ce jour, toujours en cours et mérite d'être questionnée : peut-elle aboutir ?

« La question de l'appropriation des projets par les États bénéficiaires, appelée en anglais *ownership*, est de plus en plus centrale dans la politique européenne de développement ; elle est affirmée dans le Consensus européen pour le développement qui guide la politique européenne. Les autorités des États bénéficiaires doivent s'approprier le projet pour augmenter ses chances de réussite. En outre, le projet doit s'aligner sur les programmes de politiques publiques dans les États bénéficiaires »[1]. La confrontation au réel semble nous montrer que l'appropriation ne suffit pas, si le contexte de réception n'est pas envisagé comme l'élément central à prendre en considération, la condition même de la réussite des réformes portées par le haut.

Il est dès lors « possible de penser », avec Bénédicte Fischer, « à l'influence que les bailleurs de fonds peuvent exercer sur l'orientation des politiques de réforme des États en développement » en ayant à l'esprit « la complexité de la mise en œuvre de grands programmes de réforme institutionnelle dans les pays en développement »[2].

2. De l'inadaptation de solutions standardisees : l'impossible reforme « sous influence » de la detention preventive en RCI

Les tentatives de réformes pénales sous influences européenne/internationale apparaissent donc vaines dès lors qu'elles se limitent à une simple transposition : l'utilisation « abusive » de la détention préventive demeure (2.1). Cela s'explique, malheureusement, notamment par l'absence de prise en compte des contraintes, voire des contextes de réception, rendant quasi impossible la mise en œuvre de solutions alternatives à la détention préventive (2.1).

2.1. Des limites de la transposition de solutions imposées dans la réduction de l'utilisation de la détention préventive

Prolongeant la réflexion engagée par Pierre-Yves Saunier, Martine Kaluszynski analyse la circulation des modèles au cœur de la construction du champ pénal[3] sous l'angle de « régimes circulatoires » et fait ressortir

[1] COLINEAU Hélène, *op. cit.*, p. 348.

[2] FISCHER Bénédicte, « L'instrumentalisation du contexte globalisé pour la réforme de l'État dans les pays en développement », in FROMENT Jean-Charles, MATHIEU Martial (dir.), *op. cit.*, p. 25.

[3] *Supra* dans cet ouvrage, KALUSZYNSKI Martine, « La prison, un objet monde » et KALUSZYNSKI Martine, « Socio-histoire de l'Etat, socio-histoire du pénal. La "circulation" au cœur de la construction du champ pénal », in FROMENT Jean-Charles et MARTIAL Mathieu (dir.), *op. cit.*, pp. 215-228.

l'ouverture d'un cinquième régime au début des années 1980 sous l'influence de la doctrine du *New Public Management*. C'est ainsi une construction internationale du champ pénal qui est démontrée, empreinte de circulation de bonnes pratiques porteuses de « représentations, d'idées, de valeurs, de normes et d'intérêts »[1]. Engagée dans de profondes réformes de son cadre normatif mais sans avoir jusqu'à présent envisagé l'ouverture de ses lieux de privation de liberté au regard d'un mécanisme de contrôle extérieur et indépendant, la RCI représente donc un parfait laboratoire d'analyse des évolutions et des tensions autour de l'intégration et de la circulation des modèles.

Dans le but de réduire la surpopulation carcérale, plusieurs actions ont été entreprises, sous influence européenne notamment, ce que nous avons montré précédemment. Dans son rapport annuel de 2017[2], la Commission nationale des droits de l'Homme de Côte d'Ivoire relevait que « sur 14.414 détenus, 5.314 sont des détenus préventifs, soit 36,77%. Cet effectif de détenus préventifs est largement au-dessus des 25% admis par les standards internationaux. En 2018, la CADHP se disait encore préoccupée du « fait que l'assistance judiciaire ne soit disponible qu'à la capitale Abidjan » et par la situation donnant « pouvoirs [au] Juge en vertu de l'Article 138 de placer un individu en détention pour une période indéterminée ; l'absence d'informations sur les raisons qui expliquent le nombre élevé des détentions provisoires dans les prisons ivoiriennes »[3].

La CADHP recommandait à la RCI « d'adopter une loi spécifique sur la criminalisation de la torture conformément à la Convention contre la torture (CAT) et aux Lignes directrices de Robben Island ; de mettre en place un Mécanisme national de prévention de la torture dans les commissariats de police, les centres de détention et autres lieux privés ; d'assurer la diffusion et la formation des autorités compétentes sur les Lignes directrices de Robben Island en vue de leur vulgarisation au niveau national »[4].

La rédaction du nouvel article 163 du Code de procédure pénale ivoirien de 2018 tend à répondre à ces injonctions : la détention préventive injustifiée est sanctionnée et les conditions justifiant le recours à la détention préventive sont énoncées dans une stricte transposition des standards en la matière : « La détention préventive ne peut être prononcée ou prolongée que par ordonnance motivée du juge d'instruction démontrant, au regard des éléments précis et circonstanciés résultant de la procédure, qu'elle constitue l'unique moyen de

---

[1] *Idem*, p. 225.

[2] COMMISSION NATIONALE DES DROITS DE L'HOMME de COTE D'IVOIRE (CNDHCI), *Rapport annuel*, 2017, p. 9.

[3] Document de la CADHP complétant les Lignes directrices sur les conditions d'arrestation, de garde à vue et de détention provisoire en Afrique, adoptées par la Commission Africaine des Droits de l'Homme et des Peuples (la Commission) au cours de sa 55ème Session Ordinaire à Luanda, *op. cit.*, p. 12.

[4] *Ibid.*, p. 17.

parvenir à l'un ou plusieurs des objectifs suivants et que ceux-ci ne peuvent être atteints en cas de placement sous contrôle judiciaire : 1°conserver les preuves ou les indices matériels ; 2°éviter une pression sur les témoins ou les victimes ainsi que sur leur famille ; 3°éviter une concertation frauduleuse entre la personne inculpée et les autres auteurs ou complices ; 4°protéger la personne inculpé ; 5°garantir le maintien de la personne inculpée à la disposition de la justice ; 6°mettre fin à l'infraction ou prévenir son renouvellement ; 7°faire cesser le trouble exceptionnel et persistant à l'ordre public provoqué par la gravité de l'infraction, les circonstances de sa commission ou l'importance du préjudice qu'elle a causé »[1].

Le nouveau CPP répond donc à ces inquiétudes. La liberté est bien la règle, la restriction, l'exception[2]... Idem concernant l'interdiction de la torture et des peines ou traitements inhumains ou dégradants[3]. Dont acte. Sauf que la détention préventive devient une nécessité et donc la norme dès lors que la garantie de maintien de la personne inculpée à la disposition de la justice pose le plus gros problème dans le contexte ivoirien. Cette nouvelle rédaction du CPP fournit ainsi un excellent exemple de l'inadéquation de cette transposition des standards à la réalité ivoirienne.

Selon Jean-Pierre Olivier de Sardan, « les contextes où sont situés les uns (ceux qui veulent transformer positivement le sort des populations cibles) sont très éloignés des contextes où sont situés les autres (ces populations cibles elles-mêmes, mais aussi les agents de terrain chargés de mettre en œuvre localement les interventions) »[4]. En l'occurrence, concernant les bonnes pratiques pénitentiaires, la CADHP elle-même[5] reconnaît que « certains États africains ne sont pas dotés des systèmes de collecte et de diffusion des données envisagés dans les listes de contrôle » qu'elle a élaborées « en tant qu'exemples de "bonnes pratiques" au regard du type d'informations que les États devraient recueillir et diffuser afin de promouvoir le suivi et l'évaluation efficaces du système de détention provisoire ». Les listes de contrôle sont des exemples génériques, qu'il faudra adapter au contexte national de chaque pays, en tenant compte de la législation, des règlements et des politiques nationaux ainsi que de la structure nationale de l'application de la loi et de la justice pénale.

Ce qui est valable pour la collecte de données peut l'être tout autant sur la mise en œuvre de solutions pénales comme les alternatives à la détention préventive, par exemple, où le contexte à prendre en compte n'est plus

---

[1] Loi n° 2018-975 du 27 décembre 2018 portant Code de Procédure pénale, *JORCI*, 13 mars 2019.

[2] Articles 153 et suivants du nouveau CPP.

[3] *Supra*, mention du Code pénal ivoirien.

[4] OLIVIER DE SARDAN Jean-Pierre, *op. cit.*, p. 8

[5] Document de la CADHP complétant les Lignes directrices sur les conditions d'arrestation, de garde à vue et de détention provisoire en Afrique, adoptées par la CADHP (la Commission) au cours de sa 55ème Session Ordinaire à Luanda, *op. cit.*, p. 2.

simplement juridique, mais également social et administratif. Ce que Jean-Pierre Olivier de Sardan évoque à travers l'expression de « revanche des contextes » : « La méconnaissance – inévitable – des contextes locaux, la sous-estimation – fréquente – du rôle des acteurs concernés, la confiance – excessive – en l'efficacité intrinsèque de l'intervention, tout cela concourt à créer un décalage souvent impressionnant – pour l'analyste qui sait le détecter – entre ce qui était censé se produire – les effets attendus de l'ingénierie sociale – et ce qui se produit vraiment – ses effets inattendus »[1].

L'impensé du contexte administrativo-institutionnel dans les réformes pénales et pénitentiaires – ces champs de l'action publique où la complexité institutionnelle est importante (acteurs de la société civile, avocats, acteurs judiciaires, liés par des procédures extrêmement codifiées) – est particulièrement surprenant.

Si la complexité de la « chaîne pénale » est pensée, y compris par les bailleurs de fonds, par exemple le PNUD[2], mettant en œuvre des plans[3] visant à étudier le fonctionnement de la chaîne pénale ivoirienne, il nous semble qu'il s'agit là-encore de penser la question pénale dans une simple transposition des standards internationaux. A aucun moment, le contexte administrativo-institutionnel n'est réellement pris en compte dans les projets, l'identification « des dysfonctionnements » pour la chaîne pénale en RCI en est la preuve et les termes de référence et solutions sont les mêmes que pour Madagascar[4], la République Centrafricaine[5], le Tchad[6], etc.

« Or, ces contextes, en particulier, les contextes pragmatiques, où se déploient les jeux d'acteurs selon des logiques très spécifiques, induisent de nombreux effets imprévus. Ces effets imprévus, ces écarts (ou dérives) entre les projets, programmes ou réformes sur le papier et leur mise en œuvre effective sur le terrain (*implementation gaps*) sont particulièrement importants en Afrique, mais ne sont documentés ni par les méthodes habituelles d'évaluations et d'études d'impact, ni par les rapports officiels.[7] »

---

[1] OLIVIER DE SARDAN Jean-Pierre, *op. cit.*, p. 8.

[2] Notamment dans son programme de lutte contre les violences liées au genre en Côte d'Ivoire. https://procurement-notices.undp.org/view_file.cfm?doc_id=212581

[3] Ici le projet du PNUD : CIV 10-00112330 « Promouvoir l'Etat de Droit et les Droits Humains (PEDDH) » pour consolider la paix en Côte d'Ivoire, https://procurement-notices.undp.org/view_notice.cfm?notice_id=78348

[4] PNUD Madagascar, Étude sur les dysfonctionnements de la chaîne pénale Malagasy, 2015, https://jobs.undp.org/cj_view_job.cfm?cur_lang=sp&cur_job_id=44470
https://www.mg.undp.org/content/madagascar/fr/home/library/democratic_governance/publication_21.html

[5] https://www.cf.undp.org/content/car/fr/home/projects.html

[6] PNUD, Projet pilote d'Appui au Renforcement de la Chaîne Pénale au Tchad, 2018-2022, https://www.td.undp.org/content/chad/fr/home/projects/ARCPT

[7] OLIVIER DE SARDAN Jean-Pierre, *op. cit.*, p.16.

2.2. De la non prise en compte des contextes de réception dans les politiques de réduction de l'utilisation de la détention préventive

Posons-nous la question du contexte administrativo-institutionnel dans lequel les alternatives à la détention préventive sont toujours pensées. Les alternatives à l'incarcération, fondement même de la lutte contre l'abus de détention préventive, renvoient à l'enjeu général des garanties de représentation que l'on retrouve dans tous les systèmes pénaux, France comprise[1].

Le contrôle judiciaire fait partie des mesures permettant d'éviter la détention préventive. L'article 154 CPP précise ainsi que « le contrôle judiciaire peut être ordonné par le juge d'instruction à toute étape de la procédure dans le cas où l'inculpé encourt une peine d'emprisonnement. Ce contrôle astreint la personne concernée à se soumettre, selon la décision du juge d'instruction, à une ou plusieurs des obligations ci-après énumérées ». Il y en a 15. L'article 184 CPP prévoit quant à lui que « la liberté peut, dans tous les cas où elle n'est pas de droit, être subordonnée à l'obligation de fournir un cautionnement ou de constituer des sûretés. » Ce cautionnement garantit notamment « la représentation de l'inculpé à tous les actes de la procédure et pour l'exécution du jugement, ainsi que, le cas échéant, l'exécution des autres obligations qui lui ont été imposées ».

Or, il existe bien un enjeu propre à la RCI lié à la capacité des mis en cause à garantir cette représentation dans un État ne permettant pas de fournir les éléments de base de cette garantie : justificatif de domicile, livret de famille, etc., et reposant donc sur la capacité de l'État à organiser l'état civil et le cadastre. Penchons-nous sur cette réalité-là.

Paul Kouadio fait ainsi référence à l'inutilisation du contrôle judiciaire[2]. Or la mise en œuvre de cette disposition implique en tout premier lieu que l'état civil de la personne soit établi, ce qui montre combien le contexte administrativo-institutionnel ivoirien est en décalage face aux exigences matérielles requises pour une mise en œuvre réelle de l'alternative à la détention préventive, au regard de l'impératif des garanties de représentation.

En ce qui concerne l'état civil, deux projets de loi ont été présentés en Conseil des ministres, le 11 avril 2018. Le premier visant « à moderniser le Système National d'État Civil avec des réformes fortes et innovantes portant sur la sécurisation et l'enregistrement des faits d'état civil ». Ce nouveau dispositif vise à réaménager la procédure d'enregistrement des faits d'état civil. « Il établit dans les centres de santé et dans les villages, des agents de collecte, chargés de recueillir les informations relatives aux faits d'état civil

---

[1] KENSEY Annie, « Prisons : un traitement défavorable », *Plein droit*, vol. 50, n° 3, 2001, pp. 5-8 ; MARY France-Line, TOURNIER Pierre V., « Derrière les chiffres, réalités de la répression pénale de la délinquance des étrangers en France », *Information prison justice*, n° 84, mars 1998, pp. 12-17.

[2] *Supra*, dans cet ouvrage article de KOUADIO Paul Koffi, *op. cit.*

et de les mettre à la disposition des Officiers et Agents de l'état civil pour en assurer le suivi »[1]. Le second projet institue « une procédure spéciale de déclaration de naissance, de rétablissement d'identité et de transcription d'acte de naissance ». Prévue pour une période d'une année, « elle vise à faciliter l'accès des populations aux services de l'état civil et à les y accoutumer, à rétablir les actes d'état civil détruits et à réduire le nombre de personnes non déclarées »[2].

La Côte d'Ivoire a présenté ces évolutions législatives comme une véritable avancée : « Les efforts de la Côte d'Ivoire ont abouti à la prise de deux lois adoptées dans le cadre de la modernisation de l'état civil ivoirien : il s'agit de la loi n° 2018-862 du 19 novembre 2018 relative à l'état civil et la loi n° 2018-863 du 19 novembre 2018 instituant une procédure spéciale de déclaration de naissance, de rétablissement d'identité et de transcription d'acte de naissance »[3]. L'objectif énoncé du gouvernement est d'aboutir à un état civil fiable et complet servant d'outil de planification et de développement. Il est également question d'une procédure spéciale et gratuite de déclaration de naissances et de rétablissement d'identité sur une période d'un an, pour traiter les dysfonctionnements constatés dans le système actuel[4].

La réforme législative est ainsi intervenue fin 2018[5], les décrets d'application ont été adoptés fin 2019 et sont parus début 2020[6]. Demeure la question cruciale de la mise en œuvre. Ce dont les bailleurs ont bien conscience, notamment l'Union européenne, en proposant dès lors un appui à la RCI par le biais de nouveaux programmes pour la période 2021-2023[7]. Ce qui aurait dû être un préalable à la transposition de modèles pénaux

---

[1] Communiqué du Conseil des ministres du 11 avril 2018, disponible sur le site du gouvernement ivoirien : https://www.presidence.ci/communique-du-conseil-des-ministres-du-mercredi-11-avril-2018/

[2] http://www.lyon.diplomatie.gouv.ci/conseil-ministre.php?lang=&num=333

[3] République de Côte d'Ivoire, 81ème Session du Comité des Droits de l'Enfant, Genève, du 13 au 31 mai 2019 : Déclaration liminaire de la Côte d'Ivoire lors de la présentation de son rapport de mise en œuvre de la Convention relative aux droits de l'enfant, Genève, 20-21 mai 2019.

[4] https://www.gouv.ci/_actualite-article.php?recordID=8761

[5] Loi n° 2018-862 du 19 novembre 2018 relative à l'état civil, *JORCI*, 17 décembre 2018.

[6] Décret n° 2019-805 du 2 octobre 2019 fixant les modalités d'application de la loi n° 2018-862 du 19 novembre 2018 relative à l'état civil, *JORCI*, 10 février 2020. Décret n° 2019-976 du 27 novembre 2019 fixant les modalités d'application de la loi n° 2018-863 du 19 novembre 2018 instituant une procédure spéciale de déclaration de naissance, de rétablissement d'identité et de transcription d'acte de naissance, *JORCI*, 30 janvier 2020.

[7] « Le soutien apporté par l'Union Européenne dans le cadre du "*Fonds fiduciaire d'urgence en faveur de la stabilité et de la lutte contre les causes profondes de la migration irrégulière et du phénomène des personnes déplacées en Afrique*" (FFU) contribue à la mise en œuvre de la Stratégie nationale de l'état civil et de l'identification (SNECI) 2017-2023 adoptée par le Gouvernement Ivoirien, et qui vise à doter la Côte d'Ivoire d'un fichier national d'identité biométrique et d'un cadre de référence pour asseoir un système d'état civil fiable et sécurisé. » https://www.civipol.fr/fr/projets/appui-la-mise-en-oeuvre-de-la-strategie-nationale-de-letat-civil-et-de-lidentification-de

internationaux semble désormais un palliatif. Comment, dès lors, espérer l'adéquation de cette réforme de l'état civil au contexte ivoirien ?

Concernant l'autre point crucial de la garantie de représentation, le fait de pouvoir identifier le domicile de la personne mise en cause, cela pose ici un autre problème administratif d'ampleur pour la RCI : le cadastre et l'adressage.

La Banque mondiale publiait en 2005 un état des lieux d'expériences d'adressages menées entre 1989 et 2004, portant sur 52 villes et concernant 15 pays (Bénin, Burkina Faso, Congo, Cameroun, Côte d'Ivoire, Djibouti, Guinée, Mali, Mauritanie, Mozambique, Niger, Rwanda, Sénégal, Tchad, Togo)[1]. Le constat est dressé sur la base d'un échantillon de 21 villes, ayant pratiquement mené à bien l'ensemble des tâches d'adressage. Bilan : « Avant les opérations d'adressage, il n'y avait que 8 % des voies dénommées ; autrement dit, 92 % n'avaient aucune identification. Enfin, on constate que les contraintes budgétaires ont conduit à un panneautage parcimonieux des voies, qui se traduit par une moyenne de 1,2 panneau par carrefour, ce qui signifie que, dans certains quartiers, on n'a équipé qu'un carrefour sur deux ».

Différents bailleurs de fonds ont contribué au financement de l'adressage, notamment la Banque mondiale et la Coopération française représentée par le ministère (MAE) et divers départements (Coopération décentralisée, AFD, AIMF), avec des modalités de mise en œuvre différentes selon les pays. Pour ce qui concerne la RCI, trois villes ont été concernées : Abidjan, Abengouro et San Pedro.

En 2020, Cités et Gouvernements Locaux Unis d'Afrique dresse ce constat : « Avant même l'évaluation officielle du PND 2016-2020 par le département en charge de la planification nationale, l'observation du terrain montre que pratiquement aucune des actions envisagées n'a été réalisée. Cela est aussi vrai pour la construction des sièges des conseils régionaux, que pour l'adressage des rues ou l'adoption des décrets d'application de la loi sur le transfert des compétences de l'État aux collectivités territoriales »[2].

La Commission Nationale de Toponymie (CNT) et la centrale d'adressage, chargées de la mise en œuvre du projet d'adressage des rues dans le district d'Abidjan ont tenu leur première réunion le mardi 27 avril 2021. Cette réunion consacre l'ouverture officielle des travaux de toutes les entités impliquées dans la réalisation de ce projet, dont l'étude de faisabilité avait été validée le 11 avril 2018 par le gouvernement ivoirien – étude selon laquelle le District

---

[1] FARVACQUE-VITKOVIC Catherine, Lucien GODIN, Hugues LEROUX, Florence VERDET et Roberto CHAVEZ, *Adressage et gestion des villes*, Washington DC, Banque Mondiale, 2005, 272 p.
https://knowledge.uclga.org/IMG/pdf/adressageetgestiondesvilles.pdf

[2] CITES ET GOUVERNEMENTS LOCAUX UNIS D'AFRIQUE, *Implication des Autorités Locales de la Côte d'Ivoire dans le Processus de Programmation de la Coopération Européenne 2021-2027, Rapport analytique,* décembre 2020. http://www.knowledge-uclga.org/IMG/pdf/cote_d_ivoire_rapport_analytique_2020.pdf

d'Abidjan comptait environ 11.750 voies et plus de 36.000 carrefours. « Sur l'ensemble de ces voies, seulement 4%, soit 513 voies ont fait l'objet de dénomination. Pour pallier ses insuffisances qui constituent un frein à la compétitivité de la ville d'Abidjan, le Ministre Bruno Nabagné Koné a mis en mission les différents acteurs de la mise en œuvre dudit projet. "Il s'agit à travers cette étude sur les répertoires toponymiques, de collecter des noms pour enrichir la base de données pour faciliter la dénomination des voies et lieux publics des communes du District d'Abidjan", a-t-il indiqué » [1].

La thèse de Nouvou Berte s'est intéressée à « l'opération San-Pedro », dont l'objectif était « de mettre en valeur le Sud-ouest de la CDI avec comme point d'ancrage, la création d'un port en eau profonde et d'une ville nouvelle ». Nouvou Berte a pu observer que « moins de 10% des occupations immobilières avaient fait l'objet d'un enregistrement cadastral » et évoque ainsi « le nécessaire développement des systèmes d'adressage qui, en l'absence de cadastre général, permet de localiser les parcelles à partir de l'espace public afin d'améliorer la connaissance du patrimoine immobilier c'est-à-dire assurer une identification publique des biens et des droits existants facilitant ainsi leur sécurisation et leur reconnaissance juridique ultérieure. » Ce qui souligne l'importance de l'adressage comme « outil de reconnaissance des droits fonciers locaux et surtout d'intégration sociale et économique des populations »[2].

Ni cadastre, donc, ni adressage. Dès lors, comment espérer, pour ce qui concerne les alternatives à l'incarcération, que des dispositifs reposant sur ces éléments de base puissent être envisagés par les acteurs judiciaires ? Là encore, les conditions de mise en œuvre du projet sont telles que la distorsion entre le contexte et le projet est criante. Or, comment penser une réforme pénale reposant sur les critères européens/occidentaux de l'adressage et de l'état civil quand le contexte local est à ce point éloigné du standard idéel transposé par les organismes supranationaux ?

CONCLUSION – LA NOTION MEME DE STANDARD EN QUESTION… ALORS QUE FAIRE ?

Une fois n'est pas coutume, un temps conclusif s'impose. Que penser, que faire de cette transposition impensée de standards inadaptés ? Jean-Pierre Olivier de Sardan esquisse. « Partir, protester, adhérer : cette trilogie est

[1] Sous la présidence du Ministre de la Construction, du Logement et de l'Urbanisme, Monsieur Bruno Nabagné Koné. « Côte d'Ivoire : lancement d'un projet d'adressage des rues de la ville d'Abidjan », 28 avril 2021, https://news.abidjan.net/articles/691406/cote-divoire-lancement-dun-projet-dadressage-des-rues-de-la-ville-dabidjan

[2] BERTE Nouvou, *La question foncière et immobilière en Afrique subsaharienne : le cas de l'Adressage de la ville de San-Pedro (Sud-ouest de la Côte d'Ivoire)*, thèse pour le doctorat de géographie, sous la direction de Sid-Ahmed Souiah et Lazare Atta Koffi, Université de Cergy-Pontoise, 2013.

devenue célèbre, mais elle ne recouvre pas la majorité des attitudes des bénéficiaires d'une politique publique. En Afrique, où la dépendance à l'aide est forte, ces trois options sont peu accessibles. Partir, c'est refuser les ressources d'un projet, alors que celles-ci sont une manne recherchée par tous : peu s'y aventureraient, et ce serait à leurs dépens. Protester, c'est prendre le risque de se faire mal voir, c'est prendre le risque de décourager le bailleur de fonds, c'est prendre le risque que le robinet de l'aide ne se ferme en rétorsion. Adhérer, c'est se conformer à des règles importées considérées localement comme inadaptées ou illégitimes, c'est adopter des conduites que ne partage pas l'entourage ou qu'il désapprouve. C'est donc une quatrième option, celle du bricolage, du faire semblant, de la ruse, du contournement (*cunning strategy*), qui est de loin le plus souvent adoptée »[1].

Ainsi, le constat d'une mutation du droit positif ivoirien renvoie bien à une certaine conception de l'internormativité : « L'internormativité recouvrirait (...) un double phénomène : d'une part, « l'intégration au droit de normes extra-juridiques » ; d'autre part, le « rapprochement de systèmes juridiques différents ». Ces processus seraient au demeurant imbriqués : si tant est que les énoncés juridiques soient imprégnés de représentations et de valeurs extra-juridiques, leur diffusion d'un système juridique à un autre se présenterait aussi comme un vecteur d'internormativité, au sens défini par Jean Carbonnier ; les "standards" et les "principes directeurs" par lesquels ils circulent seraient des "ponts permettant de relier plusieurs territoires normatifs", juridiques et extra-juridiques »[2].

Et ensuite ? Si le bricolage, pour reprendre Jean-Pierre Olivier de Sardan est la seule perspective de transposition, peut-on s'en satisfaire ? Nous ne proposons malheureusement pas de solutions, simplement une invitation à penser, avec cet auteur, la complexité. « Et on trouve jusqu'au sein même des principales organisations internationales, pourtant grandes productrices de modèles voyageurs, divers propos mettant en garde contre les régulations standardisées et la sous-estimation des contextes, comme dans cette publication de l'OMS : "il faut faire particulièrement attention quand on examine les structures, les règles et les régulations de la gestion formelle car elles peuvent avoir fort peu à voir avec les pratiques" (Pavignani et Colombo 2009 : 223) »[3].

La notion même de standard international peut être questionnée quand les contextes de réception des modèles sont à ce point non pris en compte par les bailleurs, les experts. Comment penser la mise en place de dispositifs efficaces de lutte contre la détention préventive injustifiée et partant lutter contre les

[1] OLIVIER DE SARDAN Jean-Pierre, *op. cit.*, p.60

[2] Jacques Chevallier cite s'appuie ici sur Mireille Delmas-Marty et Charles-Albert Morand. CHEVALLIER Jacques, « L'internormativité », in HACHEZ Isabelle, CARTUYVELS Yves, DUMONT Hughes, et al., *Les sources du droit revisitées* – vol. 4, Arthemis, Presse de l'Université St Louis, p. 689-711.

[3] OLIVIER DE SARDAN Jean-Pierre, *op. cit.*, p. 61.

conditions de détention indignes, puisque c'est de là que notre étude est partie, liées à une surpopulation carcérale endémique en Côte d'Ivoire, quand le modèle repose sur des standards sans cesse réaffirmés mais déconnectés du réel ? Un programme d'appui à la réforme vient alors renforcer la mise en œuvre du programme d'appui à la réforme précédente... « Le *New public management* n'est pas à l'origine des modèles voyageurs (qui l'ont précédé et qui parfois y échappent en totalité ou en partie), mais incontestablement il en accroit les écarts aux réalités de terrain »[1]. Pour aller plus loin, il les entretient et s'en nourrit.

[1] *Ibid.*, p. 74.

Le dilemme cornélien des organisations de la société civile agissant en faveur du respect des droits humains : Mieux vaut-il agir pauvre avec son âme que riche avec la leur ?

Libres propos par Lionel GRASSY, Directeur de plaidoyer FIACAT et coordinateur du programme DPA (Détention Préventive Abusive en Afrique de l'Ouest), chercheur associé au CERDAP²
Univ. Grenoble Alpes, Sciences Po Grenoble*,
CERDAP², F-38000 Grenoble France
*School of Political Studies Univ Grenoble Alpes

Dès lors que l'on franchit une porte de prison, une atmosphère suffocante nous envahit. Les détenus disposent parfois de moins de 50 cm2 par cellule pour dormir. On se relaie pour s'allonger durant la nuit, les cours de promenade (lorsqu'elles sont accessibles car souvent inondées en saison des pluies) deviennent des « *parcs à bestiaux* », le tout sous des chaleurs écrasantes, sans aération parfois. Des abris de fortune sont aménagés dans chaque espace disponible du parc pénitentiaire et la vie en société s'organise dans un confinement total. On observe une sorte de « *boat people* » stagnant et permanent sans espoir au bout, si ce n'est parfois une mort certaine, seule délivrance d'une condition inhumaine.

Le personnel pénitentiaire est débordé et dans certains cas ne rentre même plus dans l'établissement. Comment garantir les droits fondamentaux de l'individu lorsque le budget par détenu n'excède pas 0.5 € par jour[1] pour assurer l'alimentation, le transport vers les juridictions et les soins du détenu ? En Côte-d'Ivoire, un directeur de prison désabusé s'interroge sur sa fonction : « *Comment garantir le minimum vital à 5000 détenus lorsque l'administration octroie un budget pour 1500 personnes ? Dans une ville chacun est libre de ses mouvements. Ici, il faut gérer les situations d'urgence, les soins de santé sans hôpital et nourrir quotidiennement 5000 bouches ! Connaissez-vous un seul maire qui puisse garantir ceci aux citoyens de sa ville ? Notre fonction première de préparer les détenus vers la réinsertion est dénuée de sens dans ces conditions. Nous prions juste pour ne pas trop en perdre. Chaque jour nous avons peur des émeutes. Alors on maintient la répression et on veille à la sécurité !* ».

[1] Si le budget officiel est de 1,5€ par jour par détenu, le budget global est calculé en fonction de la capacité d'accueil de la MAC et non proportionnellement à la population carcérale réelle. Une directrice de MAC fait ainsi état d'un budget annuel de 40 millions de Francs CFA en raison des 150 places de la MAC, alors que 500 détenus sont incarcérés et que le budget devrait donc être plus de trois fois supérieur. Entretien du 23 mai 2022.

La vie, si l'on peut parler d'une vie, s'organise comme possible au sein de l'établissement. Tandis que certains jouent aux cartes, d'autres défilent dans la cour, on crie ici et là, on se croirait plus sur un marché qu'au sein d'une prison. Des établis proposent de l'eau et autres produits (cigarettes, noix de cola, thé sur un établi). On se retrouve dans une micro-société où chacun va et vient au gré des directives des chefs de cour et chefs de quartier de la prison, ce qui est contraire aux règles Mandela puisque cela renforce la corruption et l'arbitraire au sein des établissements pénitentiaires, où la loi du plus fort devient la norme. Tout se monnaie, une économie parallèle est mise en place avec les travers que cela comporte.

Le tumulte est permanent et au milieu de tant de scènes de vie du quotidien, pas un seul regard croisé qui ne soit pas synonyme d'angoisse, de peur et de désespoir. « *On nous traite comme des animaux ; c'est la mort à petit feu ; ils ne veulent pas qu'on vive ; papa aide moi, je vais mourir ici, j'ai faim ; pourquoi je suis là ? Où en est mon dossier ?* » Voilà des paroles de détenus qui résonnent dans la tête de visiteurs de prisons ACAT à chaque rencontre, lors de chaque visite dans un établissement pénitentiaire. Comment trouver les mots qui réconfortent, ceux qui maintiennent une lueur d'espoir au milieu de tant de souffrances ? Les bénévoles ACAT tentent avec leurs convictions de répondre à ces interrogations et de soigner ces maux du quotidien. Parfois, ils reçoivent le message d'un détenu qui vient les conforter dans leur engagement :

« *Durant ma détention, nous avons été visités à plusieurs reprises par les membres ACAT et leur avocat, nous avons reçu un livret qui nous a permis d'écrire nos courriers à l'autorité compétente. Je crois que si aujourd'hui j'ai été libéré c'est grâce au projet DPA de l'ACAT et je souhaite que ce projet puisse continuer pour que les autres détenus puissent en bénéficier.* »

« *Un jour, je pense que c'était en avril 2017, un groupe de jeunes de l'ACAT Côte-d'Ivoire est arrivé à la prison pour recenser les personnes qui n'étaient pas encore jugées. Je suis allé à leur rencontre car je voulais connaître la situation de mon dossier et surtout connaître mon sort parce que j'avais déjà fait plus de 6 mois en prison. Une semaine après, j'ai été convoqué par le juge d'instruction pour être entendu jusqu'à ce qu'en juin 2017 je sois jugé et relaxé par le tribunal de Toumodi. Je remercie l'ACAT-Côte d'Ivoire et les personnes qui aident l'ACAT Côte-d'Ivoire à aider les détenus.* »

Ces témoignages d'anciens détenus sont issus d'entretiens réalisés lors des visites des établissements par les équipes ACAT qui disposent d'autorisations annuelles renouvelables d'accès aux lieux privatifs de liberté. À ces occasions, les équipes rencontrent tant le personnel pénitentiaire que les personnes détenues et écoutent celles et ceux qui ont besoin de soutien moral, sanitaire et judiciaire. Ils mettent particulièrement en évidence le rôle fondamental de la société civile en l'absence de relais judiciaires sur le territoire, d'autant plus que dans les prisons où interviennent la FIACAT[1] et les ACAT, 40 % à 80 % des personnes détenues le sont en attente d'une décision définitive.

Or, le recours à la mise en détention préventive quasi systématique et l'abandon du traitement des dossiers en cours d'instruction ont conduit à une transformation de la peine en Afrique subsaharienne. Cette pratique a également transformé les mentalités : d'un côté, celle de l'opinion publique qui assimile le placement en détention à la culpabilité de l'auteur, sans faire de distinction entre la détention préventive, pendant laquelle la personne reste présumée innocente, et la condamnation finale à l'issue de laquelle la personne mise en cause peut être incarcérée ; d'un autre côté, celle de la partie civile qui considère que la détention préventive correspond à une condamnation et ne prend même plus la peine de se présenter aux convocations ultérieures du juge. À l'arrivée, c'est l'ensemble de la société qui ne croit plus en la justice et celui qui passe par la « case prison » est nécessairement coupable. Le simple mot prison suffit à une assimilation par l'opinion publique à condamnation. Il n'est jamais question de jugement, de présomption d'innocence, comme l'absence des parties civiles aux convocations du juge d'instruction le met en lumière. L'inculpé est derrière les barreaux, justice est rendue.

L'enfermement devenant la norme et la liberté, l'exception, la FIACAT et l'ACAT Côte d'Ivoire sont devenues des partenaires incontournables en matière d'accompagnement des autorités nationales pour le respect des engagements pris par l'État de Côte d'Ivoire devant les mécanismes internationaux et régionaux de promotion et de protection des droits humains. Les actions de plaidoyer de l'ACAT CI, accompagnée de la FIACAT auprès des Nations Unies et devant la CADHP, ont permis de porter la thématique de l'amélioration des conditions de détention comme l'une des recommandations prioritaires formulées à l'État de Côte d'Ivoire devant les organes de contrôle des engagements pris par l'État. Soutenus dans leurs préoccupations et dans la mise en œuvre de leurs programmes par les experts des Nations Unies et les Commissaires de la CADHP, la FIACAT et l'ACAT CI visent à améliorer les conditions de détention par le respect des garanties judiciaires. Alors que les mesures sporadiques, faites de coup d'éclat médiatique comme les grâces présidentielles n'ont montré que peu d'effet à long terme, la réduction de l'effectif carcéral, au contraire, lorsqu'elle est pensée par et avec les autorités nationales dans un plan de réforme du système judiciaire impacte les conditions de détention, favorise la confiance de la population en l'administration de la justice et participe à l'affirmation de l'État de droit.

[1] La Fédération internationale des ACAT (Action des chrétiens pour l'abolition de la torture), la FIACAT, est une organisation internationale non gouvernementale de défense des droits humains, créée en 1987, qui lutte pour l'abolition de la torture et de la peine de mort. La Fédération regroupe une trentaine d'associations nationales, les ACAT, présentes sur quatre continents. La FIACAT représente ses membres auprès des organismes internationaux et régionaux et renforce les capacités de son réseau.

En effet, l'enjeu en matière de lutte contre le recours excessif à la détention préventive n'est pas de se substituer aux obligations du personnel pénitentiaire et judiciaire, mais d'accompagner les autorités dans le respect d'une procédure édictée par les codes durant une période donnée, puis ensuite, une fois le parcours judiciaire respecté, continuer à soutenir les efforts et encourager les bonnes pratiques tout en démultipliant l'action auprès d'autres juridictions et établissements pénitentiaires en favorisant la communication entre les différents acteurs de la chaine pénale. Toutefois, cet accompagnement des autorités nationales par la société civile pose également la question de la légitimité et de la reconnaissance de cette action. En effet, quelle société civile peut agir en représentation d'obligation étatique ? Comment cette société civile acquiert-elle sa légitimité ? Par une expertise justifiée et prouvée, ou alors par une accointance avec les autorités ? On voit largement le terme « *Gongos* » utilisé pour désigner certaines associations, celles que l'on affilie au pouvoir, non indépendantes et agissant sous mandat des autorités nationales, parfois même qualifiées de « complices de l'arbitraire ». Cela demande de s'interroger sur le positionnement d'une association désireuse de faire respecter les droits humains, qui cherche sa place entre identification et dénonciation de violations des droits humains, et accompagnement des autorités nationales pour un meilleur respect des engagements pris par l'État.

Intervient alors l'importance de la clarification de la stratégie retenue et développée. En effet, cette société civile qui se substitue aux obligations étatiques ne peut intervenir qu'au niveau micro, ce qui donne parfois le sentiment de réparer un pneu crevé plutôt que de le changer. La transformation des enjeux nationaux en termes d'administration de la justice passe alors également par des actions de plaidoyer qui visent la réforme du système de justice, en rappelant les obligations de l'État et parfois la nécessité de procéder à des réformes pour que l'État se mette en conformité avec ses obligations internationales. Cela passe notamment par l'obligation des États de rendre compte publiquement de leurs actions en fonction de leurs obligations juridiques. Les réformes portent ainsi sur le long terme et conduisent à l'idée d'un accompagnement politisé de la société civile, contrairement aux actions de développement ou d'aide humanitaire. Cependant, ces transformations sont rarement attribuées au plaidoyer des ONG puisque les États ne reconnaissent que très peu la pression exercée par la société civile au profit plutôt d'une « volonté politique » dont ils rendent compte lors de l'examen de la situation de l'évolution des droits humains aux mécanismes de promotion et de protection des droits humains.

Néanmoins, ce travail de co-construction entre les autorités d'un pays et les ONG vient rompre la défiance des pouvoirs publics envers la société civile, souvent perçue comme dénonciatrice de violations des droits, sans considération de l'aspect possible d'être avant tout une force de proposition. Par exemple, l'ACAT CI a accompagné les autorités dans l'élaboration et l'adoption de circulaires ministérielles en faveur du respect des garanties judiciaires, particulièrement en matière de lutte contre la détention préventive abusive. Mais si l'adoption de circulaires ministérielles invitant à respecter les modalités d'application et les délais de la détention préventive est importante, elle n'est pas suffisante si non suivie d'effet. De ce fait, un système de renforcement des capacités des agents des États concernés, par la sensibilisation aux règles de droit, la mise à disposition d'outils pratiques de procédure et la collaboration avec la société civile, sont primordiaux et contribuent par ailleurs à pallier les défaillances du système, ainsi qu'à prévenir d'éventuels mauvais traitements en détention. Ces défaillances impactent également la confiance de l'opinion publique en son système judiciaire jugé souvent comme inefficace et corrompu, ce qui favorise le risque de vindicte populaire.

Dans le même temps, l'administration de la justice en Côte d'Ivoire s'inscrit dans une dimension plus internationale que locale. Ces dernières années en effet, la Côte d'Ivoire a mené des réformes judiciaires d'ampleur et a dû faire face à un grand nombre de problèmes dans l'administration de sa justice et sa politique pénitentiaire. Ces réformes ont nécessité de gros investissements de la part des partenaires techniques et financiers extérieurs et l'accompagnement par ces derniers des autorités dans le respect de leurs engagements internationaux en matière de régulation de la surpopulation carcérale oriente grandement la politique nationale. Toutes ces transformations sont alors le terrain de jeu d'une multitude d'acteurs, où les enjeux finaux divergent et conduisent à des négociations, des rapports de forces et à la recherche d'une co-construction si l'on veut garder l'intérêt du justiciable au centre de la construction de l'état de droit.

Ainsi, les questions de justice, de lutte contre le recours excessif à la détention préventive et pour le respect des garanties judiciaires auxquelles s'attaquent les ONG interrogent sur le positionnement difficile des organisations de la société civile, qui doivent composer entre militantisme, volonté (sous perfusion) de l'État et aide publique au développement. En effet, face à ces maux se trouve une société civile souvent très engagée, militante, qui cherche sa place entre bénévolat et « prestataire de service » et qui devient, comme on l'appelle en Afrique, le vulcanisateur d'un pneu crevé, abimé par le propriétaire du véhicule.

En Côte d'Ivoire, comme dans d'autres pays, la base militante de l'ACAT avait en effet la volonté de s'étendre et de grandir en tant que structure locale. Soucieux des victimes de traitements cruels, inhumains et dégradants, les militants ACAT CI bénévoles ont alors décidé de porter leurs actions auprès des personnes privées de liberté. Cet accompagnement se heurte cependant parfois à l'entremêlement de convictions, des réalités de terrain et aux exigences de management de projet. En ce sens, cette dynamique de projet a à la fois constitué un point d'ancrage qui a permis de mobiliser des bénévoles autour d'une action concrète, mais qui a nécessité dans le même temps un travail de renforcement des capacités des membres. Ce travail a commencé par de petits financements, avec des projets pilotes, afin de voir quelle était la capacité des membres en tant que société civile locale en termes d'engagement et d'implication.

Si cette professionnalisation s'est faite par étapes, cette orientation globale a été impulsée par les partenaires financiers. Au gré des rencontres et des échanges avec les détenus, la volonté de renforcer l'implication des membres de l'ACAT s'est matérialisée autour d'un programme financé par l'extérieur qui a nécessité des transformations dans leurs engagements ainsi que dans leur méthodologie d'action avec les autorités nationales, le fonctionnement par projet amenant un ensemble d'obligations en termes par exemple de justification des factures ou encore d'obligations de rendre compte, de résultats ou d'atteinte des indicateurs. Une coordination locale a de ce fait tout d'abord été instaurée, selon une logique indemnitaire. Les enveloppes budgétaires grandissant, des postes salariés ont ensuite dû être créés, avec une procédure de recrutement lourde et exigeante. L'engagement militant de départ reste néanmoins essentiel, même dans le cadre de cette professionnalisation, et jusqu'à présent tous les salariés ont d'abord été des militants ACAT en raison de l'expérience acquise en son sein.

Au final, la logique projet couplée à celle de la professionnalisation a amené l'émergence de trois types d'entités : l'instance dirigeante politique constituée par un noyau dur de militants responsables bénévolement de l'action ; les militants-exécutants sous contraintes professionnelles ; les militants non salariés qui participent grandement à la mise en œuvre du projet. Des tensions peuvent alors naître par rapport à la nature de cet engagement et des voix se sont élevées pour rappeler qu'il ne fallait pas demander un exercice bénévole de la même nature que celui réalisé dans des pays où les militants ont les moyens de le faire. Le travail du militant reste un travail de fourmi qui nécessite énormément d'investissement personnel pour à la fois renforcer ses propres capacités en procédure pénale et pouvoir répondre aux préoccupations du détenu sur son parcours judiciaire. De ce fait, cette démarche n'est pas sans conséquence sur l'évolution de la société civile qui doit trouver son équilibre entre besoin de professionnalisation et enjeu structurel de maintenir une base bénévole pour assurer sa pérennité.

Une indemnisation de certaines actions a donc été réfléchie, sans empêcher une implication des bénévoles dans d'autres actions hors projets. Avec cette dynamique d'implication par les projets, l'ACAT locale va alors aussi pouvoir devenir un tremplin pour travailler dans d'autres ONG par la suite, ou bien même dans l'administration, mais l'engagement bénévole des membres reste prépondérant y compris dans ces hypothèses. Bien plus qu'un bénévolat, cet engagement représente une véritable carte d'identité, construite socialement, avec une forte identification et une fierté d'appartenance à ce réseau de défenseurs des droits humains.

Mais si la logique projet a bien amené un effort de structuration du collectif ainsi qu'une assise professionnelle qui lui garantissent une légitimité à la fois vis-à-vis des autorités nationales et des partenaires techniques et financiers, fonctionner avec une équipe salariée qui oriente et donne des instructions à un socle de bénévoles de quarante à cinquante personnes n'est pas sans poser de difficultés. La base du bénévolat n'est-elle pas en effet d'exercer un travail gratuitement sans y être obligé ? Or, dès lors qu'un programme est mis en place sous financement d'un bailleur extérieur, hors fonds propres, l'obligation de rendre compte impose aux militants bénévoles un engagement contraint. Si les programmes visent notamment à accompagner la structuration et la professionnalisation des organisations de la société civile locale, cela implique l'élaboration de stratégies sur la base de réflexions communes telles que la gouvernance, la mobilisation des bénévoles, le renouvellement des équipes, les modalités de transmission de l'expérience et des capacités. L'alchimie entre engagement bénévole et travail salarié appelle alors des concessions et met en danger l'harmonie d'une structure, la base militante constituant le cœur d'une association, ce socle qui assure et garantit la pérennité de l'action, sans que celle-ci soit dirigée, orientée, voire contrainte par le bailleur.

S'il faut le mentionner, un des moyens utilisés pour essayer de satisfaire tout le monde et qui a gangréné l'engagement personnel désintéressé est ce que l'on peut qualifier de « loi du *per diem* » : aujourd'hui en Afrique toute activité est quasi conditionnée à l'obtention de ce dernier, prévu pour couvrir les frais de subsistance. Qu'il s'agisse des représentants des autorités nationales, des experts, des participants membres de la société civile, des agents de l'État, des journalistes, etc., la participation et l'engagement de ces personnes à l'activité proposée répond d'abord à une exigence d'obtention de ce *per diem*. Comment alors analyser cette logique établie d'être indemnisé pour participer par exemple à une conférence ou un séminaire de formation qui viendrait renforcer les capacités des participants ? Or, le modèle économique et budgétaire des programmes financés par les bailleurs a intégré cette démarche qui aujourd'hui fait loi dans le monde des droits humains. Cette course à l'obtention d'une telle indemnité biaise alors l'altruisme, dénature le sens de l'engagement citoyen et rappelle que le bénévolat est le privilège du nanti. *A contrario*, cette loi du *per diem* se justifie par le manque de moyens des individus engagés comme bénévoles.

Cette logique rémunérative laisse naître des tensions entre professionnel des droits humains et bénévole. Le premier agissant par conviction sous rétribution, l'autre par simple croyance d'agir pour une cause. Pour vulgariser ces mots, vous faites partie d'un club sportif, vous ne vous y sentez pas bien, vous quittez le club. En l'espèce, vous ne vous retrouvez plus dans l'action portée par l'ACAT et la FIACAT, vous mettez en péril la pérennité de la structure qui doit dans le même temps impérativement faire preuve auprès de ses partenaires financiers d'atteinte de résultats probants pour continuer de se maintenir sur la course aux fonds des ONG. Ne peut-on pas alors parler d'un militantisme sous perfusion ?

Dans cette hypothèse, que se passera-t-il demain en cas de pénurie de financements ? La pérennité d'organisations fondées sur un engagement militant bénévole uniquement ne serait-elle pas plus certaine ? La méthodologie et la manière de faire semblent fonctionner dans l'immédiat, stratégiquement, comme en termes d'implication des membres et de reconnaissance des partenaires. Mais dans quelques décennies, cet accompagnement vers la professionnalisation ne pourra-t-il pas être envisagé comme une transformation de la culture locale et la façon dont l'action aurait pu être menée au niveau idéologique ? Le projet est nécessairement orienté sur le fond par les bailleurs et leur manière de percevoir les politiques en question. Dans le même temps, les militants n'ont ni les moyens ni le temps de prendre du recul sur ces demandes et se dire qu'ils ne veulent pas y aller. Si une partie de l'action est guidée par les opportunités de financement, quelle sera sa portée sur le moyen et le long terme ? Comment même éviter l'uniformisation dans la façon d'appréhender une problématique ?

Au-delà des choix stratégiques, les manières de faire des partenaires vont aussi induire un changement radical du fonctionnement des organisations de la société civile. Si l'on peut y voir une évolution positive des actions dans le souci d'être plus efficient, d'assurer la transparence de l'utilisation des fonds (privés comme publics), ou encore de mieux structurer les actions pour les pérenniser et les rendre optimales selon un plan stratégique, on doit aussi souligner leurs limites. Ainsi, la systématisation d'une méthodologie portant sur l'atteinte de résultats néglige des aspects fondamentaux liés à l'approche fondée sur les droits en matière de développement. Ces temps dédiés à la recherche de cofinancements et au suivi-évaluation de projet tendent à effacer le fond pour laisser place à la forme, affaiblissant ainsi le rôle stratégique des organisations de la société civile dans le cadre d'une politique publique qui affiche pourtant la considération des revendications citoyennes. Les militants sont de ce fait plus apparentés à des gestionnaires de projets qu'à des acteurs du changement de la politique sociale d'un pays.

Par conséquent, l'exercice du bénévolat exige par lui-même la présentation d'un Curriculum vitae chargé d'expériences. Vous trouverez en faisant le tour des ONG un nombre accru de personnels très compétents, bourrés de diplômes en management des OSC, management de projet, école de commerce, gestion administrative et financière, comptabilité, communication, développement associatif, etc. En parallèle, des bailleurs de fonds tirent le financement structurel (ressources humaines, exigences de cofinancement, non couverture des frais de loyer de bureau, etc.) au plus bas avec une logique concurrentielle qui conduit parfois à la mort des organisations, ce qui fait d'ailleurs le jeu de certains États dans leur volonté de réduire l'espace dévolu à la société civile. Or, chaque bailleur définit dans le même temps ses propres règles d'obtention des fonds à travers des lignes directrices plus ou moins souples, avec une liste de dépenses éligibles et non éligibles, une liste exhaustive d'activités non finançables, un pourcentage de cofinancement nécessaire, des critères administratifs et financiers souvent éliminatoires (par exemple disposer d'une trésorerie d'au moins la moitié du montant sollicité), l'exclusion de certains coûts liés aux ressources humaines, ou l'exigence d'une corrélation entre le pourcentage consacré aux activités et le pourcentage consacré aux ressources humaines, alors même que la spécificité de certaines ONG de défense des droits humains requiert une expertise importante, tant en termes de contenu juridique que de savoir-faire dans la défense, la formation ou encore le soutien par exemple, et nécessite de ce fait une part de ressources humaines autonome.

Afin de trouver un équilibre entre ces alchimies – militantisme, réalité pratique et management de projet –, la FIACAT et l'ACAT CI ont décidé d'investir leur engagement dans l'accompagnement des politiques publiques ivoiriennes en matière de gestion du parc pénitentiaire et du traitement des détenus, qui se doit d'être respectueux de la dignité humaine, ainsi que dans l'identification et le suivi des cas de détention préventive abusive, afin de réduire la surpopulation carcérale. Cependant, cet axe, pour être pérenne et approprié à terme par les autorités nationales, a nécessité la mise en place d'une stratégie qui s'inscrit à la fois au cœur des besoins identifiés par les acteurs locaux, ainsi que dans un schéma de promotion et de protection du droit des détenus sur les scènes internationale et régionale auprès des mécanismes onusiens et africains. Elle se caractérise par quatre phases :

1. Identification d'une problématique par les militants locaux
2. Présentation de ces problématiques auprès des mécanismes internationaux et régionaux de promotion et de protection des droits humains (dépôt de rapports alternatifs et plaidoyer)
3. Définition d'un programme d'accompagnement par les bailleurs trop souvent décidé de manière unilatérale.
4. Mise en œuvre de programmes d'accompagnement des engagements pris par l'État devant les instances internationales et régionales de promotion et de protection des droits humains lors de l'examen périodique.

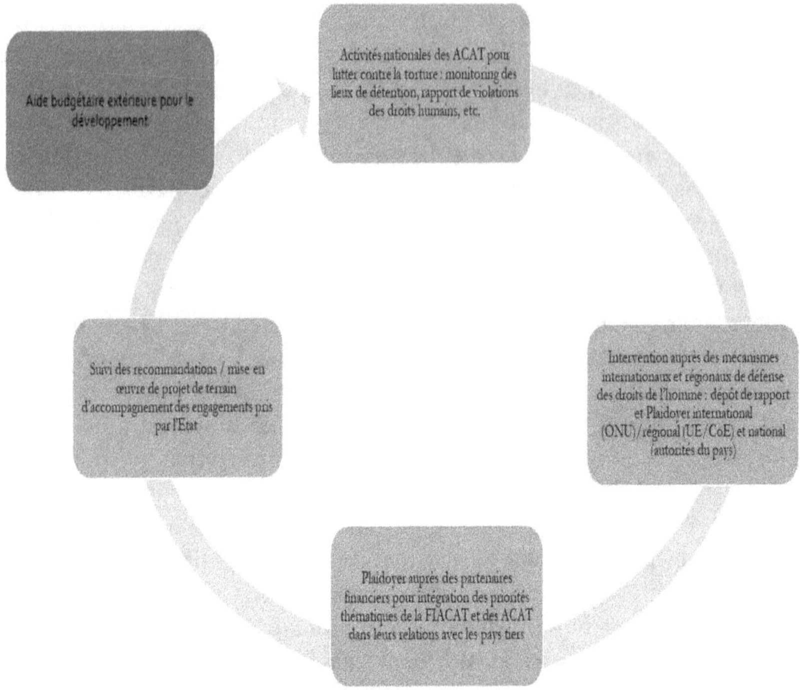

L'une des difficultés majeures est néanmoins d'intégrer les partenaires financiers dans un cycle stratégique où se pose dès lors la question d'une relation verticale entre le bailleur, l'État et les OSC qui l'accompagnent pour la mise en œuvre de ses obligations.

La FIACAT et les ACAT interviennent donc comme organisations de la société civile dans le monitoring des lieux de détention afin de faire remonter aux autorités compétentes les cas de détention préventive injustifiée et renforcer les engagements pris par les États devant les instances internationales et régionales de promotion et de protection des droits humains.

Si ce droit de visite par la société civile des lieux privatifs de liberté trouve de plus en plus sa légitimité dans les textes internationaux et régionaux de promotion et protection des droits humains, il reste cependant évidemment soumis à l'accord de visite délivré par les autorités nationales. Une fois ce sésame obtenu, parfois au prix de nombreuses négociations et de multiples rencontres de plaidoyer auprès des autorités pour justifier de l'utilité de cette présence auprès des oubliés de la justice, il permet aux membres ACAT sur le terrain d'aller à la rencontre des personnes détenues, de les auditionner et de les accompagner dans leur parcours judiciaire et carcéral. Ce travail des équipes de bénévoles nécessite alors un renforcement de capacités ainsi que de la formation continue, car la légitimité de ces acteurs non étatiques et non institutionnels sur le terrain ne s'acquiert que par la reconnaissance des compétences et de la plus-value de l'action.

A la lumière des recommandations formulées par les mécanismes de promotion et de protection des droits de l'homme des Nations Unies et de la Commission africaine des droits de l'homme et des peuples, ainsi que des résultats probants du projet de lutte contre la détention préventive mené par la FIACAT et l'ACAT CI depuis 2017, avec le soutien de l'Union européenne, la FIACAT et l'ACAT CI, sur demande des autorités pénitentiaires et judiciaires, ont décidé de reconduire leur projet sur six nouvelles prisons (trois déjà impliqués dans le projet précédent et démultiplication sur trois nouvelles prisons). Cette reconduction témoigne de la décharge de l'État de ses obligations sur les organisations de la société civile par rapport à ses politiques. Si l'objectif est l'appropriation par les autorités de ses propres engagements, on dénote une volonté plus ou moins affichée d'un transfert d'exercice du rôle des agents étatiques vers des membres de la société civile, soumis au respect de règles imposées par l'État mais dont les charges ne lui sont pas imputées. Ainsi, les OSC en viennent à assumer les obligations de l'État tout en restant dans un champ d'action limité. On leur offre la possibilité d'assister les autorités sans se substituer à.

En effet, déjà présentes auprès de dix prisons[1] de Côte d'Ivoire, les actions menées par la FIACAT et l'ACAT CI ont permis de renforcer les capacités du personnel pénitentiaire et judiciaire sur les règles entourant la détention préventive, de réduire la surpopulation carcérale au sein des prisons cibles, d'accompagner les autorités dans le respect de leurs engagements régionaux et internationaux et de sensibiliser l'opinion publique aux conditions de détention en Côte d'Ivoire. Au final, d'après les indicateurs de l'ACAT CI, « depuis le 31 mars 2016, 1260 cas de détention préventive abusive ont été identifiés et 449 décisions de justice rendues. 571 détenus voient leurs affaires fixées devant une juridiction soit 45% du total et 240 détenus sont encore dans l'attente d'une décision de justice, soit 19% au total. Ainsi, 81% des personnes détenues victimes de détention préventive abusive ont vu leur dossier traité par la justice ».

Ce renforcement de capacité pose toutefois la réflexion de la légitimité d'OSC agissant en prestataire de service s'ingérant dans les *curricula* de formation d'agents étatiques, même si l'un des objectifs spécifiques de la seconde phase du programme est de pérenniser les compétences acquises en matière d'accompagnement des autorités pénitentiaires et judiciaires pour le traitement des détenus, de capitaliser les bonnes pratiques et de les étendre à de nouvelles prisons à la lumière du nouveau Code de procédure pénale.

En effet, l'un des objectifs du projet de lutte contre la détention préventive abusive mené en phase 1 visait la révision des Codes pénal et de procédure pénale pour mieux borner le cadre normatif qui entoure la détention préventive. Des séminaires de formation et de suivi des activités ont permis

[1] Abengourou, Abidjan, Adzopé, Agboville, Bouaké, Daloa, Grand-Bassam, Sassandra, Soubré, Toumodi

aux autorités de prendre acte des lacunes en matière de respect des garanties judiciaires, de définir ensemble des feuilles de route à l'endroit des magistrats, du personnel pénitentiaire et de la société civile et d'aboutir à la révision des codes. Les règles qui entourent la détention préventive sont aujourd'hui plus claires. Un guide pratique de procédure pénale en matière de respect des garanties judiciaires entourant la détention préventive a par ailleurs été révisé par la FIACAT et les partenaires techniques de l'ACAT CI au niveau local pour permettre à tous les partenaires du projet de bénéficier d'une formation aux nouvelles règles du code de procédure pénale et de se les approprier. L'expérience de l'ACAT CI montre en effet qu'une fois les bonnes pratiques amorcées auprès des prisons et l'implication des parties prenantes effectuée, un accompagnement ponctuel reste nécessaire pour veiller et garantir une vigilance sur l'ensemble des prisons du territoire, au regard de l'importance du monitoring des lieux de détention par la société civile[1].

Toutefois, il faut aussi relever que la société civile vient au final essentiellement pallier des manquements. Le projet en lui-même ne devrait clairement pas avoir lieu d'être. Or, si la société civile peut intervenir en réaction, elle ne peut pas construire comme pourraient le faire les institutions. L'intervention restera donc à une échelle micro et non macro. Seuls un accompagnement et un droit de regard par la société civile peuvent ainsi être organisés.

L'accès aux financements publics et les conséquences que cela entraine sur la méthodologie d'action pour les organisations de la société civile constituent en définitive un élément majeur de la complexification contemporaine de la protection des droits humains. Les moyens d'agir ont tendance à être standardisés selon des normes exigées par les bailleurs, parfois au détriment de réelles théories du changement. Aujourd'hui, nous pourrions même parler de « projetisation » des actions des OSC qui doivent surtout répondre à des enjeux managériaux, d'efficacité et de résultats quantifiés au détriment d'une action citoyenne associative qui place l'humain au cœur de son action. Entendons par là que les projets peuvent donc placer la forme comme prioritaire par rapport au fond. Il faut par conséquent jongler entre l'engagement militant bénévole et un accompagnement professionnel des autorités nationales qui s'apparente à une véritable « prestation de service » monnayée. Or, à travers ces compétences qui se professionnalisent, l'organisation doit répondre à un double enjeu : l'enjeu associatif qui est de remplir l'objet social pour lequel elle agit et l'enjeu économique qui est d'assurer sa survie en répondant aux exigences des bailleurs. Une chaine économique s'est fondée autour d'enjeux sociétaux et de responsabilités citoyennes, dans laquelle les bailleurs publics et privés influent sur la

[1] Voir Panel sur le monitoring des lieux privatifs de liberté de la 64ème session de la CADHP, Sharm El Sheik, Egypte, mai 2019 par la Rapporteure spéciale prison de la CADHP conjointement avec la FIACAT et les ACAT.

méthodologie d'action. Il ne s'agit pas là de blâmer un état de fait ou de critiquer une transformation qui s'avérait nécessaire, mais d'analyser les limites et les dangers que cela comporte sur les réformes publiques et le dessin de la politique pénale qui se veut calqué sur des modèles différents et des réalités culturelles inappropriées à la transposition de modèle ou de schéma « unique ».

CONCLUSION

Décentrer le regard du juriste à propos des droits de l'Homme : Pistes de réflexion à partir d'une grille de lecture décoloniale

Amélie IMBERT, Maîtresse de conférences, Histoire du droit
Univ. Grenoble Alpes,
CESICE (EA 2420), F- 38000 Grenoble France

Le « mouvement en faveur du décentrement de la pensée et des humanités [...] ne date pas d'aujourd'hui »[1]. Le philosophe sénégalais Souleymane Bachir Diagne identifie la Conférence de Bandung, en 1955, comme le tournant historique où, pour la première fois, « des peuples colonisés se sont parlé directement, sans que les puissances impériales fussent présentes pour se donner la position d'un centre qui devait être interlocuteur obligé, pour commencer de mettre en chantier un nouvel universel, "un universel vraiment universel" »[2]. Le philosophe et sémioticien argentin Walter Mignolo considère quant à lui qu'il s'agit du « premier moment institutionnel où la décolonialité – et la désoccidentalisation - a trouvé sa place »[3]. Un an plus tard, en 1956, Alioune Diop réunit à la Sorbonne le premier Congrès international des écrivains et artistes noirs, considéré comme son pendant culturel[4], dont le projet est de réaliser un inventaire des cultures noires et d'analyser « les responsabilités de la culture occidentale dans la colonisation et le racisme »[5]. Lors du deuxième congrès qui se tient à Rome en 1959, Aimé Césaire souligne notamment le rôle à venir des intellectuels dans les indépendances s'annonçant, avertissant de leur complexité : « Notre double devoir est là : il est de hâter la décolonisation, et il est, au sein même du

---

[1] Selon Achille Mbembe et Felwine Sarr, « décentrer la pensée » signifie « avant toute chose revenir à une certaine idée du Tout. Ou, pour le dire dans les termes d'Édouard Glissant, du "Tout-Monde" ». MBEMBE Achille, SARR Felwine, « Penser pour un nouveau siècle », *in* MBEMBE Achille, SARR Felwine (dir.), Les Ateliers de la pensée, *Écrire l'Afrique-Monde*, Dakar, Philippe Rey - Jimsaan, 2017, p. 10.

[2] DIAGNE Souleymane Bachir, « Pour un universel vraiment universel », MBEMBE Achille, SARR Felwine (dir.), *op. cit.*, p. 73.

[3] MIGNOLO Walter, *La désobéissance épistémique. Rhétorique de la modernité, logique de la colonialité et grammaire de la décolonialité*, Bruxelles, P. I. E. Peter Lang, 2015, p. 35. [Traduction : JOUHARI Yasmine, MAESSCHALCK Marc]

[4] FRIOUX-SALGAS Sarah, « Le 1er Congrès international des écrivains et artistes noirs (Paris, Sorbonne, 19-22 septembre 1956) : replay », *Hommes & Migrations*, 2021/1 (n° 1332), p. 143-149.

[5] DIOP Alioune, « Discours d'ouverture », *Présence Africaine*, 1956, n°8/10, p. 10.

présent, de préparer la bonne décolonisation, une décolonisation sans séquelles »[1].

Ces dernières décennies, la question de la perpétuation d'un ensemble de rapports de pouvoir, de domination et d'exclusion issus du colonialisme et celle de leur possible dépassement ont caractérisé une pluralité d'approches critiques qui se sont développées à l'échelle mondiale. Cette véritable « onde de choc »[2] épistémologique s'est produite à partir de différents lieux d'énonciation et suivant des conditions d'émergence diverses. Ainsi les théories postcoloniales sont nées au sein des universités anglo-américaines, dans le sillage d'auteur.rices non-américain.es comme Edward Said[3], tandis que les *subaltern studies* correspondent à un courant historiographique indien initié dans les années 1980 et que les études décoloniales sont notamment issues du groupe de recherche Modernité/Colonialité créé au milieu des années 1990 en Amérique du Sud. Dans le cadre africain, le contexte des années 1970, marqué par la crise économique et le manque de financement des universités publiques, a « contribué à saper le tournant décolonial qui se déployait alors »[4]. Il convient cependant de souligner le rôle joué par des structures indépendantes, tel le Conseil pour le développement de la recherche en sciences sociales en Afrique (Codesria). Créé à Dakar, en 1973, ce conseil, sans former une « école de pensée »[5], a été - et est toujours - une « structure de mise en circulation de personnes et de ressources »[6]. « [V]éritable poumon permettant une pensée académique depuis le continent »[7] africain, il a initié un mouvement plus global d'institutionnalisation d'organisations et de réseaux indépendants[8]. Si ces diverses approches sont marquées par des différences notables, entre elles, mais aussi en leur sein, caractéristiques d'une forme de « pensée éclatée »[9] dont le dynamisme foisonnant tend à défier toute tentative de définition figée, elles partagent comme projet théorique le souci

---

[1] CÉSAIRE Aimé, « L'homme de culture et ses responsabilités », *Présence Africaine*, 1959, n°24/25, p. 117.

[2] BOURGUIGNON Claude, COLIN Philippe, « De l'universel au pluriversel. Enjeux et défis du paradigme décolonial », *Raison présente*, 2016/3 (N° 199), p. 100.

[3] SAID Edward W., *L'orientalisme. L'Orient créé par l'Occident* [1978], Paris, Seuil, 2015, 592 p. [Traduction : MALAMOUD Catherine]

[4] NDLOVU-GATSHENI Sabelo J., « Le long tournant décolonial dans les études africaines. Défis de la réécriture de l'Afrique », *Politique africaine*, 2021/1-2 (n° 161-162), p. 464.

[5] MOURE Martin, « Le Conseil pour le développement de la recherche en sciences sociales en Afrique (CODESRIA), ou la volonté de savoir en Afrique pour l'Afrique. Naissance et évolution d'une institution panafricaine », *Histoire de la recherche contemporaine*, Tome VIII-n°2 | 2019, [en ligne], http://journals.openedition.org/hrc/3621, page consultée le 12 novembre 2021.

[6] *Ibid.*

[7] *Ibid.*

[8] MAMA Amina, « Is It Ethical to Study Africa? Preliminary Thoughts on Scholarship and Freedom », *African Studies Review*, 50, 2007, p. 17.

[9] MBEMBE Achille, « Qu'est-ce que la pensée postcoloniale ? », *Esprit*, 2006/12 (Décembre), p. 117.

du décentrement du regard, conduisant à des ruptures épistémologiques inédites.

Ces perspectives critiques entretiennent des relations parfois ambivalentes, caractérisées par des divergences théoriques[1] - tel le rejet des théories postcoloniales que d'aucun.es considèrent non adaptées au contexte africain[2] - mais aussi par l'existence de rapports de pouvoir au sein des débats académiques[3], que révèlent les discours produits sur elles[4] et la réception dont elles peuvent faire l'objet[5]. Dans leur prise en compte, la reconnaissance même du cadre africain apparaît comme un enjeu en tant que tel : Sabelo J. Ndlovu-Gatsheni critique ainsi la manière dont les apports des intellectuel.les africain.es ont été invisibilisés dans la « *genealogy of decoloniality* »[6], dont le récit communément présenté dans le champ académique mondial se restreint à des théoricien.nes issu.es du Moyen-Orient, d'Asie du Sud et d'Amérique du Sud. Par ailleurs, la diversité des approches africaines ne doit pas être minimisée : une tension autour des enjeux de circulation des savoirs et des acteur.rices, conduisant à opposer hybridité et conception d'une africanité, tend à structurer certains débats. La rupture d'Achille Mbembe avec le Codesria en est, par exemple, emblématique, posant notamment la question des rapports de l'Afrique au monde[7]. Dans cet article, notre objectif n'est pas de comparer, ni d'opposer les approches, mais d'essayer de mettre en lumière les grandes dynamiques que peuvent initier ces « nouveaux voyages de la

---

[1] MIGNOLO Walter, *La désobéissance épistémique*, *op. cit.*, p. 35-36. [Traduction : JOUHARI Yasmine, MAESSCHALCK Marc]

[2] Il s'agit notamment d'une position défendue par Paul Tiyambe Zeleza qui souligne et justifie les rapports complexes et ambivalents entre les intellectuel.les africain.es et les théories postcoloniales : ZELEZA Paul Tiyambe, « The Troubled Encounter Between Postcolonialism and African History », *Journal of the Canadian Historical Association / Revue de la Société historique du Canada*, vol. 17, n° 2, 2006, p. 89-129.

[3] BEAUD Guillaume, « Rendre compte des tensions et hégémonies épistémiques qui sous-tendent la production de savoirs sur l'Afrique », *Revue d'anthropologie des connaissances* 15-1 | 2021, [en ligne], http://journals.openedition.org/rac/18193, page consultée le 26 novembre 2021.

[4] MENCÉ-CASTER Corinne et BERTIN-ELISABETH Cécile, « Approches de la pensée décoloniale », *Archipélies*, 5 | 2018, [en ligne], https://www.archipelies.org/189, page consultée le 21 février 2019.

[5] TCHEUYAP Alexie, « La palabre française des *Postcolonial Studies* ou la deuxième mort d'Aimé Césaire », *Présence Africaine*, 2011/2 (N° 184), p. 147-165.

[6] [« généalogie de la décolonialité ».] NDLOVU-GATSHENI Sabelo J, « The cognitive empire, politics of knowledge and African intellectual productions: reflections on struggles for epistemic freedom and resurgence of decolonisation in the twenty-first century », *Third World Quarterly*, 2020, [en ligne], https://doi.org/10.1080/01436597.2020.1775487, page consultée le 15 novembre 2021.

[7] *Cf.* NDLOVU-GATSHENI Sabelo J., « Le long tournant décolonial dans les études africaines. Défis de la réécriture de l'Afrique », *op. cit.*, p. 467.

pensée »[1] à partir du cadre africain, en accordant une place particulière à ce que la philosophe française Nadia Yala Kisukidi qualifie de « tradition critique *africana*, impliquant les écritures africaines et diasporiques »[2], y compris dans ses ramifications contemporaines[3], ces dernières devront toujours être inscrites en rapport et en relation avec le champ mondial des idées afin de ne pas « réduire la différence à partir de cette terminologie [fondée sur la géographie] »[4].

La question coloniale occupe une place centrale dans les réflexions de ces auteur.rices. Cela les conduit à s'interroger sur le type de « décolonisation » qui a réellement eu lieu et sur les limites des usages communs de ce terme. Dans *Sortir de la grande nuit. Essai sur l'Afrique décolonisée*, Achille Mbembe met en avant l'appauvrissement de cette notion qui, sous une « forme [désormais] mineure »[5], a fini par ne plus être qu'un « concept de juristes et d'historiens »[6], délaissant le projet initial qui, « déclin[é] sous maintes désignations au long des XIXe et XXe siècles africains »[7], devait conduire au démantèlement des structures de la colonisation et à l'institution de « nouveaux rapports entre le sujet et le monde »[8]. Pour mieux caractériser cette perpétuation de dispositifs de domination issus du colonialisme, le sociologue péruvien Aníbal Quijano a forgé au début des années 1990 le concept de « colonialité »[9]. Il s'agissait alors de mettre en lumière la colonialité du pouvoir, c'est-à-dire la persistance d'un rapport de domination né de la colonisation : « [l]e colonialisme a précédé la colonialité, mais celle-

---

[1] MBEMBE Achille, « Pourquoi ont-ils tous peur du post-colonial ? », *AOC*, 21 janvier 2020, [en ligne], https://aoc.media/opinion/2020/01/20/pourquoi-ont-ils-tous-peur-du-postcolonial/, page consultée le 30 janvier 2020.

[2] KISUKIDI Nadia Yala, « *Laetitia africana* - Philosophie, décolonisation et mélancolie », *in* MBEMBE Achille, SARR Felwine (dir.), *op. cit.*, p. 55.

[3] Tout en ayant conscience des limites de diffusion de ces pensées critiques au sein des productions intellectuelles africaines contemporaines, comme Amina Mama en faisait le constat en 2007. MAMA Amina, « Is It Ethical to Study Africa? Preliminary Thoughts on Scholarship and Freedom », *African Studies Review*, 50, 2007, p. 14.

Voir également : SHIVJI Issa, « The Rise, the Fall, and the Insurrection of Nationalism in Africa », *Paper from Keynote Address to the CODESRIA East African Regional Conference*, Addis Ababa, Ethiopia, 2003, p. 11.

[4] BAHRI Deepika, « Le féminisme dans/et le postcolonialisme », *in* VERSCHUUR Christine, *Genre, postcolonialisme et diversité de mouvements de femmes*, Genève, Cahiers Genre et Développement, n°7, Genève, Paris : EFI/AFED, L'Harmattan, 2010, §30. [Traduction : GROULEZ Marianne]

[5] MBEMBE Achille, *Sortir de la grande nuit. Essai sur l'Afrique décolonisée,* Paris, La Découverte, 2010, p. 55.

[6] *Ibid.*

[7] *Ibid.*

[8] *Ibid.*

[9] *Cf.* BOURGUIGNON ROUGIER Claude, « Colonialité », *Dictionnaire décolonial*, [en ligne], https://scienceetbiencommun.pressbooks.pub/colonialite/chapter/colonialite-du-pouvoir/, page consultée le 10 novembre 2021.

ci a survécu au colonialisme et a prouvé être plus profonde et durable que celui-ci »[1]. Sabelo J. Ndlovu-Gatsheni se réapproprie ce concept pour analyser ce qu'il qualifie de « mythe »[2] que les Africains célèbrent sous le nom d'indépendance[3]. Il en est résulté une décolonisation incomplète et donc le « besoin d'une deuxième décolonisation, c'est-à-dire d'une décolonialité qui complète la décolonisation juridique et politique menée à bien aux XIXe et XXe siècles »[4]. Ce terme de colonialité permet également de mettre en avant la dimension épistémique et culturelle existante au sein de la domination coloniale, notamment caractérisée par le concept de « violence épistémique »[5]. Colonialité du pouvoir, du savoir, complétée par la « colonialité de l'être », permettant de revenir sur « l'expérience vécue de la colonisation et [...] son impact dans le langage »[6], sont initialement issues du langage des critiques décoloniales sud-américaines, mais elles sont désormais largement diffusées[7]. Dans le contexte africain, Nadia Yala Kisukidi, dont la

---

[1] HURTADO LÓPEZ Fátima, « Universalisme ou pluriversalisme ? Les apports de la philosophie latino-américaine », *Tumultes*, 2017/1 (n° 48), p. 43.

[2] NDLOVU-GATSHENI Sabelo J., *Coloniality of power in postcolonial Africa. Myths of decolonization*, Dakar, African Books Collective, CODESRIA, 2013, p. 14.

[3] « [T]his book seeks to understand the role of colonialism of power (a global neo-colonial hegemonic model of power that articulates race and labour, as well as space and people in accordance with the needs of capital and to the benefit of white European people). » [« Ce livre cherche à comprendre le rôle du colonialisme du pouvoir (un modèle de pouvoir néocolonial, mondial et hégémonique, qui articule race et travail, espaces et populations, en fonction des besoins du capital et au profit des Européens blancs). »] NDLOVU-GATSHENI Sabelo J., *Coloniality of power in postcolonial Africa. Myths of decolonization*, *op. cit.*, p. X.

[4] HURTADO LÓPEZ Fátima, « Universalisme ou pluriversalisme ? Les apports de la philosophie latino-américaine », *op. cit.*, p. 43.

[5] Employée par la théoricienne indienne Gayatri Chakravorty Spivak en 1988 dans son essai *Les subalternes peuvent-elles parler ?* SPIVAK Gayatri Chakravorty, *Les subalternes peuvent-elles parler ?* [1988], Paris, Éditions Amsterdam, 2009, p. 37 [Traduction : VIDAL Jérôme], la formule a été reprise par le philosophe colombien Santiago Castro Gómez.

[6] MALDONADO-TORRES Nelson, « Sobre la colonialidad del ser : contribuciones al desarrollo de un concepto », *in* CASTRO GÓMEZ Santiago et GROSFOGUEL Ramón, *El giro decolonial*, Bogotá, Siglo del Hombre, 2007, 127-167. Traduction française : « À propos de la colonialité de l'être. Contribution à l'élaboration d'un concept », *in* BOURGUIGNON ROUGIER Claude, COLIN Philippe et GROSFOGUEL Ramon (dir.), *Penser l'envers obscur de la modernité. Une anthologie de la pensée décoloniale latino-américaine*, Limoges, Pulim, 2014, 212 p. (Cité par : BOURGUIGNON ROUGIER Claude, « À propos de la colonialité de l'être », *Un dictionnaire décolonial*, [en ligne], https://scienceetbiencommun.pressbooks.pub/colonialite/chapter/colonialite-de-letre/, page consultée le 10 novembre 2021.)

[7] Comme en témoignent, par exemple, les multiples occurrences dans le dossier « UJUZI, décoloniser les Humanités ! » publié par *Présence Africaine* en 2018. (*Présence Africaine*, 2018/1, n°197) ou l'existence de publications depuis d'autres espaces mobilisant ces concepts dans leurs titres (NDLOVU-GATSHENI Sabelo J., *Coloniality of power in postcolonial Africa. Myths of decolonization*, African Books Collective, CODESRIA, 2013 ; OKECH Awino, « African feminist epistemic communities and decoloniality », *Critical African Studies*, 12:3, 2020).

chercheuse kényane Awino Okech rejoint la généalogie[1], souligne que « [c]ette triple dimension de la différence coloniale (pouvoir, savoir, être) est également analysée, dès le milieu du XX[e] siècle, dans les écritures diasporiques de la négritude »[2], citant Léopold Sédar Senghor et Aimé Césaire. Dans son « archéologie de la décolonisation des humanités »[3], l'économiste et sociologue camerounais Martial Ze Belinga remonte au XIXe siècle pour présenter un corpus éclaté caractérisé par la « réfutation protéiforme des théorisations de l'inégal et dans le rejet de l'infériorité ontologique postulée par le colonial et ses objets discursifs »[4]. La « révolution [devant être] intelligente »[5], la question de la production du savoir, complétant l'enjeu de la maîtrise du discours, est très tôt apparue comme une préoccupation centrale. En 1973, dans *L'autre face du royaume*, Valentin Mudimbé présente un projet de libération du discours africain, dont l'objectif affiché est de ne plus être seulement objet, mais de devenir sujet des discours scientifiques[6]. En 1988, dans *L'invention de l'Afrique*[7], suivant une démarche d'analyse des discours pouvant être rapprochée de celle d'Edward Said dans *L'Orientalisme*, il met en lumière la manière dont les savoirs européens, qu'il qualifie de « bibliothèque coloniale »[8], ont contribué à façonner l'espace africain. Au sein de cette problématique de la libération des discours, les propositions esquissées sont diverses : en 1986, Ngugi wa Thiong'o publie *Décoloniser*

[1] OKECH Awino, « African feminist epistemic communities and decoloniality », *op. cit.*, p. 314.

[2] KISUKIDI Nadia Yala, « *Laetitia africana* - Philosophie, décolonisation et mélancolie », *op. cit.*, p. 56.

[3] ZE BELINGA Martial, « Sens et puissance », *Présence africaine*, 2018/1, n°197, p. 19.

[4] *Ibid.*, p. 21.

[5] SARR Felwine, *Afrotopia*, Paris, Philippe Rey, 2016, p. 99.

[6] « Il s'agirait, pour nous Africains, d'investir la science, en commençant par les sciences humaines et sociales, et de saisir les tensions, de re-analyser pour notre compte les appuis contingents et les lieux d'énonciation, de savoir quel nouveau sens et quelle voie proposer à nos quêtes pour que nos discours nous justifient comme existences singulières engagées dans une histoire, elle aussi singulière. En somme, il nous faudrait nous défaire de l'odeur d'un Père abusif : l'odeur d'un Ordre, d'une région essentielle, particulière à une culture, mais qui se donne et se vit paradoxalement comme fondamentale à toute l'humanité. Et par rapport à cette culture, afin de nous accomplir, nous mettre en état d'excommunication majeure, prendre la parole et produire différemment. » Cité par : BISANSWA Justin Kalulu, « V. Y. Mudimbe », *Cahiers d'études africaines*, 160 | 2000, [en ligne], http://journals.openedition.org/etudesafricaines/45, page consultée le 22 juin 2021.

[7] Ce désormais classique, originellement publié en anglais, a seulement été traduit en 2021 en français. Cette publication francophone tardive illustre également l'enjeu que représente la langue de publication pour la diffusion d'un savoir et les rapports de force existant dans l'espace africain : MUDIMBE Valentin-Yves, *L'invention de l'Afrique. Gnose, philosophie et ordre de la connaissance* [1988], Paris, Présence Africaine, 2021, 513 p. [Traduction : VANNINI Laurent].

[8] MUDIMBE Valentin-Yves, *L'invention de l'Afrique. Gnose, philosophie et ordre de la connaissance*, *op. cit.*, p. 390. [Traduction : VANNINI Laurent]

l'esprit, signant son « adieu à l'anglais pour quelque écrit que ce soit »[1]. Décentrer le regard, interroger les catégories de pensées mobilisées, les échelles adoptées, les points de vue à partir desquels se construisent les savoirs, constituent autant de pistes invitant à des renouvellements épistémologiques dont la portée ne se limite pas à la seule dimension philosophique.

Dans un contexte au sein duquel « les lignes de la production de connaissances en et sur l'Afrique et les diasporas africaines ne cessent de bouger »[2], la question de la prison retient particulièrement l'attention depuis les années 1990. En effet, « les États africains ont multiplié les déclarations sur la prison (Kampala en 1994, Ouagadougou en 2002, Addis-Abeba en 2004) et pris des engagements pour en faire un lieu de réformation et de restauration de l'humanité des détenus »[3]. Cet « échec »[4] d'un « discours réformateur récurrent et [de] la volonté affichée d'humanisation des conditions de détention »[5] invite à questionner les outils mobilisés pour apprécier les situations et penser ces projets de réforme, au premier rang desquels figure un discours de promotion des droits de l'Homme[6]. Si l'approche critique de ces derniers n'est assurément pas le propre d'une critique qualifiée de décoloniale[7], « le geste postcolonial de décentrement de l'Occident (de son regard et de son lieu d'énonciation) est porteur d'enjeux cruciaux non seulement pour les théories politiques et de la société, mais aussi pour les théories de la connaissance »[8], alors qu'en parallèle a pu être diagnostiquée une « perte des termes critiques [...] [par] la tradition critique eurocentriste »[9]. Il s'agira de mettre en lumière les contributions de ces approches critiques à la problématique de la mobilisation des droits de

[1] WA THIONG'O Ngugi, *Décoloniser l'esprit* [1986], Paris, La Fabrique, 2011, p. 17. [Traduction : PRUDHOMME Sylvain]

[2] BONNECASE Vincent, BRACHET Julien, « Afrique et engagement scientifique : sur le mouvement des lignes », *Politique africaine*, n°161-162, 2021/1-2, p. 5.

[3] FAYE Sylvain Landry Birane, « Comprendre de l'intérieur le fonctionnement des prisons Pour des politiques carcérales adaptées », *Notes de politique du CODESRIA*, N° 2 avril 2017, [en ligne], https://codesria.org/spip.php?article2884&lang=fr, page consultée le 21 juin 2021.

[4] *Ibid.*

[5] *Ibid.*

[6] Dans cet article, l'expression « droits de l'Homme » est préférée à celle de « droits humains » en raison de son emploi majoritaire dans la littérature juridique francophone consultée. Cependant l'usage de la première formule, dont le caractère androcentré a été souligné, est aujourd'hui débattu dans l'espace francophone, comme l'illustre le rapport *Pour une Constitution garante de l'égalité femmes-hommes* du Haut Conseil à l'Égalité en date du 18 avril 2018.

[7] ÉDOUARD Roberson, DANDOY Arnaud, « Faut-il supprimer ou réformer les prisons du Sud ? », *Déviance et Société*, 2021/3 (Vol. 45), p. 369-382.

[8] RENAULT Matthieu, « Frantz Fanon et la décolonisation des savoirs », 2018, [en ligne], https://halshs.archives-ouvertes.fr/halshs-01925477, page consultée le 15 juin 2021.

[9] DE SOUSA SANTOS Boaventura, « Épistémologies du Sud », *Études rurales*, 187 | 2011, [en ligne], http://journals.openedition.org/etudesrurales/9351, page consultée le 14 juin 2021.

l'Homme dans le cadre de la lutte contre la détention préventive abusive et, plus largement, au sein des réflexions sur la réforme des prisons africaines. Une telle perspective apparaît d'autant plus importante que, si la critique des droits de l'Homme est contemporaine à leurs proclamations et qu'elle a pu se déployer depuis le cadre de pensée de la modernité occidentale[1], il n'est pas aisé de faire entendre un tel discours initié hors de la modernité occidentale lorsqu'il met l'accent sur la façon dont les droits de l'Homme peuvent contribuer au maintien de dispositifs de domination, y compris en prétendant les combattre. Ces « hérésies »[2] se heurtent en effet souvent à des discours de promotion tendant à se déployer dans un registre apologiste allant jusqu'au refus du débat[3]. Cette fin de non-recevoir, que d'aucun.es qualifient de « *colonial agnosia* »[4], ne fait que révéler et renforcer l'impression d'unilatéralité et l'absence de toute logique dialogale caractérisant l'asymétrie des échanges, notamment intellectuels, Nords-Suds. C'est sous cet angle que Makau Mutua critique tout particulièrement ce qu'il juge comme un double échec de la part des promoteurs de l'universalisme des droits de l'Homme : d'une part, leur non-réponse nourrit l'antagonisme des penseurs critiques issus du Tiers-Monde, d'autre part, cette attitude légitime les accusations d'impérialisme culturel[5].

Cet article se propose de faire entrer en résonance trois types de littératures ne se croisant pas toujours explicitement : une littérature théorique décoloniale, entendue au sens large, une littérature critique juridique consacrée aux droits de l'Homme, notamment les approches tiers-mondistes du droit (TWAIL)[6], et une littérature pluridisciplinaire francophone centrée sur la question des prisons, notamment africaines. L'objectif est de rapprocher les réflexions théoriques des pratiques afin d'enrichir les analyses sur les prisons au sein de l'espace africain. La posture épistémologique adoptée conduit à accorder un éclairage important au caractère situé des discours étudiés, d'où le choix de laisser les citations dans le corps du texte dans la langue de publication consultée. Sauf indications contraires, les traductions en notes de bas de page sont personnelles. Si une traduction préalable existe et

---

[1] *Cf.* LACROIX Justine, PRANCHÈRE Jean-Yves, *Le Procès des droits de l'homme*, Paris, Seuil, 2016, 352 p.

[2] BAXI Upendra, « From Human Rights to the Right to be Human : Some Heresies », *India International Centre Quaterly*, 1986, vol. 13, n°3/4, p. 185-200.

[3] DE SOUSA SANTOS Boaventura, « Human Rights, Democracy and Development », *in* DE SOUSA SANTOS Boaventura, SENA MARTINS Bruno (dir.), *The Pluriverse of Human Rights. The Diversity of Struggles for Dignity*, New York, Routledge, 2021, p. 29-30.

[4] [« Agnosie coloniale ».] VIMALASSERY Manu, HU PEGUES Juliana, GOLDSTEIN Alyosha, « Introduction : On Colonial Unknowing », *Theory & Event* 19, no. 4, 2016, [en ligne], https://muse.jhu.edu/article/633283, page consultée le 23 juin 2021.

[5] MUTUA Makau, *Human Rights. A Political and Cultural Critique*, Philadelphia, University of Pennsylvania Press, 2002, p. 5.

[6] *Cf.* GATHII James T., « TWAIL : A Brief History of Its Origins, Its Decentralized Network, and a Tentative Bibliography », 3 *Trade L. & Dev.* 26, 2011.

est utilisée, elle est mobilisée en ayant conscience des limitations intrinsèques de cet exercice[1] et le nom de la ou des personne.s l'ayant effectuée est indiqué. Cette démarche entend visibiliser l'enjeu que représente la question linguistique dans la construction des connaissances et ce qu'elle peut révéler des rapports de domination qui se déploient au sein de la production et de la diffusion académiques. Christine Verschuur rappelle à ce sujet que « [p]armi les barrières qui provoquent des difficultés de reconnaissance de la théorie à partir du Sud se trouve la prépondérance de l'anglais, qui rend difficile la circulation des idées produites dans d'autres langues »[2].

De la théorie à la pratique, l'article se déploiera en deux temps : après avoir insisté sur la manière dont la critique décoloniale offre des clés pour comprendre et mettre en lumière le « côté obscur »[3] des droits de l'Homme (1.), sera posée la question de la reconstruction, en discutant les conditions permettant de dépasser la « matrice coloniale du pouvoir » (2.).

1. Reconnaitre le « cote obscur » des droits de l'Homme : une critique decoloniale

Les approches décoloniales permettent une critique allant au-delà d'une lecture positiviste du droit. Mettant en lumière le caractère eurocentré des droits de l'Homme (1.1), elles conduisent également à questionner la représentation de l'Afrique véhiculée par les discours dominants de promotion des droits (1.2). Enfin, en permettant d'éclairer les limites et les biais inhérents à ces outils juridiques, c'est la fermeture des possibles à laquelle elles entendent s'attaquer (1.3).

1.1. Eurocentrisme, droits de l'Homme et transposition d'un modèle du « bien punir »

La politiste kényane Eunice N. Sahle souligne combien « *[o]ne of the enduring legacies of colonialism was its ability to universalize* Western *particularism* »[4]. Parfois présentée comme une crise caractérisant la période

---

[1] DE LIMA COSTA Claudia, ALVAREZ Sonia E., « Déplacer le signe : vers une politique féministe translocale de la traduction », *in* VERSCHUUR Christine (dir.), *Savoirs féministes au Sud. Expertes en genre et tournant décolonial. Cahiers genre et développement n° 11*, Paris, L'Harmattan, 2019, §14. [Traduction : CAILLEAUD Aurélie]

[2] VERSCHUUR Christine, « Introduction. Colonialité des savoirs et expertes en genre et développement. Connaissances féministes depuis le Sud », *in* VERSCHUUR Christine (dir.), *Savoirs féministes au Sud*, *op. cit.*, §3.

[3] *Cf.* notamment : GATHII James Thuo, « Africa and the History of International Law », *Oxford Handbook of the History of International Law*, p. 425) ; KAPUR Ratna, « Human Rights in the 21st Century : Take a Walk on the Dark Side », *Sidney Law Review*, 2006, 665.

[4] [« un des legs durables du colonialisme a été sa capacité à universaliser le particularisme occidental. »] SAHLE Eunice N., *Human Rights in Africa. Contemporary Debates and Struggles*, New York, Palgrave Macmillan, 2019, p. 39.

actuelle[1], la critique d'un « Universel » au singulier, permettant d'atteindre la « Vérité » absolue et tendant à masquer la conception située ainsi promue, n'est pourtant pas nouvelle. Nadia Yala Kisukidi rappelle que, lors du premier Congrès international des écrivains et artistes noirs, « il y a un peu plus de soixante ans, eurent lieu à Paris des débats où des conceptions opposées de l'universel furent explicitement mises en concurrence »[2]. Questionner l'universel ne signifie pas son rejet pur et simple : c'est « une certaine perspective universaliste […], celle de l'universalisme de transcendance, abstrait, projection du topos européen sur le monde »[3] qui est visée. Ces auteur.rices s'inscrivent dans la continuité d'Aimé Césaire qui, également en 1956, attaquait ce qu'il qualifiait d'« universel décharné »[4]. Selon lui, un tel « réductionnisme européen »[5] apparaît comme le reflet d'un « système de pensée ou plutôt de l'instinctive tendance d'une civilisation éminente et prestigieuse à abuser de son prestige même pour faire le vide autour d'elle en ramenant abusivement la notion d'universel [...] à ses propres dimensions, autrement dit, à penser l'universel à partir de ses seuls postulats et à travers ses catégories propres »[6]. Le sociologue portoricain Ramón Grosfoguel repart des réflexions du penseur martiniquais pour souligner combien « [l]e républicanisme universaliste de l'empire français a constitué l'une des déclinaisons majeures de l'universalisme abstrait dans sa volonté de subsumer, diluer et assimiler tous les particuliers sous l'hégémonie d'une seule particularité »[7]. C'est donc sous l'angle de la fausse neutralité d'un universel particulier, provincial – issu du contexte situé historiquement, géographiquement et culturellement, qu'a pu se déployer un discours critique sur la modernité telle qu'elle s'est construite depuis l'Europe occidentale avant de se diffuser, grâce aux conquêtes coloniales, à l'échelle mondiale. Cette modernité eurocentrée se caractérise par la mise en scène d'« un sujet accédant à une vérité universelle, hors du temps et de l'espace, au travers d'un monologue – c'est-à-dire par la surdité au monde –, et au travers de

---

[1] BURGORGUE-LARSEN Laurence, « Le basculement de l'Histoire ? Les attaques contre l'universalisme des droits de l'homme », *RDLF*, 2021, chron. N° 06.

[2] KISUKIDI Nadia Yala, « L'universel dans la brousse », *Esprit*, 2020/1-2 (Janvier-Février), p. 55.

[3] GESLIN Albane, « De l'entre-soi à l'entre-autre(s) : enjeux et ambiguïtés de la reconnaissance internationale des droits des peuples autochtones », TOURME-JOUANNET Emmanuelle, MUIR WATT Horatia, DE FROUVILLE Olivier, MATRINGE Jean, *Droit international et reconnaissance*, Paris, Pedone, 2016, [en ligne], https://halshs.archives-ouvertes.fr/halshs-01220143, consulté le 16 juin 2021.

[4] CÉSAIRE Aimé, *Lettre à Maurice Thorez*, Paris, Présence africaine, 1956, 15 p.

[5] CÉSAIRE Aimé, « Le discours sur la négritude » [1987], *in* Aimé Césaire, *Discours sur le colonialisme, Suivi de Discours sur la Négritude*, Paris, Présence Africaine, 2002, p. 84.

[6] CÉSAIRE Aimé, « Le discours sur la négritude », *op. cit.*, p. 84-85.

[7] GROSFOGUEL Ramón, « Vers une décolonisation des Uni-versalismes occidentaux », BANCEL Nicolas, BERNAULT Florence, BLANCHARD Pascal, BOUBEKER Ahmed, MBEMBE Achille, VERGÈS Françoise (dir.), *Ruptures postcoloniales. Les nouveaux visages de la société française*, Paris, La Découverte, 2010, p. 131.

l'effacement du visage du sujet d'énonciation – l'aveuglement face à sa localisation spatiale et corporelle dans la cartographie du pouvoir global »[1]. Produisant un « mythe universaliste »[2], cela a pour conséquence de « cacher les localisations épistémiques dans les relations de pouvoir à partir desquelles le sujet parle »[3]. Cette faculté à présenter « le point de vue particulier comme s'il se situait dans un au-delà de tout point de vue, un point de vue qui se présente comme n'ayant aucun point de vue »[4] renvoie à ce que Santiago Castro-Gómez appelle « l'hybris du point zéro »[5].

Dans la mesure où « [u]n argument central dans [l]e processus qui permet aux droits humains de devenir l'un des éléments les plus importants des formations idéologiques des sociétés tout autour du monde concerne leur soi-disant "caractère universel" »[6], il est logique qu'une approche décoloniale conduise à les questionner. Ainsi Walter Mignolo souligne-t-il combien « "l'émancipation abstraite et universelle des êtres humains" [...] reste l'énonciation d'un projet universel et de ce fait impérial »[7]. Le juriste américano-keynian Makau Mutua adopte une perspective proche lorsqu'il met en exergue la façon dont le langage des droits de l'Homme s'appuie sur une neutralité et une universalité qui ne sont qu'apparentes pour masquer leurs fondements[8]. Cette perspective critique conduit à insister sur leur caractère eurocentré, tant dans leur origine que dans leur orientation[9]. Aníbal Quijano précise que, dans une perspective décoloniale, parler d'eurocentrisme ne renvoie pas à une dimension uniquement géographique – englobant tous les modes de connaissances de tous les Européens à toutes les époques –, mais cible une certaine tradition de pensée qui a émergé en Europe occidentale au

---

[1] GROSGOGUEL Ramón, « 8. Vers une décolonisation des « uni-versalismes » occidentaux : le « pluri-versalisme décolonial », d'Aimé Césaire aux zapatistes », *op. cit.*, p. 123.
[2] GROSGOGUEL Ramón, « Les implications des altérités épistémiques dans la redefinition du capitalisme global. Transmodernité, pensée frontalière et colonialité globale », *Multitudes*, 2006/3, n°26, p. 53.
[3] *Ibid.*
[4] *Ibid.*
[5] *Cf.* QUIROZ Lissell, « Le leurre de l'objectivité scientifique. Lieu d'énonciation et colonialité du savoir », *Perspectives décoloniales d'Abya Yala*, 18/02/20, [en ligne], https://decolonial.hypotheses.org/?p=1630, page consultée le 9 novembre 2021.
Voir notamment : CASTRO-GÓMEZ Santiago, « (Post)coloniality for Dummies : Latin American Perspectives on Modernity, Coloniality, and the Geopolitics of Knowledge », *in* MORAÑA Mabel, DUSSEL Enrique, JÁUREGUI Carlos A. (dir.), *Coloniality at large. Latin America and the Postcolonial Debate*, Durham & London, Duke University Press, 2008, p. 278.
[6] BACHAND Rémi, *Les subalternes et le droit international. Une critique politique*, Paris, Pedone, 2018, p. 185.
[7] MIGNOLO Walter, *op. cit.*, p. 149. [Traduction : JOUHARI Yasmine, MAESSCHALCK Marc]
[8] MUTUA Makau W., « Savages, Victims, and Saviors : The Metaphor of Human Rights », *Harv. Int'L. J.*, 42, 201 (2001), p. 206.
[9] MUTUNGA Willy, « Human Rights States and Societies : A Reflection from Kenya », SAHLE Eunice N., *op. cit.*, p. 21.

début du XVIIe siècle[1]. Makau Mutua précise que l'insistance sur l'eurocentrisme des droits de l'Homme « *do not necessarily connote evil or undesirability* »[2], mais vise à mettre en lumière les « *notions of cultural specificity and historical exclusivity* »[3]. Dans le champ du droit international, cette critique rejoint une réflexion d'ensemble sur l'ethnocentrisme du droit international contemporain et de son histoire[4], un angle tout particulièrement exploré au sein des approches tiers-mondistes (TWAIL). Les travaux d'Antony Anghie, par exemple, invitent à questionner le continuum historique dans lequel s'inscrit le droit international, et les dynamiques d'inclusion/exclusion ambivalentes qui s'y déploient et le structurent depuis le XVIe siècle[5]. Les droits de l'Homme et leurs discours de promotion sont alors présentés comme s'inscrivant dans un « *historical continuum in an unbroken chain of Western conceptual and cultural dominance over the past several centuries* »[6]. Après avoir été « une rhétorique de pouvoir et une justification morale de l'entreprise coloniale »[7], ils demeurent dans l'actualité récente associés à des projets impérialistes de pays occidentaux[8]. La dynamique ainsi identifiée peut être rapprochée de celle que Sabelo J. Ndlovu-Gatsheni décrit au sujet de l'idée de progrès : « *a gift that Europe had power*

---

[1] QUIJANO Aníbal, « Coloniality of Power, Eurocentrism, and Latin America », *in* MORAÑA Mabel, DUSSEL Enrique, JÁUREGUI Carlos A. (dir.), *op. cit.*, p. 197-198.

[2] [« ne signifie pas nécessairement les associer à l'idée de Mal ou de non-désirabilité ».] MUTUA Makau W., « Savages, Victims, and Saviors : The Metaphor of Human Rights », *op. cit.*, p. 204.

[3] [« les notions de spécificité culturelle et de tradition historique exclusive ».] *Ibid.*

[4] KOSKENNIEMI Martti, « Histories of International Law : Dealing with Eurocentrism », *Rechts geschichte*, 19, 2011, p. 152-176.

L'auteur souligne notamment que « *[w]hen international institutions delineate their jurisdiction through "human rights", "free trade", "fight against impunity", "protecting the environment", "advancing investment" or think of their activity in terms of "modernization", "sustainable development", "state-building", "structural adjustment" or "responsibility to protect", they subscribe to languages whose native speakers come from universities, think-tanks and civil society institutions in Europe and the United States* » [« Quand les institutions internationales définissent leurs compétences en utilisant les catégories de "droits de l'Homme", "libre-échange", "lutte contre l'impunité", "protection de l'environnement", "promotion de l'investissement", ou conçoivent leurs activités en termes de "modernisation", "développement durable", "construction de l'État", "ajustements structurels" ou "responsabilité de protéger", ils adhèrent à des expressions employées par des personnes issues des universités, think-tanks et institutions de la société civile en Europe et aux États-Unis. »] *Op. cit.*, p. 160.

[5] ANGHIE Antony, *Imperialism, Sovereignty and the Making of International Law*, New York, Cambridge University Press, 2004, 356 p.

[6] [Un « continuum historique au sein d'une chaîne ininterrompue de domination conceptuelle et culturelle s'étendant sur plusieurs siècles ».] MUTUA Makau W., « Savages, Victims, and Saviors : The Metaphor of Human Rights », *op. cit.*, p. 210.

[7] ABDOU HASSAN Adam, *Puissance du droit et droit de puissants. Les traités européens et « eurafricains » sous la loupe*, Genève, CETIM, 2021, p. 28.

[8] *Cf.* BACHAND Rémi, IDIR Mouloud, « Décoloniser les esprits en droit international. La « responsabilité de protéger » et l'alliance entre naïfs de service et rhétoriciens de l'impérialisme », *Mouvements*, 2012/4 (n° 72), p. 89-99.

to export to the non-Western World [...] lodged within the notion of the civilizing mission »[1]. À l'objection que pourrait formuler un.e juriste positiviste invoquant la ratification par l'ensemble des États d'instruments du droit international des droits de l'Homme, est opposée la persistance des hiérarchies au sein de l'ordre international, dont les textes - et leur ratification - demeurent le produit de rapports de force que les décolonisations n'ont pas anéantis : Makau Mutua y voit « *a telling testament to the conceptual, cultural, economic, military, and philosophical domination of the European West over non-European peoples and traditions* »[2].

Ces analyses peuvent être directement mises en lien avec les problématiques contemporaines posées dans le domaine carcéral sur le continent africain. En effet, depuis « la fin des années 1990, un nombre croissant d'acteurs de la coopération internationale s'est donné pour mission de contribuer à la réforme de la prison dans un grand nombre de pays du Sud »[3]. Celle-ci passe par l'imposition de « solutions standardisées »[4] issues des Nords pour faire face à la « crise de système pénitentiaire "naturellement" associée aux particularités des pays du sud (leur vulnérabilité multiple, la corruption de leurs élites économiques et politiques, leur instabilité politique, leur manque de ressources et de compétences dans la chaîne pénale, etc.) »[5]. Pour entreprendre sa réalisation, est « postulé »[6], sans être interrogé, « l'universalisme [...] des modèles voyageurs de l'Occident »[7]. Non seulement une grille d'analyse décoloniale conduit-elle à la remise en cause de ce supposé universalisme occidental surplombant, mais elle implique également la reconnaissance de la non-neutralité des solutions promues, invitant à mettre en lumière le caractère situé de la pénalité ainsi diffusée. Le constat d'échec des interventions menées depuis deux décennies doit être rapproché de celui du caractère « souvent plus contraint que librement consenti »[8] des transferts réalisés, lesquels engendrent « résistance, rejet ou louvoiement »[9]. En éclairant la manière dont se déploient des hiérarchies

---

[1] [« un don que l'Europe avait la capacité d'exporter vers le monde non-occidental [...], inscrit au cœur de la notion de mission civilisatrice. »] NDLOVU-GATSHENI Sabelo J., *Coloniality of power in postcolonial Africa. Myths of decolonization*, Dakar, African Books Collective, CODESRIA, 2013, p. 41.

[2] [Makau Mutua considère cela comme « révélateur de la domination conceptuelle, culturelle, économique, militaire et philosophique de l'Occident européen sur les peuples et les traditions non-européennes. »] MUTUA Makau, *Human Rights. A Political and Cultural Critique*, *op. cit.*, p. 154.

[3] ÉDOUARD Roberson, DANDOY Arnaud, « Faut-il supprimer ou réformer les prisons du Sud ? », *op. cit.*, p. 370.

[4] *Ibid.*, p. 372.

[5] *Ibid.*

[6] *Ibid.*

[7] *Ibid.*

[8] ÉDOUARD Roberson, DANDOY Arnaud, « Faut-il supprimer ou réformer les prisons du Sud ? », *op. cit.*, p. 379.

[9] *Ibid.*

persistantes s'inscrivant dans un long continuum historique, la critique décoloniale apparaît comme une grille d'analyse permettant de prendre la mesure de la réalité des rapports de force qui se jouent et des décalages engendrés. Les enjeux de la perpétuation des hiérarchies ne se limitent cependant pas à ces effets immédiatement perceptibles. Se maintiennent des représentations dont les soubassements ont tout particulièrement retenu l'attention des théoricien.nes décoloniaux.les.

1.2. La représentation de l'Afrique comme terre de violation, source d'asymétrie et de déni de capacité d'agir

« On n'a peut-être pas suffisamment montré que le colonialisme ne se contente pas d'imposer sa loi au présent et à l'avenir du pays dominé. Le colonialisme ne se satisfait pas d'enserrer le peuple dans ses mailles, de vider le cerveau du colonisé de toute forme et de tout contenu. Par une sorte de perversion de la logique, il s'oriente vers le passé du peuple opprimé, le distord, le défigure, l'anéantit », écrit Frantz Fanon, en 1961, dans *Les Damnés de la terre*[1]. La colonialité du savoir joue un rôle clé au sein de la « matrice coloniale du pouvoir » conceptualisée par Anibal Quijano, pour qui « une des tâches urgentes pour sortir de la colonisation est la décolonisation de la connaissance »[2]. C'est dans cette double continuité que s'inscrit Sabelo J. Ndlovu-Gatsheni lorsqu'il initie sa réflexion sur « *the impact of this colonial order on the African continent and the African minds since the onset of colonial encounters* »[3]. Il entreprend de décrire comment l'universalisation des particularismes occidentaux s'est réalisée par une colonisation épistémologique (également appelée colonisation de l'esprit) qui a décentré les systèmes de connaissances africains préexistants. De cette « *worst form of colonization of a people* »[4] a découlé une double « *epistemological mimicry and intellectual dependency* »[5]. La modernité coloniale a donc eu pour conséquence de priver les peuples africains de leur « *initiative and agency to take control of their destinies* »[6]. C'est pourquoi « *[m]ental colonization is the*

Pour aller plus loin : OLIVIER DE SARDAN Jean-Pierre, *La revanche des contextes. Des mésaventures en ingénierie sociale en Afrique et au-delà*, Paris, Karthala, 2021, 494 p.

[1] FANON Frantz, « Les Damnés de la terre » [1961], *in* FANON Frantz, *Œuvres*, Paris, La Découverte, 2011, p. 592.

[2] MIGNOLO Walter, *op. cit.*, p. 31. [Traduction : JOUHARI Yasmine, MAESSCHALCK Marc]

[3] [« l'incidence de cet ordre colonial sur le continent et les esprits africains depuis le début des contacts coloniaux ».] NDLOVU-GATSHENI Sabelo J., *Coloniality of power in postcolonial Africa. Myths of decolonization, op. cit.*, p. 37.

[4] [« la pire forme de colonisation d'un peuple ».] NDLOVU-GATSHENI Sabelo J., *Coloniality of power in postcolonial Africa. Myths of decolonization, op. cit.*, p. 38.

[5] [« mimétisme épistémologique et dépendance intellectuelle ».] *Ibid.*

[6] [« de leur esprit d'initiative et de leur capacité d'agir pour prendre le contrôle de leurs destins. »] *Ibid.*

hardest part to decolonize and the worst form of colonialism »[1]. Pour le chercheur djiboutien Ali Moussa Iye, cela a abouti à une « situation pour le moins paradoxale où les leaders des peuples dominés acceptent de voir le monde, les valeurs universelles, le droit, le développement, bref leur destin à travers les grilles linguistiques et conceptuelles forgées par leurs anciens dominateurs »[2]. En outre, de façon contemporaine, la dépendance[3] demeure au sein de la production mondiale du savoir, où elle est source de « ravages [...] [qui] se manifestent par l'empilement des asymétries sur le plan du savoir et de sa circulation »[4]. Dès la fin des années 1980, le philosophe béninois Paulin Hountondji a mis en lumière la « forme d'extraversion scientifique »[5] qui s'est perpétuée, plaçant notamment le.a chercheur.se africain.e dans la position intermédiaire de relais, tout en ayant intégré le fait de « se regarder [soi-]même avec les yeux des Autres »[6]. Une telle division du travail scientifique a des conséquences directes sur la légitimité à devenir expert du champ étudié. En 2020, Germain Ngoie Tshibambe décrit encore comment « une partition des tâches se met en mouvement : à des chercheurs du Nord revient la tâche de producteurs des théories et des méthodes ; [...] des chercheurs du Sud, on attend qu'ils récoltent des données de terrain et qu'ils appliquent, testent, sinon reproduisent des théories et des méthodes élaborées outre-Atlantique »[7]. Les pratiques de ces dernier.es apparaissent également

---

[1] [« la colonisation de l'esprit est ce qui est le plus difficile à décoloniser et la pire forme de colonialisme. »] NDLOVU-GATSHENI Sabelo J., *Coloniality of power in postcolonial Africa. Myths of decolonization*, *op. cit.*, p. 50.

[2] MOUSSA IYÉ Ali, « Le Xeer Issa : une contribution africaine à la construction du "pluriversalisme" », *Présence Africaine*, 2018/1, vol. 197, p. 257.

[3] Le philosophe béninois Paulin J. Hountondji a ainsi pu parler de « *scientific dependence in Africa* ». HOUNTONDJI Paulin J., « Scientific dependence in Africa today », *Research in African Literatures*, vol. 21, 3, 1990, p. 5-15.

[4] NGOIE TSHIBAMBE Germain, « Propos sur un "Bandoeng" épistémique : l'Afrique, le Sud global et la production des savoirs au XXIe siècle », *JHEA/RESA*, vol. 18, n°1, 2020, p. 117.

[5] HOUNTONDJI Paulin, « Situation de l'anthropologue africain. Note critique sur une forme d'extraversion scientifique », *Revue de l'Institut de Sociologie*, 1988, 3-4, p. 99-108.
Plus récemment, en 2019, il réitère ce diagnostic, soulignant combien « la recherche scientifique post-coloniale reste fondamentalement extravertie : tournée vers l'extérieur, organisée pour répondre à une demande (théorique, scientifique, économique, etc.) qui vient du Centre du marché mondial ». HOUNTONDJI Paulin J., « Extraversion des savoirs », *in* VERSCHUUR Christine (dir.), *Savoirs féministes au Sud. Expertes en genre et tournant décolonial. op. cit.*, §12.

[6] HOUNTONDJI Paulin, « Situation de l'anthropologue africain. Note critique sur une forme d'extraversion scientifique », *op. cit.*, p. 106. (Cité par : COPANS Jean, « Notre anthropologie est-elle bien celle des autres ?... et réciproquement !? », *Journal des anthropologues*, 1992, vol. 46, p. 32.)

[7] NGOIE TSHIBAMBE Germain, « Propos sur un « Bandoeng » épistémique : l'Afrique, le Sud global et la production des savoirs au XXIe siècle », *op. cit.*, p. 117. Il précise : « La connaissance et la production de la connaissance évoluent dans un environnement dont la géopolitique du savoir démontre une partition des rôles entre un Nord s'imposant, constitué de plusieurs centres de savoir dominants, et un Sud global consommateur, sinon reproducteur des idées d'autrui. » *Op. cit.*, p. 121.

enfermées dans des schémas questionnant la possibilité d'une rupture : dans son étude sur l'exercice des sciences sociales en Afrique, l'anthropologue et sociologue français Jean Copans insiste sur la persistance d'une « reproduction mimétique de ce qu'on pourrait appeler la *perdiemisation* bureaucratique de l'idée même de mission sur le terrain »[1]. Débouchant sur le « constat général d'un vide, de malentendus ou d'impasse »[2], cela conduit le sociologue gabonais Joseph Tonda à diagnostiquer l'« impossible décolonisation des sciences sociales africaines »[3].

La mise en lumière de la façon dont les Africain.es « *were marked by lack and deficiencies* »[4] fait écho à des analyses critiques propres à la façon dont se déploient les discours sur les droits de l'Homme au niveau international. Repartant des écrits d'Aimé Césaire et de Frantz Fanon, le philosophe Nelson Maldonado-Torres s'attache à démontrer sous quelles formes la colonialité des droits de l'Homme a pu se perpétuer, scindant les populations de part et d'autre d'une ligne coloniale, également qualifiée de « *[l]ine of Damnation* »[5] : aujourd'hui demeure le fait que « *one kind of suffering is part of the necessary evil that is a component of the best of all possible worlds, and the other is a form of excessive evil that can and must be addressed* »[6]. L'idée d'un double standard se retrouve sous la plume de Makau Mutua en utilisant la métaphore « *savages-victims-saviors (SVS)* »[7], laquelle correspond à une construction du récit dominant, émanant aussi bien des Nations Unies et des

---

[1] COPANS Jean, « Les frontières africaines de l'anthropologie », *Journal des anthropologues*, 110-111 | 2007, [en ligne], http://journals.openedition.org/jda/2499, page consultée le 15 janvier 2022.

[2] TONDA Joseph, « L'impossible décolonisation des sciences sociales africaines », *Mouvements*, 2012, vol. 72, no. 4, p. 109.

[3] TONDA Joseph, « L'impossible décolonisation des sciences sociales africaines », *op. cit.*, p. 108-119.

[4] [« étaient marqués par le manque et les lacunes ».] NDLOVU-GATSHENI Sabelo J., *Coloniality of power in postcolonial Africa. Myths of decolonization*, Dakar, African Books Collective, CODESRIA, 2013, p. 49.

[5] [« ligne de Damnation ».] MALDONADO-TORRES Nelson, « On the Coloniality of Human Rights », *in* DE SOUSA SANTOS Boaventura, SENA MARTIN Bruno (dir.), *op. cit.*, p. 67.

[6] [« certaines souffrances sont considérées comme un mal nécessaire inhérent au meilleur des mondes possibles, tandis que d'autres apparaissent comme une forme excessive contre lesquelles non seulement il est possible d'agir, mais il faut réagir. »] MALDONADO-TORRES Nelson, « On the Coloniality of Human Rights », *op. cit.*, p. 79. Sur les évolutions que la seconde moitié du XXe siècle apporte, il souligne : « *While colonized peoples could use the notion of human rights to denounce colonialism—albeit typically within a framework that committed them to having the nation-state as their goal—Western colonial powers could use the same terminology to shift the conversation from decolonization to compliance with human rights.* » [« Tandis que les peuples colonisés pouvaient utiliser la catégorie des droits humains pour dénoncer le colonialisme – même si uniquement dans un cadre qui les engageait à viser la construction d'un État-nation -, les puissances coloniales occidentales ont pu utiliser la même terminologie pour détourner les discussions de la décolonisation au respect des droits de l'Homme. »] *Ibid.*, p. 76

[7] [« sauvages-victimes-sauveurs ».]

États occidentaux, que d'organisations non gouvernementales. En concentrant essentiellement leurs activités sur les États du tiers-monde, les organisations internationales de promotion des droits de l'Homme véhiculent l'idée selon laquelle les peuples du tiers-monde sont les principaux auteurs/victimes et qu'il est par conséquent nécessaire et légitime d'intervenir. La distribution des rôles mise en place s'inscrit dans « *the historical continuum of the Eurocentric colonial project, in which actors are cast into superior and subordinate positions* »[1]. Makau Mutua dresse notamment un parallèle entre les « *representations of the victim in human rights literature [that] spring from a messianic ethos in both the INGO and the United Nations* » et le projet colonial au sein duquel « *the colonizer justified his mission by drawing a distinction between the "native" and the "civilized" mind* »[2] : il s'agit toujours d'élever « *"lesser peoples" to the ranks of human civilization* »[3]. Cette continuité tend à s'exprimer par une forme de paternalisme[4] qui nourrit la défiance des populations concernées par ces interventions : l'auteur insiste sur la manière dont ces missionnaires « *take away the agency of people at the grassroots level to act for themselves and to shape and articulate their own liberation* »[5]. Boaventura de Sousa Santos et Bruno Sena Martins s'inscrivent dans une perspective proche lorsqu'ils font le constat que « *[t]he global hegemony of human rights as a language of human dignity coexists alongside the disturbing realization most of the world's population is not the subject of human rights, but the object of its discourse* »[6]. Ce qui conduit le sociologue portugais à souligner combien « *[t]he Western patriarcal, capitalist and colonialist concept of humanity is unthinkable without the concept of*

---

[1] [« le continuum historique du projet colonial eurocentré, au sein duquel les différents acteurs sont assignés à des positions supérieures ou inférieures ».] MUTUA Makau W., « Savages, Victims, and Saviors: The Metaphor of Human Rights », *op. cit.*, p. 204.

[2] [Makau Mutua dresse notamment un parallèle entre « les représentations de la victime dans la littérature relative aux droits de l'Homme qui découlent d'un éthos messianique, caractérisant aussi bien les ONG que les Nations Unies », et le projet colonial au sein duquel « le colonisateur a justifié sa mission à partir de la distinction entre l'indigène et le civilisé ».] MUTUA Makau W., « Savages, Victims, and Saviors : The Metaphor of Human Rights », *op. cit.*, p. 231-232.

[3] [Il s'agit toujours d'élever « des "peuples inférieurs" vers les rangs de la civilisation humaine ».] MUTUA Makau, *Human Rights Standards. Hegemony, Law, and Politics*, Albany, State University of New York Press, 2016, p. 80.

[4] Makau Mutua cite en exemple une intervention, en 1998, de Kenneth Roth, alors directeur exécutif d'Human Rights Watch, présentant les droits humains comme des « antibiotiques » pour guérir les maladies d'une culture. MUTUA Makau, *Human Rights Standards. Hegemony, Law, and Politics*, *op. cit.*, p. 57.

[5] [Ces missionnaires « privent les peuples de leur capacité d'agir pour eux-mêmes au niveau local et les empêchent de façonner et de formuler leur propre libération ».] MUTUA Makau, *Human Rights Standards. Hegemony, Law, and Politics*, *op. cit.*, p. 80.

[6] [« L'hégémonie des droits de l'Homme pour exprimer la dignité humaine coexiste avec la réalisation troublante que la majorité de la population mondiale n'est pas considérée comme un sujet des droits de l'Homme, mais plutôt comme l'objet de son discours ».] DE SOUSA SANTOS Boaventura, SENA MARTINS Bruno, « Introduction », *in* DE SOUSA SANTOS Boaventura, SENA MARTINS Bruno (dir.), *op. cit.*, p. 3.

subhumanity »[1]. Makau Mutua souligne quant à lui combien ces représentations contribuent au maintien d'une hiérarchie raciale mondiale : « *[i]n the human rights narrative, savages and victims are generally non-white and non-Western, while the saviors are white* »[2]. Cette analyse est à rapprocher de celle proposée par la théoricienne indienne Gayatri Chakravorty Spivak dans son célèbre article « Les subalternes peuvent-elles parler ? » (1988), qui adjoignait une perspective de genre à la problématique raciale mise en lumière dans son cadre d'étude indien[3]. Ainsi, enfermer l'Afrique dans un script unique et monolithique, comme espace de violations des droits de l'Homme, sans prendre en compte la diversité du continent, biaise les récits et analyses proposés sur cet espace[4].

La question de la promotion des droits de l'Homme au sein des politiques carcérales en Afrique paraît offrir matière à exploiter ces grands axes critiques découlant d'une colonialité du savoir non remise en cause. Tout d'abord, il s'agit d'un domaine dans lequel le monopole de l'expertise légitime tend à être exercé par des acteurs étrangers à l'espace d'intervention, le poids de l'histoire coloniale jouant ici un rôle. Comme le constate Yasmina Bouagga, « si les expertises Sud-Sud se développent, à l'heure actuelle, la majorité des experts étrangers sont issus des pays bailleurs de fonds. Les anciennes puissances coloniales ont un poids non négligeable, favorisé par des coopérations anciennes, le partage d'une langue commune et la similarité des systèmes juridiques. C'est le cas notamment pour le Maghreb et l'Afrique de l'Ouest où les experts français jouissent d'une place prépondérante et assument parfois ouvertement un rôle d'influence »[5]. En outre, en dépit de tentatives « pour donner une place [aux prisons des Suds] à l'échelle internationale, tant dans le champ académique traitant de l'analyse du fait carcéral que dans le débat public et inter-institutionnel sur la prison »[6], la représentation contemporaine des prisons africaines, véhiculées par la presse, mais aussi par des rapports internationaux, demeure « captive d'une lecture

---

[1] [« Le concept occidental, patriarcal, capitaliste et colonial d'humanité est indissociable du concept de sous-humanité. »] DE SOUSA SANTOS Boaventura, « Human Rights, Democracy and Development », *in* DE SOUSA SANTOS Boaventura, SENA MARTINS Bruno (dir.), *op. cit.*, p. 31.

[2] [« Dans les récits développés autour des droits de l'Homme, les sauvages et les victimes sont généralement non-blancs et non-occidentaux, tandis que les saveurs sont blancs. »] MUTUA Makau W., « Savages, Victims, and Saviors : The Metaphor of Human Rights », *op. cit.*, p. 207.

[3] « [L]es hommes blancs, cherchant à sauver les femmes de couleur des hommes de couleur […]. » SPIVAK Gayatri Chakravorty, *Les subalternes peuvent-elles parler ?* [1988], *op. cit.*, p. 95 [Traduction : VIDAL Jérôme]

[4] SAHLE Eunice N., *op. cit.*, p. 10.

[5] BOUAGGA Yasmine, « Passeurs de murs. Pour une socio-anthropologie des réformateurs des prisons africaines », *Politique africaine*, 2019/3, n°155, p. 118.

[6] LE MARCIS Frédéric, MORELLE Marie, « Dire la prison africaine par les cartes », *Politique africaine*, 2019/3 (n° 155), p. 5-6.

misérabiliste, visant à son énième réforme »[1]. La dissymétrie entre les pays des Nords et des Suds apparaît tout particulièrement dans la manière dont s'orientent les relations de coopération : tout « tend à faire croire que les pays du Nord détiendraient la solution en termes d'enfermement punitif. En face, les prisons africaines seraient les anti-modèles : elles ne correspondent pas aux standards pénitentiaires »[2]. Or cela revient à occulter le fait que ces standards ne sont jamais atteints à l'échelle internationale, aussi bien aux Nords qu'aux Suds. Frédéric le Marcis et Marie Morelle évoquent ainsi un « paradoxe : un continent qui enferme éventuellement moins serait celui qu'il convient le plus de réformer, et ce à l'initiative éventuelle de pays emprisonnant parfois davantage ? »[3] Cette question ouvre une autre piste qu'il convient d'explorer dans un dernier temps : au-delà des hiérarchies des acteur.rices dans la production du savoir, les critiques décoloniales invitent à penser les biais et limites des « solutions » promues fondées sur la référence aux droits de l'Homme.

1.3. La fermeture des possibles : la mise en lumière des limites et des biais inhérents aux droits de l'Homme

Dans sa philosophie de la libération, le philosophe argentin Enrique Dussel distingue les concepts d'« émancipation » et de « libération ». Il insiste sur le fait que le premier, inscrit dans la continuité des Lumières européennes et ancré dans les thèses libérales comme marxistes, a montré ses limites en s'exportant hors de l'Europe. En revanche, selon Walter Mignolo, « la notion de "libération" offre un champ plus vaste »[4] : elle constitue, avec la « décolonisation », des « projets conceptuels parallèles [...] à la fois épistémiques et politiques »[5] : « si l'impulsion de "l'émancipation" subsiste dans la "libération", les acteurs ne sont pas les mêmes et les buts ne sont plus les mêmes »[6]. « [P]artant des expériences et des attentes de divers groupes ethniques du globe »[7], les « théories critiques décoloniales émergent dans les décombres des langages (arabe, aymara, hindi, créole français ou pidgin anglais, afrikaans, etc.) où s'exprim[ent] des concepts et des subjectivités que la rhétorique de la modernité et la logique de la colonialité n'ont pas cessé de nier »[8]. Ouvrant ainsi la voie sur des réflexions autour d'« "une pensée autre" détachée de l'idéologie moderne des Lumières »[9], les approches décoloniales

---

[1] *Ibid.*, p. 6.
[2] *Ibid.*, p. 16.
[3] *Ibid.*
[4] MIGNOLO Walter, *La désobéissance épistémique*, *op. cit.*, p. 44. [Traduction : JOUHARI Yasmine, MAESSCHALCK Marc]
[5] *Ibid.*, p. 45.
[6] *Ibid.*, p. 50.
[7] *Ibid.*, p. 50.
[8] *Ibid.*
[9] *Ibid.*, p. 52.

trouvent ici un écho particulier depuis l'espace africain. En effet, en éclairant combien « *the values and ideas of Euro-American systems were in an asymmetrical superior–inferior nexus with African systems* »[1], elles permettent d'insister sur le processus de dépréciation d'autres traditions de pensée altérisées, représentatives d'autres rapports au monde. Connotées de façon péjoratives en étant « *invariably [...] regarded as exotic, esoteric or rooted in religion* »[2], cela a eu pour conséquence de limiter d'autant les constructions d'autres représentations politiques. Sabelo J. Ndlovu-Gatscheni met en avant combien « *[t]he development of African political ideologies and imaginations of freedom have been consistently constrained and shaped into particular directions by the hidden mechanics of the hegemonic modern/colonial capitalist / patriarchal world system* »[3]. Ali Moussa Iyé insiste quant à lui sur les conséquences inattendues des processus de décolonisation juridique : si la stratégie des élites colonisées, consistant à « utilis[er] l'humanisme occidental des droits humains et sa supposée universalité pour le retourner contre leurs oppresseurs [...] a porté ses fruits pour déligitimer la domination européenne [...], elle a [...] eu un effet secondaire inattendu. En ne s'appuyant que sur des concepts, paradigmes et valeurs de l'universalisme européen, les élites des peuples colonisés ont fini par l'intérioriser si profondément »[4] qu'il est devenu le seul « horizon de toute réflexion sur l'universalité »[5].

Les droits de l'Homme, projet politique issu d'une tradition intrinsèquement liée à la modernité/colonialité hégémonique, ne sauraient donc échapper aux pistes critiques ainsi ouvertes. Ils correspondent en effet à une certaine manière de concevoir l'individu, la société, le pouvoir. Une telle perspective recoupe certaines approches de juristes. Makau Mutua s'attache à décrire les limites du projet des droits de l'Homme lorsqu'il évoque « *[t]he human rights movement's failure of imagination* »[6] : combiné à son

---

[1] [« les valeurs et les idées des systèmes euro-américains étaient placées dans un rapport asymétrique, de supérieur à inférieur, avec celles des systèmes africains ».] AFOLABI Olugbemiga Samuel, « Globalisation, Decoloniality and the Question of Knowledge Production in Africa: A Critical Discourse », *JHEA/RESA*, Vol. 18, n°1, 2020, p. 98.

[2] [« invariablement [...] considérées comme exotiques, ésotériques ou enracinées dans la religion ».] KAPUR Ratna, « In the Aftermath of Critique We Are Not in Epistemic Free Fall : Human Rights, the Subaltern Subject, and Non-liberal Search for Freedom and Happiness », *Law and Critique*, 2014, 25 (1), p. 35.

[3] [« [l]e développement des idéologies politiques et des imaginaires africains autour de la liberté a été, de façon constante, contraint et façonné dans des directions particulières par les mécanismes cachés d'un système mondial hégémonique moderne/colonial capitaliste/patriarcal. »] NDLOVU-GATSHENI Sabelo J., *Coloniality of power in postcolonial Africa. Myths of decolonization*, *op. cit.*, p. 254.

[4] MOUSSA IYÉ Ali, « Le Xeer Issa : une contribution africaine à la construction du « pluriversalisme » », *op. cit.*, p. 257.

[5] *Ibid.*

[6] [« le manque d'imagination du mouvement des droits de l'Homme ».] MUTUA Makau, *Human Rights Standards. Hegemony, Law, and Politics*, *op. cit.*, p. 176-177.

« *acquiescence to a free market vision of political democracy* », il lui est impossible « *to think beyond markets and systems of exploitation that produce ugly social structures* »[1]. Ratna Kapur met quant à elle l'accent sur les « *limits of the liberal imaginary* »[2] auquel ils sont associés. En s'intéressant aux effets de leurs promotions, mais aussi à la manière dont ils contribuent à façonner les subjectivités, elle insiste sur leur dimension disciplinaire[3] : ils promeuvent en effet un « *specific way of being, and of being free* »[4], ce qu'elle qualifie de « *freedom in a Fishbowl* »[5]. L'autrice souligne ainsi combien les droits de l'Homme sont « *primarily an expression of governance and disciplinary power, which both constitute and regulate the subject* »[6]. Cela la conduit, en paraphrasant Gayatri Chakravorty Spivak, à formaliser le paradoxe inhérent aux droits humains en ces termes : « *[w]hile human rights, which frame the subject and understandings of freedom strictly within a liberal imaginary, appear to be something that we cannot not want [...], it is important to add that they cannot give us what we want* »[7]. Dans une autre perspective, celle de l'anthropologie juridique, Louis Assier-Andrieu a pu souligner la dimension hégémonique de l'idéologie des droits de l'Homme : si « [s]ur le plan des engagements politiques et idéologiques, il est naturellement difficile de ne pas tomber sous la séduction des principes généraux couronnés par cette doctrine », il est « néanmoins du devoir des sciences sociales de prendre la mesure de ce que cette générosité exclut de façons de voir différentes et de relever cette disposition, qui semble typiquement occidentale, de fonder en raison son jugement sur soi et son rapport aux autres, de stigmatiser les errements du passé en s'aveuglant sur l'asservissement de chacun aux lois sauvages du marché, de nier les cultures en vertu d'une nouvelle prétention

---

1 [Combiné à son « acceptation d'une démocratie politique fondée sur l'économie de marché », il lui est impossible « de penser au-delà des marchés et des systèmes d'exploitation qui produisent des structures sociales problématiques ».] *Ibid.*

2 [« limites de l'imaginaire libéral »] KAPUR Ratna, « Sexual Subalterns, Human Rights, and the Limits of the Liberal Imaginary », *in* DAVIES William, CHANDLER David, DOUZINAS Costas, GARGARELLA Roberto, *Liberalism in Neoliberal Times. Dimensions, Contradictions, Limits*, London, Goldsmiths Press, 2017, p. 51.

3 KAPUR Ratna, « Sexual Subalterns, Human Rights, and the Limits of the Liberal Imaginary », *op. cit.*, p. 54.

4 [« une façon particulière d'être, et d'être libre ».] KAPUR Ratna, *Gender, Alterity and Human Rights: Freedom in a Fishbowl,* Cheltenham : Edward Elgar Publishing, 2018, p. 30.

5 [« liberté dans un aquarium ».] *Op. cit.*

6 [« principalement une forme de gouvernance et de pouvoir disciplinaire, qui constitue et façonne le sujet ».] KAPUR Ratna, « In the Aftermath of Critique We Are Not in Epistemic Free Fall: Human Rights, the Subaltern Subject, and Non-liberal Search for Freedom and Happiness », *op. cit.*, p. 28.

7 [« Bien que les droits de l'Homme, qui encadrent le sujet et la compréhension de la liberté strictement dans un imaginaire libéral, semblent être quelque chose que nous ne pouvons pas ne pas vouloir [...], il est important d'ajouter qu'ils ne peuvent pas nous donner ce que nous voulons. »] KAPUR Ratna, « Sexual Subalterns, Human Rights, and the Limits of the Liberal Imaginary », *op. cit.*, p. 54.

hégémonique »[1]. Boaventura de Sousa Santos et Bruno Sena Martins ont également mis en lumière les conséquences d'une telle hégémonie : « *believing itself to be the favoured custodian of an inviolable civilizational conquest, the abstract universality of human rights is hostile to any counter-hegemonic concepts emerging from insurgent, revolutionary or simply non-Eurocentric perspectives* »[2]. Considérés comme « *a kind of totalizing language of emancipation* »[3] détenant un monopole[4], les droits de l'Homme enferment l'expression de ces revendications dans une certaine juridicité : passer par « des droits [...] octroyés à des individus et [...] défendables devant les tribunaux »[5] n'est pas neutre et contribue au monopole exercé par des acteur.rices aux compétences particulières – pouvant ici renvoyer aux réflexions de Jacques Vanderlinden sur la « conspiration des juristes contre le peuple, de la science juridique contre la spontanéité populaire »[6]. Ce dernier aspect trouve une résonance toute particulière dans le contexte de pluralisme juridique africain[7]. Balakrishnan Rajagopal pointe d'ailleurs un autre danger dans la diffusion de standards internationaux déconnectés des expériences locales : l'« *over-legalizing of human rights* »[8] risque de les couper de leurs dimensions morales et politiques.

En matière carcérale, poser la question des biais et des limites dans lesquelles se déploie la promotion de réformes au nom des droits de l'Homme ouvre plusieurs pistes de réflexion. Lutter contre la détention préventive et ses conséquences immédiates en matière d'atteinte aux droits des personnes détenues peut conduire à une focalisation excessive sur les points perçus comme immédiatement problématiques, en occultant le tableau pénal plus large dont ils dépendent. Dans les faits, il convient de constater que la lutte contre la surpopulation carcérale tend plus souvent à aboutir à la construction de nouvelles prisons qu'à la promotion d'alternatives ou à la réflexion sur la

---

[1] ASSIER-ANDRIEU Louis, « Le crépuscule des cultures. L'affaire Pitcairn et l'idéologie des droits humains », *Droit et Société*, 2012/82, p. 786.

[2] [« Se croyant le gardien privilégié d'une conquête civilisationnelle intangible, l'universalité abstraite des droits de l'Homme est hostile à tout concept contre-hégémonique issues de perspectives insurrectionnelles, révolutionnaires ou tout simplement non-eurocentrées ».] (DE SOUSA SANTOS Boaventura, SENA MARTINS Bruno, « Introduction », *op. cit.*, p. 1.)

[3] [« une forme de discours totalisant sur l'émancipation »] RAJAGOPAL Balakrishnan, « The International Human Rights Movement Today », *Maryland Journal of International Law*, 2009/1, 24, p. 59.

[4] BACHAND Rémi, *Les subalternes et le droit international. Une critique politique*, *op. cit.*, p. 188.

[5] *Ibid.*

[6] VANDERLINDEN Jacques, « Le juriste et la coutume : un couple impossible ? », *in Actes de Cinquantenaire du Cemubac*, Bruxelles, CEMUBAC, 1988, p. 249-254.

[7] MATALA-TALA Léonard, « L'ineffectivité du droit positif en Afrique subsaharienne », *Civitas Europa*, 2013/2 (N° 31), p. 239-260.

[8] RAJAGOPAL Balakrishnan, « The International Human Rights Movement Today », *op. cit.*, p. 59.

« gestion différenciée des illégalismes »[1] qui reflète et contribue à la reproduction des inégalités en matière d'incarcération. La promotion des droits de l'Homme peut ainsi aboutir à une prise en compte des situations limitée à de simples indicateurs démographiques. Or Frédéric Le Marcis et Marie Morelle soulignent combien, comme les prisons européennes ou nord-américaines, « [l]es prisons africaines rappellent [...] que l'institution pénitentiaire est un instrument au service des puissants, que les États se prétendent démocratiques ou non »[2]. Loin d'être neutres, les normes diffusées par les standards internationaux en matière carcérale doivent être examinées sous l'angle de leur contribution au maintien des hiérarchies et des dispositifs de domination. Une telle perspective encourage à rejoindre une piste envisagée par Édouard Roberson et Dandoy Arnaud : dans quelle mesure la diffusion de ces standards constitue-t-elle « à la fois [un] dispositif et [un] mécanisme essentiel de distribution des places à l'intérieur et entre les sociétés [...] [, participant] à l'organisation et à la régulation du monde »[3] ? C'est donc une réflexion sur la pénalité au sens large qui doit être initiée. En outre, la promotion de droits de l'Homme reposant sur la mise en avant d'indicateurs standardisés occulte des problématiques structurelles d'inadaptation de certains modèles transposés sans conscience de leur inadéquation : ainsi, comme l'expose Bénédicte Fischer, la question de la détention préventive nécessite de prendre conscience des impensés inhérents au modèle mis en œuvre, lequel correspond à un type particulier de structure étatique, exerçant un certain contrôle sur les populations et le territoire[4]. Enfin, c'est le contenu même des pistes de réforme exposées qui peut être interrogé : par exemple, la question du rapport au travail ouvre des pistes pour illustrer la limitation des imaginaires, mais aussi la façon dont ces derniers demeurent façonnés par la colonialité. La mise au travail du détenu est en effet présentée comme une piste à encourager au sein des politiques carcérales, sous l'angle, d'abord, du renforcement de la formation professionnelle, mais aussi en insistant sur une « mise au travail pas seulement utile pour le détenu, mais qui soit aussi au bénéfice de la société en général »[5]. De manière générale, dans les débats les plus récents, apparaît identifiable une « double connexion entre mise au travail d'individus et punition d'une part, civilisation, amendement et réforme morale

---

[1] LE MARCIS Frédéric, MORELLE Marie, « Dire la prison africaine par les cartes », *op. cit.*, p. 20.

[2] *Ibid.*, p. 22.

[3] ÉDOUARD Roberson, DANDOY Arnaud, « Faut-il supprimer ou réformer les prisons du Sud ? », *op. cit.*, p. 374.

[4] FISCHER Bénédicte, « Interroger la promotion internationale de l'État de droit à l'aune de la détention avant jugement. L'exemple de la Côte d'Ivoire », *Déviance et Société*, 45, 3, 2021, p. 443.

[5] FAYE Sylvain Landry Birane, « Conseil pour le développement de la recherche en science sociale en Afrique », *Notes de politique du CODESRIA*, n°2 avril 2017, p. 14.

d'autre part »[1]. Or la façon dont la représentation du lien entre enfermement et travail s'inscrit dans une continuité coloniale[2] encourage, dans une perspective décoloniale, à questionner cette voie.

Souligner la façon dont des outils présentés comme devant remettre en cause les hiérarchies contribuent eux-mêmes à perpétuer des dispositifs de domination invite à repenser ces outils, leurs fondements, et plus largement le cadre des savoirs au sein duquel ils se déploient. C'est sous la forme d'une interrogation que le deuxième temps de la réflexion s'initie : qu'impliquerait, comme ruptures et évolutions, le projet de décoloniser les droits de l'Homme ?

2. Decoloniser les droits de l'Homme ? Jalons pour depasser la « matrice coloniale du pouvoir »[3]

Un préalable nécessaire apparaît être l'enjeu de la décolonisation du savoir (2.1). Cela doit permettre d'ouvrir la voie au renouvellement des cadres de pensées et des outils des revendications (2.2). Enfin, il apparaît aussi fondamental de réfléchir à ce que représente le fait d'agir « depuis en-bas »[4], conduisant à une réflexion non seulement épistémologique, mais aussi éthique (2.3).

2.1. Le renouvellement de la production et de la diffusion des connaissances, pistes pour une décolonisation du savoir

« Plus que par l'économie, c'est peut-être par la science que commencera la révolution tant attendue - le renversement des rapports de production à l'échelle planétaire »[5] : Paulin Hountondji résume en ces termes l'enjeu de la décolonisation du savoir. Dans cette droite ligne, Germain Ngoie Tshibambe en appelle à un « Bandoeng épistémique »[6]. En mettant notamment l'accent sur les conditions matérielles de production et de circulation des savoirs, il invite à penser une refonte globale du système pour remettre en cause les limites « découl[ant] du rapport de forces dans l'économie politique internationale du savoir »[7], notamment du fait de la « digitalisation des

---

[1] MORELLE Marie, PLANEL Sabine, TIQUET Romain, « Mise en travail, prison et enfermement. Perspectives africaines », *Politique africaine*, 2019/3 (n° 155), p. 91.

[2] *Cf. ibid.*

[3] BOURGUIGNON ROUGIER Claude, « Quijano, Aníbal », *Dictionnaire décolonial*, [en ligne], https://scienceetbiencommun.pressbooks.pub/colonialite/chapter/quijano-anibal/, page consultée le 17 juin 2021.

[4] *Ibid.*

[5] HOUNTONDJI Paulin J., « Extraversion des savoirs », *in* Christine Verschuur (dir.), *Savoirs féministes au Sud. Expertes en genre et tournant décolonial. Cahiers genre et développement* n°11, Paris, L'Harmattan, 2019, §26.

[6] NGOIE TSHIBAMBE Germain, « Propos sur un "Bandoeng" épistémique : l'Afrique, le Sud global et la production des savoirs au XXIe siècle », *op. cit.*, p. 120.

[7] *Ibid.*

l'industrie des écrits »[1]. À ce titre, les critiques décoloniales, tout en ne reconnaissant à l'Université aucun monopole au sein du nouvel « espace épistémique »[2] en formation, lui accordent une attention toute particulière en tant que lieu d'énonciation du savoir. Si elles appellent à une réforme globale[3], la portée de cette dernière est appréhendée diversement. L'historien indien Dipesh Chakrabarty exprime ainsi son scepticisme quant à la faisabilité d'un projet de « provincialiser l'Europe au sein du site institutionnel de l'université »[4], tandis que Delphine Abadie « dout[e] que les institutions universitaires du Nord soient capables de la révolution [que la décolonisation épistémique] exige »[5]. Ce sont les universités des Suds qui retiennent tout particulièrement l'attention comme premier espace à décoloniser. Le contexte africain, avec les rapports de force institutionnels qui se font jour, conduit notamment l'historien malawite Paul Tiyambe Zeleza à mettre en avant la liberté académique, à conquérir à la fois contre l'interventionnisme de pouvoirs étatiques autoritaires et contre les rapports de force entre structures universitaires[6]. Ce dernier point explique l'insistance de Paulin Hountondji sur la nécessité de revoir l'organisation centre/périphérie du système académique au niveau mondial : « [c]e qui est requis aujourd'hui pour une transformation des rapports de production intellectuels à l'échelle mondiale, [...] c'est [...] l'éclatement du Centre en plusieurs pôles distincts et complémentaires, négociant les uns avec les autres sur un pied d'égalité. Les périphéries actuelles doivent engager pour leur propre compte, de façon coordonnée et méthodique, un processus autonome d'accumulation du savoir »[7]. Cette refonte de la géopolitique des connaissances apparaît déjà en cours : Germain Ngoie Tshibambe identifie ainsi une évolution « issu[e] de la convergence objective de la communauté des chercheurs originaires des "Trois A" »[8]. L'émergence d'une pluralité d'espaces en relation placés sur un pied d'égalité, sous l'impulsion d'une dynamique portée par d'anciennes

---

[1] NGOIE TSHIBAMBE Germain, « Propos sur un "Bandoeng" épistémique : l'Afrique, le Sud global et la production des savoirs au XXIe siècle », *op. cit.*, p. 121.

[2] ESCOBAR Arturo, « Quelques réflexions sur le colonialisme intellectuel et les dilemmes auxquels fait face la théorie sociale latino-américaine », *in* VERSCHUUR Christine (dir.), *Savoirs féministes au Sud. Expertes en genre et tournant décolonial*, *op. cit.*, §10.

[3] *Cf.* notamment : MIGNOLO Walter, « La fin de l'université telle que nous la connaissons », *Cahiers des Amériques latines* [en ligne], 62 | 2009, http://journals.openedition.org/cal/1608, page consultée le 18 novembre 2021.

[4] CHAKRABARTY Dipesh, *Provincialiser l'Europe. La pensée postcoloniale et la différence historique*, Paris, Éd. Amsterdam, 2009, p. 91-92. [Traduction : RUCHET Olivier, VIEILLESCAZES Nicolas]

[5] ABADIE Delphine, « Philosophie africaine et décolonisation des humanités : une exigence radicale », *Présence Africaine*, 2018/1, vol. 197, p. 72.

[6] ZELEZA Paul Tiyambe, *Manufacturing African Studies and Crises*, Dakar, Codesria, 1997, p. 25.

[7] HOUNTONDJI Paulin J., « Extraversion des savoirs », *op. cit.*, §24.

[8] NGOIE TSHIBAMBE Germain, « Propos sur un "Bandoeng" épistémique : l'Afrique, le Sud global et la production des savoirs au XXIe siècle », *op. cit.*, p. 120.

marges, est présentée comme une condition préalable pour rendre possible la décolonialité.

Ces « débats [...] annonciateurs d'une transition historique en faveur de plus de justice épistémique dans l'enseignement et la recherche »[1] se sont concrétisés de diverses façons ces dernières années, avec des institutionnalisations passant par des initiatives tant privées que publiques[2]. Ont également vu le jour des mouvements de revendications portés par un public plus large que la seule communauté scientifique. Ainsi les mouvements *Rhodes Must Fall*, débutés en 2015 en Afrique du Sud, sont présentés comme emblématiques et révélateurs des enjeux en cours[3]. Nés d'un appel à déboulonner la statue de Cecil Rhodes au sein de l'Université de Cape Town, ces mouvements « *quickly mutated into subnomenclatures and hashtags such as Fees Must Fall, Open Stellenbosch, Transform Wits, Patriarchy Must Fall and many others* »[4]. Pour Sabelo Ndlovu-Gatsheni, « *[t]his is how decoloniality announced itself in South Africa* »[5]. Achille Mbembe évoque quant à lui « *an important and necessary moment* »,[6] mais, si « *[t]he movement has won a tactical battle [...] the struggle is only starting* »[7]. Il esquisse l'ampleur des pistes à poursuivre : de la décolonisation des infrastructures à celle des voies d'accès et du management, concernant aussi bien les étudiant.es que les enseignant.es[8]. Cependant, pour tendre vers la décolonisation du savoir, Sabelo Ndlovu-Gatsheni invite à aller au-delà de la

---

[1] ABADIE Delphine, « Philosophie africaine et décolonisation des humanités : une exigence radicale », *op. cit.*, p. 70-71.

[2] Tels les Ateliers de la pensée de Dakar initiés en 2016 par Felwine Sarr et Achille Mbembe, dont la présentation souligne le « renouveau relatif de la pensée critique Afro diasporique d'expression française » qu'il s'agit de mettre en avant (cf. « Les Ateliers de la pensée : https://lesateliersdelapensee.wordpress.com/ - consulté le 13/12/2021), et le Forum des humanités africaines dont la première édition s'est tenue à Bamako en 2021, organisé par le Mali en partenariat avec l'UNESCO et présenté comme ayant pour objet de « [v]aloriser les savoirs endogènes africains pour imaginer un autre futur » (« Bamako, capitale des humanités africaines : Valoriser les savoirs endogènes africains pour imaginer un autre futur », *UNESCO*, 26/09/2021 [en ligne], https://en.unesco.org/news/bamako-capitale-humanites-africaines-valoriser-savoirs-endogenes-africains-imaginer-autre-futur, page consultée le 13 décembre 2021).

[3] *Cf.* CHANTILUKE Roseanne, KWOBA Brian et NKOPO Athinangamso (dir.), *Rhodes Must Fall : The Struggle to Decolonise the Racist Heart of Empire*, Londres, Zed Books, 2018, 382 p.

[4] [« se sont rapidement transformés en sous-mouvements et en déclinaisons via des hashtags tels que *Fees Must Fall, Open Stellenbosch, Transform Wits, Patriarchy Must Fall* et bien d'autres ».] NDLOVU-GATSHENI Sabelo J., *Epistemic freedom in Africa. Deprovincialization and Decolonization*, *op. cit.*, p. 222.

[5] [« c'est ainsi que la décolonialité s'est annoncée en Afrique du Sud »] *Ibid.*

[6] [« un moment important et nécessaire »] MBEMBE Achille, « Decolonizing the university : New directions », *Arts & Humanities in Higher Education*, 2016/1, vol. 15, p. 32.

[7] [« le mouvement a remporté une victoire stratégique [...], le combat ne fait que commencer ».] *Ibid.*

[8] *Ibid.*, p. 32.

simple liberté académique. C'est une véritable « *epistemic freedom* »[1] qui doit constituer la base et le départ de tout : « *[i]t speaks to cognitive justice ; it draws our attention to the content of what it is that we are free to express and on whose terms* »[2]. Elle est conçue comme « *an essential pre-requisite for other freedoms (political, economic and cultural)* »[3]. En écho à la « ligne de couleur » présentée par William E. B. Du Bois au début du XXe siècle, l'auteur présente la « ligne épistémique » comme le principal enjeu du XXIe siècle. Il invite à la mise en œuvre d'un triple processus simultané, « *provincializing Europe, deprovincializing Africa and epistemological decolonization* »[4]. La liberté épistémique s'exerce « *against overrepresentation of Eurocentric thought in knowledge, social theory and education* »[5]. « *At the centre of epistemic freedom is demythologizing of both the idea of Europe as a teacher of the world and the idea of Africa as a pupil* »[6]. Cette double dynamique provincialiser/déprovincialiser a auparavant été formalisée par Dipesh Chakrabarty dans une démarche historique : « [p]rovincialiser l'Europe, [c'est] [...] chercher à délimiter comment la pensée universaliste est toujours déjà modifiée par des histoires particulières, qu'il soit ou non possible de pleinement porter ces passés au jour »[7]. Il s'agit d'admettre qu'il n'existe « [p]as de pays, donc, qui puisse être un modèle pour un autre pays, bien que l'approche de la modernité en termes de "rattrapage" pose justement de tels modèles. Pas de "ruse de la raison" par laquelle nous convergerions tous vers le même terminus historique malgré nos différences historiques apparentes. Nos différences historiques font une réelle différence. Car il n'est pas de société humaine qui soit *tabula rasa* »[8].

La décolonisation du savoir conduit, « [*a*] *contrario* de l'adhésion au "point de vue de nulle part" de la philosophie telle que pratiquée en

---

[1] [« liberté épistémique »] L'injonction d'ouverture est la suivante : « *Seek ye epistemic freedom first.* » [« Cherchez d'abord la liberté épistémique ».] NDLOVU-GATSHENI Sabelo J., *Epistemic freedom in Africa. Deprovincialization and Decolonization*, *op. cit.*, p. 1.

[2] [« cela vise la justice cognitive ; cela appelle notre attention sur le contenu de ce que nous sommes libres d'exprimer et sur les conditions dans lesquelles cette expression peut avoir lieu ».] *Ibid.*, p. 4.

[3] [« une condition préalable essentielle aux autres libertés (politiques, économiques et culturelles) ».] *Ibid.*, p. 33.

[4] [« la provincialisation de l'Europe, la déprovincialisation de l'Afrique et la décolonisation épistémique ».] *Ibid.*, p. 3.

[5] [« contre la surreprésentation de la pensée eurocentrée dans le savoir, les théories sociales et l'éducation ».] *Ibid.*, p. 4.

[6] [« Au cœur de la liberté épistémique se trouve la démystification à la fois de l'idée de l'Europe comme guide du monde et de l'idée de l'Afrique comme élève ».] *Ibid.*, p. 6.

[7] CHAKRABARTY Dipesh, *Provincialiser l'Europe. La pensée postcoloniale et la différence historique*, *op. cit.*, p. 22. [Traduction : RUCHET Olivier, VIEILLESCAZES Nicolas]

[8] *Ibid.*

Occident »[1], à insister sur « l'importance du (des) contexte(s) »[2], avec « la certitude de parler depuis une condition historique singulière »[3]. Cette présentation de Delphine Abadie depuis la philosophie peut être étendue à d'autres champs, dont celui des prisons qui gagne à être réarticulé à l'aune de cette approche. Xavier Rousseaux souligne en effet combien cette dernière « reste considérée comme un modèle occidental par ceux qui contestent la prééminence de l'Occident »[4]. Il est vrai que la prison, dans son sens contemporain, a longtemps été considérée par l'historiographie « comme une invention occidentale, dont les premières traces seraient apparues à l'époque des Lumières et qui se serait répandue ensuite, par un gigantesque mouvement de diffusion, de caractère colonial ou non, à travers le globe »[5]. Il est révélateur que ces thèses dites « diffusionnistes » se soient construites sur une dichotomie caractéristique entre l'Occident d'une part, et le reste du monde d'autre part. Il en résulte que ces travaux ont eu tendance à « présenter les rapports entre métropoles et colonies de façon unilatérale »[6] et à ne considérer ces dernières que « comme des espaces de réception du transfert de savoir transrégional quasiment sans les considérer comme des lieux de production d'un savoir circulant de manière transfrontalière »[7]. Les réflexions historiographiques actuelles cherchant à envisager la prison sous l'angle de l'histoire globale permettent de nuancer ce tableau trop manichéen, par exemple en s'interrogeant sur les pratiques privatives de liberté dans des espaces non européens, qu'il s'agisse des sociétés précoloniales ou coloniales[8]. Concernant l'espace africain, les travaux menés autour de Florence Bernault sur le XIXe siècle, en dépit du reproche de ne pas avoir su dépasser un biais eurocentré qui a pu leur être adressé[9], ont cependant permis

---

[1] ABADIE Delphine, « Philosophie africaine et décolonisation des humanités : une exigence radicale », *op. cit.*, p. 71.
[2] *Ibid.*
[3] *Ibid.*
[4] HOULLEMARE Marie, ROUSSEAUX Xavier, « Une histoire globale de la prison est-elle possible ? », *Socio*, 14 | 2020, [en ligne], http://journals.openedition.org/socio/10481, page consultée le 20 juin 2021.
[5] BRETSCHNEIDER Falk, MUCHNIK Natalia, « Pour une vision globale de la prison », *Socio*, 14 | 2020, [en ligne], http://journals.openedition.org/socio/10351, page consultée le 20 juin 2021.
[6] SCHEUZGER Stephan, « Contre une vision diffusionniste de la « naissance de la prison » », *Socio*, 14 | 2020, [en ligne], http://journals.openedition.org/socio/10506, page consultée le 20 juin 2021.
[7] *Ibid.* La démonstration de l'auteur s'articule autour de l'idée d'une réforme pénitentiaire historiquement multicentrique, avec une relation entre les centres et les périphéries toujours complexe et évolutive, et une circulation des idées affectant également les centres.
[8] *Cf.* BRETSCHNEIDER Falk, MUCHNIK Natalia, *op. cit.*
[9] HOULLEMARE Marie, ROUSSEAUX Xavier, *op. cit.*
Dans le même dossier de la revue *Socio*, Stephan Scheuzger juge quant à lui que la limite de cet ouvrage collectif tient notamment au fait que les chercheurs et chercheuses ne s'interrogent pas « pour savoir s'il faut voir dans l'expérience pénitentiaire coloniale un processus second par rapport aux réformes pénitentiaires modernes européennes ou si cette même expérience a

une meilleure compréhension de l'émergence de l'enfermement et de la prison. En effet, si l'ouvrage collectif souligne que la colonisation constitue un « évident maillon de l'omniprésence des prisons dans le monde contemporain »[1], y compris en Afrique où la domination coloniale a marqué une rupture avec la période antérieure, il est observé que sur ce continent, elle s'est appuyé « jusqu'à un certain degré, sur l'invasion de formes de captivité spatiale »[2] déjà existantes, pouvant être variables suivant les sociétés. Ainsi le, ou plutôt les modèles africains, car il en existe une diversité, apparaissent complexes, à la fois endogènes et exogènes. Par ailleurs, ces travaux mettent en avant combien la circulation historique des modèles carcéraux européens vers le continent africain s'est caractérisée par des « administrateurs transport[ant] en Afrique une idée de la prison déjà relativement fossilisée »[3] en Europe. Cela a des conséquences importantes sur la façon d'envisager les prisons africaines : Jean-Pierre Allinne souligne ainsi que cette « faiblesse de l'armature idéologique dans la pratique pénitentiaire coloniale induit une différence fondamentale entre un modèle relativement structuré en Europe et une pratique qui apparait en Afrique comme entourée d'un silence pudique »[4]. L'enfermement tel qu'il s'est développé en Afrique n'est pas une simple réplique des modèles européens, mais bien la « matrice de formes originales de contrôle social et de pouvoir, irréductibles au destin des châtiments en Occident »[5], donnant « naissance à une prison spécifiquement africaine »[6]. Cette remise en perspective historique conduit à mettre en garde contre la tentation d'une simple transposition de cadres d'analyse, de savoir-faire et d'expertise forgés depuis d'autres espaces, notamment occidentaux. Tout en invitant largement à repenser les savoirs sur les prisons, rejoignant les démarches entreprises dans d'autres perspectives historiographiques, les critiques décoloniales incitent également à repenser les cadres permettant d'émettre des revendications de changement pour penser les réformes.

2.2. Renouveler les cadres de pensée et les outils des revendications

Dans *Sortir de la grande nuit*, Achille Mbembe, évoquant l'« aspiration à la liberté et au bien-être en Afrique », dresse le constat que « [c]e désir peine cependant à trouver un langage, des pratiques effectives, et surtout une

---

eu la moindre conséquence sur l'évolution plus large de l'emprisonnement punitif, par-delà le seul monde colonial ». (SCHEUZGER Stephan, *op. cit.*)

[1] BERNAULT Florence, « De l'Afrique ouverte à l'Afrique fermée : comprendre l'histoire des réclusions continentales », *in* BERNAULT Florence (dir.), *Enfermement, prison et châtiments en Afrique. Du XIXème siècle à nos jours*, Karthala, 1999, p. 15.

[2] *Ibid.*, p. 18.

[3] *Ibid.*, p. 36.

[4] ALLINNE Jean-Pierre, « Jalons historiographiques pour une histoire des prisons en Afrique francophone », *Clio@Thémis*, n°4, 2011.

[5] BERNAULT Florence, *op. cit.*, p. 19.

[6] *Ibid.*, p. 51

traduction des institutions nouvelles et une culture politique neuve »[1]. Si un consensus semble établi sur « la nécessité de la création d'une plus-value intellectuelle »[2], cette création peut suivre diverses stratégies, mises en lumière par l'historien sénégalais Mamadou Diouf : « [d]oit-on se contenter de réaménager la généalogie de la rationalité de la philosophie des Lumières et de sa modernité [...] ou réorienter les flux de la production des connaissances contemporaines en sciences sociales et dans les humanités et proposer de nouvelles ressources épistémologiques [...] ou encore exhumer une "rationalité africaine" produisant des connaissances scientifiques et techniques hors de la dictée européenne ? »[3] Si la question des savoirs endogènes occupe une place centrale dans ces réflexions, les nuances et mises en garde sont nombreuses. D'un point de vue sud-américain, Santiago Castro-Gómez et Ramón Grosfoguel insistent sur le fait que « la visibilisation des savoirs "autres" prônée par le groupe modernité/colonialité ne doit pas être comprise comme une mission de sauvetage fondamentaliste ou essentialiste en faveur de l'"authenticité culturelle" »[4]. Le concept d'« altérité épistémique » est présenté comme renvoyant « une extériorité qui se situe à l'intersection du traditionnel et du moderne »[5], prenant la forme « de savoirs interstitiels, "hybrides", non pas dans le sens traditionnel de syncrétisme ou de "métissage" [...], mais dans le sens de "complicité subversive" avec le système »[6]. Écrivant au sujet de la philosophie africaine, Delphine Abadie revendique le qualificatif de « post-décolonia[l] »[7] en rejetant « la monumentalisation de l'autochtonie »[8]. Elle rejoint Souleymane Bachir Diagne dans son invitation à « penser par nous-mêmes et pour nous-mêmes [sans] jamais s'interdire certains savoirs ou certains auteurs au nom du "propre" »[9]. En filigrane, ce qui se dessine est une reconstruction du référent que constitue l'universel : pour caractériser cet « universel de la rencontre »[10], le philosophe sénégalais emprunte alors à Barbara Cassin son appel à « compliquer l'universel »[11]. Rendre compte d'un universel non hégémonique

---

[1] MBEMBE Achille, *Sortir de la grande nuit* [2010], Paris, La Découverte, 2015, p. 22.

[2] *Ibid.*, p. 27.

[3] DIOUF Mamadou, « L'universalisme (européen?) à l'épreuve des histoires indigènes », in MBEMBE Achille, SARR Felwine (dir.), *Les Ateliers de la pensée*, *op. cit.*, p. 43.

[4] CASTRO-GOMEZ Santiago, GROSFOGUEL Ramón, « Tournant décolonial, théorie critique et pensée hétérarchique », *in* VERSCHUUR Christine (dir.), *Savoirs féministes au Sud. Expertes en genre et tournant décolonial, op. cit.*, §24. [Traduction : VELÁSQUEZ Saskia]

[5] *Ibid.*, §26. [Traduction : VELÁSQUEZ Saskia]

[6] *Ibid.*

[7] ABADIE Delphine, « Philosophie africaine et décolonisation des humanités : une exigence radicale », *op. cit.*, p. 68.

[8] *Ibid.*, p. 69.

[9] DIAGNE Souleymane Bachir, « Pour un universel vraiment universel », *in* MBEMBE Achille, SARR Felwine (dir.), Les Ateliers de la pensée, *op. cit.*, p. 77.

[10] *Ibid.*, p. 78.

[11] CASSIN Barbara, *Éloge de la traduction – Compliquer l'universe*l, Paris, Fayard, 2016, 258 p.

et vertical, admettant la pluralité, conduit un certain nombre d'auteur.rices s'inscrivant dans une démarche décoloniale à proposer de substituer à « l'universel » le « pluri-versel »[1]. Sabelo J. Ndlovu-Gatsheni estime ainsi qu'« *[i]n terms of its horizon, decoloniality gestures towards the construction of the pluriverse as another possible world* »[2]. Achille Mbembe précise que, par « *pluriversity, many understand a process of knowledge production that is open to epistemic diversity. It is a process that does not necessarily abandon the notion of universal knowledge for humanity, but which embraces it via a horizontal strategy of openness to dialogue among different epistemic traditions* »[3]. Insistant sur la « nécessité d'abandonner les termes d'universalité ou universalisme galvaudés par leur instrumentalisation et vidés de leur substance et de leur humanité par des siècles de duplicité et de double standard »[4], Ali Moussa Iyé présente quant à lui le pluriversalisme comme le « nouveau territoire décolonisé à partir duquel chacun de nous pourrait parler, à lui-même, à son peuple et aux autres cultures [...] [,] cadre approprié pour accueillir et accommoder toute la diversité culturelle du monde »[5]. L'enjeu apparaît donc de parvenir à « la re-connaissance dans leur plénitude de tous les "particuliers" afin de rendre possible l'émergence d'un nouvel et plus authentique universel à partir de la négociation et du dialogue horizontal et dans l'égalité »[6].

Ces différentes pistes nourrissent les réflexions consacrées aux droits de l'Homme. En effet, critiquer ces derniers n'équivaut pas à un refus systématique de mobiliser l'outil qu'ils représentent. Nelson Maldonado-Torres considère les droits de l'Homme comme une « *zone of struggle where the coloniality of human rights is sometimes met with a decolonial attitude that seeks to use them as an opportunity to challenge the order of Man* »[7]. Willy Mutunga, ancien ministre de la Justice et président de la Cour suprême

---

[1] *Cf.* HURTADO LOPEZ Fátima, « Universalisme ou pluriversalisme ? Les apports de la philosophie latino-américaine », *Tumultes*, 2017/1, n° 48, p. 39-50.

[2] [« Dans ses finalités, la décolonialité vise à la construction du plurivers comme autre monde possible ».] NDLOVU-GATSHENI Sabelo J., *Decolonization, Development and Knowledge in Africa. Turning Over a New Leaf*, New York, Routledge, 2020, p. 40.

[3] [Par « pluriversité, beaucoup comprennent un processus de production du savoir ouvert à la diversité épistémique. C'est un processus qui ne conduit pas nécessairement à l'abandon de la notion de savoir universel de l'humanité, mais qui l'admet par une approche horizontale ouverte au dialogue entre les différentes traditions épistémiques. »] MBEMBE Achille, « Decolonizing the university : New directions », *op. cit.*, p. 37.

[4] MOUSSA IYÉ Ali, « Le Xeer Issa : une contribution africaine à la construction du « pluriversalisme » », *Présence Africaine*, 2018/1, vol. 197, p. 284-285.

[5] *Ibid.*, p. 285.

[6] HURTADO LOPEZ Fátima, « Universalisme ou pluriversalisme ? Les apports de la philosophie latino-américaine », *op. cit.*, p. 50.

[7] [un « espace de lutte où la colonialité des droits de l'Homme peut parfois provoquer une réponse décoloniale qui va chercher à les utiliser comme un moyen de contester l'ordre établi ».] MALDONADO-TORRES Nelson, « On the Coloniality of Human Rights », *in* DE SOUSA SANTOS Boaventura, SENA MARTINS Bruno (dir.), *op. cit.*, p. 80.

du Kenya de 2011 à 2016, met en avant le fait que l'« *[h]uman rights discourse gives ideological and political space for the critical resurrection of the non-hegemonic and inclusive paradigms that imperialist propaganda has denounced as unworkable and dead* »[1]. Makau Mutua estime que « *despite the shortcomings – and its errors – the human rights movement is a baby that should not be thrown out with the bathwater* », ajoutant que « *there is normative reconstruction that is necessary. So is a cultural reimagination of the human rights project* »[2]. Ainsi, c'est en ayant conscience de leurs limites et après avoir mis fin à la place hégémonique qu'ils occupent qu'une certaine réappropriation peut s'envisager : Boaventura de Sousa Santos[3] et Bruno Sena Martins insistent sur le fait que, si les « *human rights do not take precedence over other forms of knowledge and narratives of dignity, nor should they be subject to a priori invalidation* »[4], ils doivent être « *reinvented, in dialogue with other grammars of dignity, to overcome the abyssal exclusions established by the monocultural arrogance of the modern Western paradigm which created it* »[5]. C'est une préoccupation également mise en lumière par le juriste Balakrishnan Rajagopal pour qui il importe de « *recognize that languages of emancipation are multiple* »[6]. Pour ce faire, il s'est particulièrement intéressé aux « *counter-narratives of social movements and their alternative readings of human rights* »[7], envisageant le droit international « *from below* »[8]. Les droits humains doivent donc être repensés au sein de ce que Boaventura de Sousa Santos appelle une « écologie des

---

[1] [« le discours des droits de l'Homme permet d'ouvrir un espace idéologique et politique rendant possible la renaissance de paradigmes non-hégémoniques et inclusifs que la propagande impérialiste a dénoncé comme irréalisables ».] MUTUNGA Willy, « Human Rights States and Societies : a reflection from Kenya », *op. cit.*, p. 27.

[2] [« malgré ses lacunes – et ses erreurs –, il ne faut pas jeter le mouvement des droits de l'Homme avec l'eau du bain ».] MUTUA Makau, *Human Rights Standards. Hegemony, Law, and Politics-State*, Albany (New York), University of New York Press, 2016, p. 178.

[3] Si le choix a été fait de retenir ses travaux les plus récents, il est possible d'apprécier les évolutions de ses réflexions en consultant un article publié en français en 1997, dans lequel il plaidait pour ce qu'il appelait alors une « conception multiculturelle des droits de l'homme ». DE SOUSA SANTOS Boaventura, « Vers une conception multiculturelle des droits de l'homme », *Droit et société*, 1997, n°35, p. 79-96.

[4] [« Les droits de l'Homme ne prévalent pas sur les autres formes de connaissances et de récits relatifs à la dignité, pas plus qu'ils ne devraient être considérés comme nuls *a priori* ».] DE SOUSA SANTOS Boaventura, SENA MARTINS Bruno, « Introduction », *op. cit.*, p. 10.

[5] [« réinventés, en dialogue avec d'autres grammaires de la dignité, pour surmonter les exclusions abyssales occasionnées par l'arrogance monoculturelle du paradigme occidental moderne qui a conduit à leur création ».] *Ibid.*, p. 9.

[6] [« reconnaître que les langues de l'émancipation sont multiples ».] RAJAGOPAL Balakrishnan, « The International Human Rights Movement Today », *Maryland Journal of International Law*, 2009/1, 24, p. 59.

[7] [« contre-récits des mouvements sociaux et à leurs lectures alternatives des droits de l'Homme »] RAJAGOPAL Balakrishnan, *op. cit.*, p. 61.

[8] RAJAGOPAL Balakrishnan, *International Law from Below Development, Social Movements and Third World Resistance*, Cambridge, Cambridge University Press, 2003, 360 p.

savoirs »[1] plurielle. Depuis l'espace africain, des auteur.rices invitent à une « revitalisation de [l']humanisme »[2] de l'Afrique, à partir d'autres « philosophies du vivre ensemble »[3], tels l'Ubuntu, la Charte du Mandé ou encore le Xeer Issa, conduisant Martial Ze Belinga à souligner que c'est « [à] partir du patrimoine riche et puissant des civilisations de l'humanité, [qu']il sera possible de penser les impensés du racisme contemporain, les fondamentalismes du marché et les avatars de la mission civilisatrice, il sera possible d'appeler des images inédites et de rêver différemment d'une planète à écouter »[4]. Cette mise en avant de savoirs endogènes s'accompagne d'une démarche interculturelle, conçue comme une « *alternative both to the abstract universalism underpinning general Eurocentric theories and the idea of the incommensurability of cultures* »[5]. Il est possible d'envisager, dans une telle perspective, « *a counter-hegemonic concept of human rights* [...] *produced from translations of different political ontologies which redefine and expand the grammars of human dignity in each place and time within the contingencies of struggles* »[6]. Ces réflexions peuvent être rapprochées de travaux d'anthropologie, tels ceux de Christoph Eberhard et son appel à un « éveil au plurivers »[7]. En cherchant les conditions pour voir émerger une véritable « *praxis* interculturelle et pluraliste »[8], cet auteur met l'accent, dans ses réflexions sur les droits de l'Homme, sur les « *pratiques* juridiques, souvent occultées par une focalisation presque exclusive sur le droit étatique, comme les droits "parallèles", "inofficiels", "traditionnels"... ou les "pieds du Droit", négligés ou occultés dans notre culture juridique, que constituent les

[1] L'« *ecology of knowledges is based on the idea that different forms of knowledge are incomplete in different ways and that creating awareness of this reciprocal incompleteness is a precondition for achieving cognitive justice* ». [« L'écologie des savoirs repose sur l'idée que les différentes formes de savoir sont incomplètes de différentes façons et que faire prendre conscience de ce caractère incomplet réciproque est une condition préalable pour atteindre la justice cognitive. »] DE SOUSA SANTOS Boaventura, « Human Rights, Democracy and Development », *in* DE SOUSA SANTOS Boaventura, SENA MARTINS Bruno (dir.), *op. cit.*, p. 35.

[2] MOUSSA IYÉ Ali, « Le Xeer Issa : une contribution africaine à la construction du « pluriversalisme », *Présence Africaine*, 2018/1, n°197, p. 262.

[3] *Ibid.*

[4] ZE BELINGA Martial, « Sens et puissance », *Présence Africaine*, 2018/1, n°197, p. 39.

[5] [« alternative à la fois à l'universalisme abstrait sous-tendant les théories générales eurocentrées et à l'idée de l'incommensurabilité des cultures ».] DE SOUSA SANTOS Boaventura, « Human Rights, Democracy and Development », *in* DE SOUSA SANTOS Boaventura, SENA MARTINS Bruno (dir.), *op. cit.*, p. 35.

[6] [« un concept des droits de l'Homme contre-hégémonique [...] produit à partir des traductions de différentes ontologies politiques qui redéfinissent et élargissent les grammaires de la dignité humaine au sein des possibles ouverts par les luttes ».] DE SOUSA SANTOS Boaventura, SENA MARTINS Bruno, « Introduction », *op. cit.*, p. 11.

[7] EBERHARD Christoph, « Justice, Droits de l'Homme et globalisation dans le miroir africain : l'image communautaire », *Revue interdisciplinaire d'études juridiques*, 2000/2 (vol. 45), p. 79.

[8] *Ibid.*, p. 76.

modèles de conduite et de comportement et les *habitus* »[1]. Invitant à relativiser le « mythe du décalogue »[2] dans la continuité d'Étienne Le Roy, il insiste sur l'importance de concevoir le droit « en le pensant plutôt comme *praxis* (activité créative qui fait sens) que comme pure *poiesis* (technique) »[3]. Au sein de l'espace à aménager[4], l'enjeu n'est pas tant le contenu formel, qui n'a pas vocation à être figé, que la mise en avant d'un « modèle caractérisé par le dialogue, le partage et la négociation permanente de consensus »[5].

L'ensemble de ces réflexions invite à considérer la question des prisons africaines sous un angle qui ne soit pas celui de la transposition de standards et des modèles extérieurs. En guise de préalable, c'est tout d'abord la manière de formuler les problématiques et le caractère situé des cadres d'analyse qui doit retenir l'attention. En matière de pénalité, Katja Franko Aas éclaire les limites des théories occidentales de criminologie, insistant non seulement sur leur difficulté à nommer et conceptualiser « *the various forms of confinement around the world* »[6], mais mettant aussi en avant leur propension à utiliser pour apprécier les situations des termes généraux, compris dans leur sens occidental, qui masquent ainsi la diversité des situations[7]. Cela la conduit à rappeler le caractère vital des « *[q]uestions of situatedness and positionality of knowledge, and* [du] *geopolitical context of our analytical interests* »[8]. Admettre le caractère situé de tout cadre d'analyse, et en faire découler une précaution d'usage dans la manière dont une question est, non seulement traitée, mais aussi tout simplement posée en amont, apparaît comme un préalable nécessaire. Cela conduit également à ne pas restreindre l'analyse à quelques indicateurs, telle la seule surpopulation carcérale, mais à envisager le système plus vaste dans lequel cette dernière s'inscrit et ce qu'elle révèle des hiérarchies et des dispositifs de domination à l'œuvre au sein de la société concernée. Dans son étude sur les camps de détention pour migrants au Danemark, Julia Suárez-Krabbe démontre les apports potentiels d'une

---

[1] *Ibid.*, p. 75.

[2] LE ROY Étienne, « Droits humains et développement : des visions du monde à concilier », *Revue générale de droit*, 1994/25, vol. 25, p. 453.

[3] EBERHARD Christoph, « Justice, Droits de l'Homme et globalisation dans le miroir africain : l'image communautaire », *op. cit.*, p. 75.

[4] Il s'agit d'un espace « où il est possible de percevoir les différences, non pas uniquement comme sources de conflits potentiels mais aussi comme sources d'enrichissement mutuel nous permettant de mieux résoudre ensemble les problèmes qui se posent à nous. » *Ibid.*, p. 78.

[5] *Ibid.*, p. 77.

[6] [« les diverses formes d'enfermement dans le monde ».] FRANKO AAS Katja, « 'The Earth is one but the world is not' : Criminological theory and its geopolitical divisions », *Theoretical Criminology*, 2012, 16/1, p. 13.

[7] FRANKO AAS Katja, « 'The Earth is one but the world is not' : Criminological theory and its geopolitical divisions », *op. cit.*, p. 15-16.

[8] [« du caractère situé des connaissances, et du contexte géopolitique dans lequel s'inscrivent nos analyses ».] *Ibid.*, p. 12.

approche décoloniale à la problématique générale de l'enfermement[1]. Sa démarche consiste à croiser la perspective abolitionniste d'Angela Davis sur *The Prison Industrial Complex*, avec la théorisation d'Achille Mbembe sur le nécropolitique et les travaux de sociologie du droit de Boaventura de Sousa Santos. Englobant dans sa critique le système judiciaire au sens large et la logique d'exclusion/inclusion sur laquelle fonctionne l'exercice des droits, elle souligne dans sa conclusion combien la « *struggle against prisons and camps opens up the possibility to think of freedom as being something infinitely more fruitful and complex than the neoliberal freedom that is produced at the cost of the death of others* »[2]. Une perspective décoloniale ouvre donc la voie abolitionniste, face à « l'impossible réforme d'une institution qui prétend de façon récurrente s'humaniser à l'échelle mondiale »[3]. Il convient cependant de noter que certains auteurs ne considèrent pas la perspective de l'abolition comme s'opposant aux projets de réforme : Édouard Roberson et Dandoy Arnaud s'efforcent ainsi de présenter comme complémentaires ces deux voies, affirmant s'inscrire « dans la lignée [d'une] approche abolitionniste qui ne se conçoit pas contre, mais avec la réforme »[4]. Si elles tendent vers l'abolitionnisme, les approches décoloniales paraissent également pouvoir apporter une contribution à la voie de la réforme grâce aux réflexions sur les actions « depuis en-bas »[5] qu'elles ont développées.

2.3. Agir « depuis en-bas »[6] : les écueils de la représentation, de l'épistémologie à l'éthique ?

La perspective décoloniale s'est logiquement préoccupée des questions des marges, de leurs voix, de la représentation, croisant en cela les théories critiques féministes : les « chercheuses féministes étatsuniennes ont [en effet] été les premières à porter une critique radicale de la notion d'objectivité scientifique »[7]. Au fondement des épistémologies du point de vue se trouve la

---

1 SUÁREZ-KRABBE Julia, « Rights, Confinement and Liberation. Rearguard Theory and Freedom of Movements », *in* DE SOUSA SANTOS Boaventura, SENA MARTINS Bruno (dir.), *op. cit.*, p. 218.

2 [la « lutte contre les prisons et les camps ouvre la possibilité de repenser la liberté comme quelque chose d'infiniment plus fécond et complexe que la liberté néo-libérale produite au prix de la mort d'autrui ».] *Ibid.*, p. 234.

3 MORELLE Marie, PLANEL Sabine, TIQUET Romain, « Mise en travail, prison et enfermement. Perspectives africaines », *op. cit.*, p. 102-103.

4 ÉDOUARD Roberson, DANDOY Arnaud, « Faut-il supprimer ou réformer les prisons du Sud ? », *op. cit.*, p. 379.

5 ESCOBAR Arturo, « Quelques réflexions sur le colonialisme intellectuel et les dilemmes auxquels fait face la théorie sociale latino-américaine », *in* Christine Verschuur (dir.), *op. cit.*, §11.

6 *Ibid.*

7 QUIROZ Lissell, « Le leurre de l'objectivité scientifique. Lieu d'énonciation et colonialité du savoir », *Perspectives décoloniales d'Abya Yala, Hypothèses*, 18/02/20, [en ligne], https://decolonial.hypotheses.org/?p=1630, page consultée le 15 décembre 2021.

préoccupation de « partir de l'expérience vécue des groupes subalternes »[1]. Une telle perspective consistant à « faire d'abord confiance au point de vue des assujettis »[2] conduit la philosophe américaine Donna Haraway, en 1988, à souligner les enjeux, mais aussi les difficultés et les écueils inhérents à une telle démarche. Certes, elle insiste sur le fait qu'« il y a de bonnes raisons de penser que la vue est meilleure de dessous les super plateformes spatiales des puissants »[3]. Cependant, si « [f]onder la capacité de voir à partir des marges et des profondeurs a une grande importance »[4], « cela comporte le sérieux danger d'idéaliser et/ou de s'approprier la vision des moins puissants alors qu'on revendique de voir à partir de leur position »[5]. En résumé, « [v]oir d'en bas ne s'apprend pas facilement et n'est pas sans problème »[6]. Ces questionnements peuvent être rapprochés des réflexions sur le point de vue des Subalternes formulées à la même période au sein des *subaltern studies* indiennes. En 1988, Gayatri Chakravorty Spivak dans son célèbre *Les subalternes peuvent-elles parler ?* pose « la question de la représentation du sujet du Tiers-Monde dans le discours occidental »[7]. « [S]'interrog[eant] sur la possibilité que les Subalternes ont eu historiquement de parler et d'exprimer leur point de vue sur la réalité qu'ils vivaient »[8], Spivak est amenée à réfléchir sur l'enjeu du porte-parole. Sur ce « *business of speaking in the name of* »[9], la théoricienne indienne formule un avertissement : cela doit « *to be kept alive as a problem* »[10]. Elle précise : « *It is not a solution, the idea of the disenfranchised speaking for themselves, or the radical critics speaking for them; this question of representation, self-representation, representing others, is a problem. On the other hand, we cannot put it under the carpet with demands for authentic voices ; we have to remind ourselves that, as we do this, we might be compounding the problem even as we are trying to solve*

[1] LÉPINARD Éléonore, LIEBER Maryline, *Les théories en études de genre*, Paris, La Découverte, 2020, p. 23.
[2] HARAWAY Donna, « Savoirs situés : la question de la science dans le féministe et le privilège de la perspective partielle » [1988], *in* HARAWAY Donna, *Manifeste cyborg et autres essais. Sciences - Fictions - Féminismes*, Paris, Exils, 2007, p. 118. [Traduction : PETIT Denis, en collaboration avec MAGNAN Nathalie]
[3] *Ibid.*
[4] HARAWAY Donna, « Savoirs situés : la question de la science dans le féministe et le privilège de la perspective partielle » [1988], *op. cit.*, p. 119.
[5] *Ibid.*
[6] *Ibid.*
[7] SPIVAK Gayatri Chakravorty, *Les subalternes peuvent-elles parler ?* [1988], Paris, Éditions Amsterdam, 2009, p. 13. [Traduction : VIDAL Jérôme]
[8] QUIROZ Lissell Quiroz, « Le leurre de l'objectivité scientifique. Lieu d'énonciation et colonialité du savoir », [en ligne], *op. cit.*
[9] [« le fait de parler au nom de »] SPIVAK Gayatri Chakravorty, *The post-colonial critic. Interviews, Strategies, Dialogues*, New York, Routledge, 1990, p. 63.
[10] [« rester un problème »] *Ibid.*

it »[1]. Elle conclut en soulignant que « *as long as one remains aware that it is a very problematic field, there is some hope* »[2]. Ainsi la représentation apparaît « toujours fictionnelle ou partielle parce qu'elle doit construire par l'imagination ce qu'elle représente (comme portrait ou « fiction ») et parce qu'elle peut par inadvertance usurper l'espace de ceux qui sont incapables de se représenter eux-mêmes »[3]. Elle nécessite de constamment garder à l'esprit ces questions : « Qui peut parler et pour qui ? Qui écoute ? Comment se représente-t-on soi-même et comment représente-t-on les autres ? »[4].

Tous ces questionnements font directement écho à des problématiques soulevées dans le cadre de la question des prisons, tout particulièrement par les enquêtes réalisées auprès des détenu.es. Est-il possible, et si oui comment, de faire « entendre les voix de la prison ? », selon la formule de Frédéric Le Marcis et Marie Morelle, en introduction d'un dossier consacré aux prisons africaines. Appréciant le résultat des enquêtes de terrain réalisées, les deux auteurs insistent sur l'intermédiation inévitable de la personne qui recueille et présente ces voix : « [f]orce pourtant est de constater que, bien souvent, le chercheur conserve toujours le mot final. Il contextualise, propose un cadre analytique, débusque des implicites, mais en omet d'autres. Bref, il enrichit la narration (discours ou description) en fonction d'un point de vue, le sien »[5]. En analysant les réponses obtenues dans une enquête réalisée auprès des prévenus en Côte d'Ivoire qui « visait à rendre compte de leurs propres perception et représentation de leur situation pénale »[6], Bénédicte Fischer parle de la « libération de [leur] parole »[7]. Cela pose la question de l'image que peuvent avoir sur leur propre action les chercheur.ses contribuant à de telles enquêtes. À l'enjeu de la définition de la méthodologie fondant ces recherches se rajoute un questionnement nécessaire sur la conception qu'ont les chercheur.ses de leur rôle, invitant à questionner les finalités de l'activité scientifique. Cette dimension réflexive sur le positionnement a été tout particulièrement mise en lumière par les écrits féministes. Audre Lorde souligne ainsi que « [p]arce que les outils du maître ne détruiront jamais la

---

[1] [« Cela n'est pas une solution, l'idée que les marginalisé.es parlent pour elleux-mêmes, ou que les critiques radicales parlent pour elleux ; cette question de la représentation, de l'autoreprésentation, de la représentation des autres, est un problème. D'autre part, nous ne pouvons pas le masquer avec des demandes pour des voix authentiques ; nous devons nous rappeler que, ce faisant, nous pourrions aggraver le problème alors même que nous essayons de le résoudre. »] *Ibid.*

[2] [« tant qu'on est conscient qu'il s'agit d'un domaine très problématique, il y a un peu d'espoir ».] *Ibid.*

[3] BAHRI Deepika, « Le féminisme dans/et le postcolonialisme », *op. cit.*, §18. [Traduction : GROULEZ Marianne]

[4] *Ibid.*, §3. [Traduction : GROULEZ Marianne]

[5] LE MARCIS Frédéric, MORELLE Marie, « Entendre les voix de la prison ? », *op. cit.*, p. 153.

[6] FISCHER Bénédicte, « Interroger la promotion internationale de l'État de droit à l'aune de la détention avant jugement. L'exemple de la Côte d'Ivoire », *op. cit.*, p. 421.

[7] *Ibid.*, p. 422.

maison du maître […], nous ne devons jamais nous intéresser exclusivement aux situations d'oppression dont nous cherchons à nous libérer, nous devons nous concentrer sur cette partie de l'oppresseur enfouie au plus profond de chacune de nous, et qui ne connaît que les tactiques des oppresseurs, les modes de relations des oppresseurs »[1]. Une telle perspective critique invite à dépasser les seules préoccupations épistémologiques. Empruntant à Sandra Harding, Donna Haraway énonce que « [l]es féministes ont intérêt à projeter une science de relève qui donne une traduction plus juste, plus acceptable, plus riche, du monde, pour y vivre correctement et dans une relation critique et réflexive à nos propres pratiques de domination et à celle des autres ainsi qu'aux parts inégales de privilège et d'oppression qui constituent toutes les positions. Dans les catégories philosophiques traditionnelles, c'est peut-être plus une question d'éthique et de politique que d'épistémologie »[2].

Dans son manuel consacré aux *Indigenous Research Methodologies*, la chercheuse botswanaise Bagele Chilisa propose des pistes pour la mise en place d'un « *postcolonial indigenous research paradigm* »[3] au sein duquel elle met tout particulièrement l'accent sur la responsabilité des chercheur.ses. Elle insiste notamment sur le fait que « *ethics and value beliefs that define relations and responsibilities of researchers to the researched should be addressed before ontological and epistemological questions and should drive the research process from formulation of research proposal to dissemination of findings* »[4]. Ainsi, « *an ethics theory in a relational postcolonial indigenous paradigm contributes to the debate on ethical research by adding the four Rs of relational accountability, respectful representation, reciprocal appropriation, and rights and responsibilities* »[5]. Son chapitre 7, consacré à « *Decolonizing the Interview Method* »[6], entreprend de questionner certaines structures types des méthodes élaborées depuis les universités occidentales et

[1] LORDE Audre, « Âge, race, classe sociale et sexe : les femmes repensent la notion de différence » [1980], *in* LORDE Audre, *Sister Outsider. Essais et propos d'Audre Lorde*, Genève / Laval, Éditions Mamamélis / Trois, [1984] 2003, p. 135. [Traduction : CALISE Magali C.]

[2] HARAWAY Donna, « Savoirs situés : la question de la science dans le féministe et le privilège de la perspective partielle » [1988], *op. cit.*, p. 112-113. [Traduction : PETIT Denis, en collaboration avec MAGNAN Nathalie]

[3] [« paradigme de recherche autochtone postcolonial ».] CHILISA Bagele, *Indigenous Research Methodologies*, Thousand Oaks (California), Sage, 2012, p. 19.

[4] [« l'éthique et les croyances en des valeurs qui définissent les rapports et les responsabilités des chercheur.ses à l'égard des personnes sur lesquelles portent leurs recherches devraient être traitées avant les questions ontologiques et épistémologiques, et devraient orienter le processus de recherche de la formulation de la proposition de recherche à la diffusion des résultats. »] *Ibid.*, p. 20.

[5] [« une théorie éthique pour penser le paradigme de la relation dans une perspective autochtone et postcoloniale contribue au débat sur l'éthique dans la recherche en y ajoutant les quatre R : reddition de comptes dans la relation, représentation respectueuse, appropriation réciproque, et droits et responsabilités ».] *Ibid.*, p. 174.

[6] [« Décoloniser la méthode de l'entretien ».]

essaie de proposer des pistes alternatives, « *informed by postcolonial indigenous worldviews and perspectives* »[1], afin d'envisager la conduite d'un « *postcolonial indigenous interview* »[2]. De façon révélatrice, la chercheuse insiste dès sa préface sur le fait que, dans le contexte académique actuel, « *the need to bring indigenous methodologies into the research arena* »[3] apparaît comme « *a means of addressing the goals of enhanced human rights and social justice* »[4]. Une perspective décoloniale incite à réfléchir sur les finalités de la démarche suivie et à questionner l'incidence des travaux entrepris sur les concerné.es. C'est le sens des réflexions de la chercheuse britanno-nigériane Amina Mama dans un article au titre évocateur : « *Is It Ethical to Study Africa ?* »[5]. Elle insiste sur l'importance d'aller « *beyond our liberal tradition of policy neutralism to develop a more radical ethic, one that actively questions and challenges global hegemonies* »[6]. Plusieurs questions doivent ainsi s'imposer à la personne réalisant de telles recherches : « *What does our research and knowledge contribute to the various contexts and peoples we study ? How do our research activities affect those we study? Can we develop the study of Africa so that it is more respectful toward the lives and struggles of African people and to their agendas, studies that contribute to the good of Africa?* »[7] Se plaçant du point de vue de la scientifique africaine qu'elle est, elle s'efforce de tirer les conséquences de ce positionnement et de l'importance des contextes en soulignant que « *[f]or Africans, ethical scholarship is socially responsible scholarship that supports freedom, not scholarship that is free from social responsibility* »[8].

---

[1] [« éclairés par les perspectives et points de vue autochtones postcoloniaux ».] *Ibid.*, p. 204.

[2] [un « entretien autochtone postcolonial ».] (*Ibid.*, p. 206.)

[3] [« la nécessité d'intégrer les méthodologies autochtones au sein du domaine de la recherche ».] *Ibid.*, p. XV.

[4] [« un moyen d'atteindre les objectifs d'amélioration des droits de l'Homme et de justice sociale ».] *Ibid.*, p. XV.

[5] [« Est-il éthique d'étudier l'Afrique ? »]

[6] [« au-delà de notre tradition libérale de neutralité pour développer une éthique plus radicale, qui questionne et met au défi les hégémonies mondiales ».] MAMA Amina, « Is It Ethical to Study Africa ? Preliminary Thoughts on Scholarship and Freedom », *African Studies Review*, 2007/1, n°50, p. 3.

[7] [« Qu'est-ce que notre recherche et nos connaissances apportent aux différents contextes et populations que nous étudions ? Comment nos activités de recherche affectent-elles ceux que nous étudions ? Peut-on développer une étude de l'Afrique qui soit plus respectueuse de la vie et des luttes des peuples africains et de leurs ordres du jour, des études qui contribuent au bien de l'Afrique ? »] *Ibid.* p. 7.

[8] [« pour les Africains, une bourse éthique est une bourse socialement responsable qui soutient la liberté, non une bourse qui est exempte de toute responsabilité sociale ».] *Ibid.*, p. 23.

TABLE DES MATIERES

Structures éditoriales du groupe L'Harmattan

L'Harmattan Italie
Via degli Artisti, 15
10124 Torino
harmattan.italia@gmail.com

L'Harmattan Hongrie
Kossuth l. u. 14-16.
1053 Budapest
harmattan@harmattan.hu

L'Harmattan Sénégal
10 VDN en face Mermoz
BP 45034 Dakar-Fann
senharmattan@gmail.com

L'Harmattan Cameroun
TSINGA/FECAFOOT
BP 11486 Yaoundé
inkoukam@gmail.com

L'Harmattan Burkina Faso
Achille Somé – tengnule@hotmail.fr

L'Harmattan Guinée
Almamya, rue KA 028 OKB Agency
BP 3470 Conakry
harmattanguinee@yahoo.fr

L'Harmattan RDC
185, avenue Nyangwe
Commune de Lingwala – Kinshasa
matangilamusadila@yahoo.fr

L'Harmattan Congo
219, avenue Nelson Mandela
BP 2874 Brazzaville
harmattan.congo@yahoo.fr

L'Harmattan Mali
ACI 2000 - Immeuble Mgr Jean Marie Cisse
Bureau 10
BP 145 Bamako-Mali
mali@harmattan.fr

L'Harmattan Togo
Djidjole – Lomé
Maison Amela
face EPP BATOME
ddamela@aol.com

L'Harmattan Côte d'Ivoire
Résidence Karl – Cité des Arts
Abidjan-Cocody
03 BP 1588 Abidjan
espace_harmattan.ci@hotmail.fr

Nos librairies en France

Librairie internationale
16, rue des Écoles
75005 Paris
librairie.internationale@harmattan.fr
01 40 46 79 11
www.librairieharmattan.com

Librairie des savoirs
21, rue des Écoles
75005 Paris
librairie.sh@harmattan.fr
01 46 34 13 71
www.librairieharmattansh.com

Librairie Le Lucernaire
53, rue Notre-Dame-des-Champs
75006 Paris
librairie@lucernaire.fr
01 42 22 67 13

www.ingramcontent.com/pod-product-compliance
Lightning Source LLC
LaVergne TN
LVHW011022061026
849535LV00006B/2006